中国特色高水平高职学校项目建设成果
人才培养高地建设子项目改革系列教材

会计综合实训

KUAIJI ZONGHE SHIXUN

赵宝芳　郭艳萍◎主编
王天成　张海冰　吴雪凌◎主审

中国铁道出版社有限公司
CHINA RAILWAY PUBLISHING HOUSE CO., LTD.

内 容 简 介

本书是国家精品在线课程“会计综合实训”的配套教材，校企“双元”合作开发，将“企业搬进课堂”。本书采用仿真环境、真实业务，图文并茂地体现会计工作的客观实际。

本书主要内容包括企业认知、期初建账、交易事项会计处理、对账与结账、编制会计报表、装订凭证及总结全套会计实训工作，实现育人与育材相结合。通过扫描二维码获取课程思政典型案例、新知学习、微课学习、实训参考提示等，利于学生自主学习以及学生职业道德和综合职业能力的提升。

本书可作为高职高专、应用型本科大数据与会计、大数据与财务管理、大数据与审计等专业的“会计综合实训”课程教材，也可以作为财务人员的培训用书及相关从业人员的自学参考书。

图书在版编目（CIP）数据

会计综合实训 / 赵宝芳，郭艳萍主编. —北京：中国铁道出版社有限公司，2021.12
人才培养高地建设子项目改革系列教材
ISBN 978-7-113-28686-6

Ⅰ.①会… Ⅱ.①赵… ②郭… Ⅲ.①会计学-高等职业教育-教材 Ⅳ.①F230

中国版本图书馆CIP数据核字(2021)第261885号

书　　名：会计综合实训
作　　者：赵宝芳　郭艳萍

策　　划：贾　星　　　　**编辑部电话**：（010）63549501
责任编辑：贾　星　贾淑媛
封面设计：郑春鹏
责任校对：安海燕
责任印制：樊启鹏

出版发行：中国铁道出版社有限公司（100054，北京市西城区右安门西街 8 号）
网　　址：http://www.tdpress.com/51eds/
印　　刷：北京联兴盛业印刷股份有限公司
版　　次：2021 年 12 月第 1 版　2021 年 12 月第 1 次印刷
开　　本：787 mm × 1 092 mm　1/16　**印张**：20.5　**字数**：454 千
书　　号：ISBN 978-7-113-28686-6
定　　价：62.00 元

中国特色高水平高职学校项目建设系列教材
编审委员会

序

中国特色高水平高职学校和专业建设计划（简称“双高计划”）是我国为建设一批引领改革、支撑发展、中国特色、世界水平的高等职业学校和骨干专业（群）的重大决策建设工程。哈尔滨职业技术学院入选“双高计划”建设单位，对学院中国特色高水平学校建设进行顶层设计，编制了站位高端、理念领先的建设方案和任务书，并扎实开展了人才培养高地、特色专业群、高水平师资队伍与校企合作等项目建设，借鉴国际先进的教育教学理念，开发中国特色、国际水准的专业标准与规范，深入推动“三教改革”，组建模块化教学创新团队，实施“课程思政”，开展“课堂革命”，校企双元开发活页式、工作手册式、新形态教材。为适应智能时代先进教学手段的应用，学校加大优质在线资源的建设力度，丰富教材的信息化载体，为开发以工作过程为导向的优质特色教材奠定基础。

按照教育部印发的《职业院校教材管理办法》要求，教材编写总体思路是：依据学校双高建设方案中教材建设规划、国家相关专业教学标准和专业相关职业标准及职业技能等级标准，服务学生成长成才和就业创业，以立德树人为根本任务，融入课程思政，对接相关产业发展需求，将企业应用的新技术、新工艺和新规范融入教材之中。教材编写遵循技术技能人才成长规律和学生认知特点，适应相关专业人才培养模式创新和课程体系优化的需要，注重以真实生产项目、典型工作任务及典型工作案例等为载体开发教材内容体系，实现理论与实践有机融合。

本套教材是哈尔滨职业技术学院中国特色高水平高职学校项目建设的重要成果之一，也是哈尔滨职业技术学院教材建设和教法改革成效的集中体现，教材体例新颖，具有以下特色：

第一，教材研发团队组建创新。按照学校教材建设统一要求，遴选教学经验丰富、课程改革成效突出的专业教师担任主编，选取了行业内具有一定知名度的企业作为联合建设单位，组成了一支由学校、行业、企业和教育领域高水平专业人才参与的开发团队，共同参与教材编写。

第二，教材内容整体构建创新。精准对接国家专业教学标准、职业标准、职业技能等级标准，确定教材内容体系，参照行业企业标准，有机融入新技术、新工艺、新规范，构建基于职业岗位工作需要并体现真实工作任务、流程的内容体系。

第三，教材编写模式形式创新。与课程改革相配套，按照“工作过程系统化”“项目+任务式”“任务驱动式”“CDIO式”四类课程改革需要设计四大教材编写模式，创新编写新形态、活页式及工作手册式教材三大编写形式。

第四，教材编写实施载体创新。依据各专业教学标准和人才培养方案要求，在深入企业调研、岗位工作任务和职业能力分析基础上，按照“做中学、做中教”的编写思路，以企业典型工作任务为载体进行教学内容设计，将企业真实工作任务、真实业务流程、真实生产过程纳入教材之中，并开发了与教学内容配套的教学资源，满足教师线上线下混合式教学的需要。本套教材配套资源同时在相关平台上线，可随时下载相应资源，满足学生在线自主学习课程的需要。

第五，教材评价体系构建创新。从培养学生良好的职业道德和综合职业能力与创新创业能力出发，设计并构建评价体系，注重过程考核和学生、教师、企业等参与的多元评价，在学生技能评价上借助社会评价组织的1+X考核评价标准和成绩认定结果进行学分认定，每本教材均根据专业特点设计了综合评价标准。

为确保教材质量，学院组建了中国特色高水平高职学校项目建设系列教材编审委员会，教材编审委员会由职业教育专家和企业技术专家组成。学校组织了专业与课程专题研究组，持续进行培训、指导、回访等跟踪服务，有常态化质量监控机制，能够为修订完善教材提供稳定支持，确保教材的质量。

本套教材是在学校骨干院校教材建设的基础上，经过几轮修订，融入课程思政内容和课堂革命理念，既具积累之深厚，又具改革之创新，凝聚了校企合作编写团队的集体智慧。本套教材的出版充分展示了课程改革成果，希望能为更好地推进中国特色高水平高职学校项目建设做出积极贡献！

哈尔滨职业技术学院

中国特色高水平高职学校项目建设系列教材编审委员会

2021年8月

前言

“会计综合实训”是大数据与会计专业、大数据与财务管理专业、大数据与审计等专业的职业岗位能力核心课程，是专业课程体系中的实践总结性课程，实现了与会计、财务管理、审计等工作有机、立体、实践的结合。

本书是由哈尔滨职业技术学院与新道科技股份有限公司黑龙江省分公司校企合作双元开发的工学结合教材。本书以国家课程思政改革纲要为指导，以专业教学标准和人才培养方案为根据，依据最新修订的会计准则、法律法规和会计人员初级考试从业标准、会计人员“1+X”职业技能标准编写，做到了与时俱进，改革创新，其特点如下:

（1）是国家精品在线课程配套教材，利于以学生为中心进行翻转教学。本书是国家精品在线开放课程“会计综合实训”（网址: www.zhihuishu.com）的配套教材，具有丰富的教学资源，学生可在课程平台获取学习资源，进行自主学习和讨论，教师可创建翻转课堂，进行在线答疑、指导、测试和评价，真正实现学生主体、教师主导，提升学生自主学习能力和学习的积极性、主动性。

（2）校企双元合作开发，将“企业搬进课堂”。以虚拟的啤酒制造企业 12 份典型业务为对象，采用仿真环境、真实业务，图文并茂地体现会计工作的客观实际。学生利用会计职业判断和实训企业认知，完成期初建账、交易事项的会计处理、记账、对账与结账、编制财务报表、装订会计凭证和会计工作总结，从而实现理论与实践的零距离对接。

（3）模式创新，采用“项目 + 任务”的结构体系。该教材以学生为主体，以立德树人为根本，以教师为主导，按会计工作的实际，通过项目导向、任务驱动、案例引领的教材编写模式，利用选取的典型会计工作任务案例，充分挖掘课程思政元素，并将社会主义核心价值观、劳动教育、职业道德、职业能力、职业精神、工匠精神和业务能力的培养与提升贯穿教学始终，实现教书与育人同向同行。

（4）教材配有二维码，有助于学生综合职业能力的提升。学生通过扫描二维码，可获取课程思政典型案例、新知学习、微课学习、实训参考提示等，利于学生自主学习以及学生职业道德和综合职业能力的提升，实现了“品德先行、学生为本、尊重差异、因材施教、个性化教学”的教学理念，为打造品行好、有责任、能担当、爱劳动、善思考、懂业务、守法律、会核算的高素质会计人才奠定了基础。

本书由哈尔滨职业技术学院赵宝芳、郭艳萍担任主编，哈尔滨职业技术学院潘威、郎琳、苏黎、姜慧、李洺瑶、李鑫、张桂欣、李剑飞参加编写，哈尔滨职业技术学院王天成、新道科技股份有限公司黑龙江省分公司张海冰、吴雪凌担任主审。具体分工为：郎琳编写任务1、任务8、任务10，李洺瑶、赵宝芳共同编写任务5和所有的课程思政案例，张桂欣编写任务2、任务3和任务9，郭艳萍和李剑飞共同编写任务7，其中郭艳萍编写该部分的65%，同时还做了全书的答案及业务的调整，李鑫编写任务4、任务6和任务13，苏黎编写任务11、任务12、任务15和任务16，姜慧编写任务14，潘威负责40%会计凭证的绘制，最后由赵宝芳和郭艳萍总撰成书。

本书在编写过程中得到了哈尔滨职业技术学院领导、老师及企业会计人员的大力支持，并参阅了相关同类教材，在此对相关教材主编一并表示感谢。

本书编写过程中，由于时间和水平有限，书中疏漏之处再所难免，敬请各位同仁和广大读者批评指正。

编　者

2021年9月

目 录

项目 1　认知实训企业及期初建账

知识目标

1.熟悉实训企业生产经营活动、主要会计政策、税收政策及会计核算等。

2.了解实训任务及实训要求。

能力目标

1.能根据企业客观实际及实训任务要求，完成期初建账。

2.能够根据企业的客观实际，完成建账正确性检查，为后续会计工作奠定基础。

素质目标

1.培养学生良好的职业道德和热爱劳动的工作习惯。

2.树立爱岗敬业精益求精的工作精神。

任务 1　认知实训企业

微 课

实训企业认知

一、熟悉企业生产经营活动及机构设置

哈尔滨冰花啤酒有限责任公司是一家以啤酒业为主体的大型现代化啤酒企业，采用先进技术，以麦芽、大米为主料，以啤酒花、酵母和水为辅料，生产冰花纯生、冰花普通两种啤酒。公司采取董事会负责制，具体工作由总经理负责，下设酿造和包装两个基本生产部门、一个机修生产车间及财务、采购、销售、行政、质检五个职能部门。酿造车间主要利用原材料进行啤酒的生产酿造，包装车间负责成品啤酒的包装，机修辅助车间主要对公司的机器设备进行维修和保养，财务部负责公司的财务核算和财务管理工作，采购部负责各种原材料的采购、保管、采购合同的签订和审核，销售部负责啤酒的库存管理、销售合同的签订与审核、销售发货，行政部负责人事、劳资及工会等工作，质检部主要负责产品质量检查与控制等岗位工作。企业采用分项结转分步法核算啤酒成本。各职能部门人员各司其职，做好本职工作，力争企业财富最大化。

（一）企业的基本信息

企业名称：哈尔滨冰花啤酒有限责任公司（以下简称冰花公司）。

注册地址：哈尔滨市南岗区人和路 789 号。

法定代表人：赵立辉。

注册资金：7 000 万元。
联系电话：0451-55667799。
企业类型：有限责任公司。
经营范围：啤酒的生产与销售。
企业代码：110101234。
微机代码：0456078。
税务登记号：237458159378789。
注册登记号：2311061234567。
银行账号：012314725836907。
开户银行：中国工商银行哈尔滨市南岗支行。
经营期限：2010 年 1 月 1 日至 2029 年 12 月 31 日。

（二）企业的组织机构及人员配备

冰花公司各部门机构设置及人员配备如表 1-1 所示。

表 1-1　公司各部门机构设置基本情况及部分主要人员明细表

序号	部门	岗位及职务	职工姓名	序号	部门	岗位及职务	职工姓名
1	董事会	董事长	赵立辉	7	采购部	采购部长	张立军
2	经理室	总经理	孙伟			材料库管员	李东
		生产副经理	陈强			采购员	李美
		行政副经理	李莉			库管员	吴尚
		工会主席	齐心	8	销售部	销售部长	赵雪娇
3	财务部	财务部长	孙大可			成品库管员	赵立兰
		出纳	李梅			牡丹江区销售经理	郑立军
		会计	赵大伟			齐齐哈尔区销售经理	朱海涛
		主管会计	周瑞雪			佳木斯区销售经理	李玉刚
4	酿造车间	车间主任	赵青春			大兴安岭伊春销售经理	刘兰兰
		领料员	李伟	9	机修车间	车间主任	钱升财
		核算员	朱娜			工作人员	刘运财
		职工	赵美美	10	行政部	行政部长	王一春
5	包装车间	车间主任	赵立春			人事管理人员	王开放
		领料员	李小伟			劳资管理人员	李美生
		核算员	朱美娜			工会负责人	赵贺
6	质检部	质检部长	赵博			职员	孙华
		质检员	李长文			职员	金浩

（三）啤酒生产工艺

啤酒生产以麦芽和大米为主料，以啤酒花、酵母和水为辅料，生产分为麦汁制备、啤酒发酵及包装三个环节，前两个环节在酿造部进行，后一个环节在包装部进行。麦汁制备是将固定的原辅料通过粉碎、糊化、过滤、煮沸、麦汁处理等过程制成具有固定组成的成品麦汁；啤酒发酵是将麦汁冷却至规定的温度后送入发酵灌，并接入一定量的啤酒酵母进行发酵，发酵成熟的啤酒经过一段时间的低温储存，对啤酒进行过滤，除去沉淀的蛋白质和酵母，使成品啤酒澄清透明并有光泽；最后由包装部按所生产的啤酒类型进行相应处理及包装，包装部无在产品。具体工艺过程如图 1-1 所示。

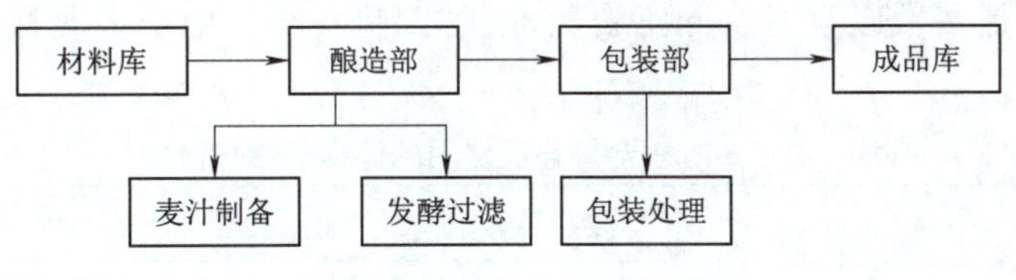

图 1-1　啤酒生产工艺过程图

二、熟悉企业的会计及税收政策

（一）企业主要会计政策

（1）会计制度。执行《企业会计准则》，采用借贷记账法，会计期间为公历 1 月 1 日至 12 月 31 日。

（2）库存现金限额：15 000 元。

（3）存货的核算方法。存货的发出采用实际成本法计价，生产用原材料发出时采用月末一次加权平均法计价，其他周转材料和低值易耗品采用个别认定一次摊销法。销售啤酒的成本采用月末一次加权平均单价计算和结转。

（4）预收账款和预付账款。因“预收账款”和“预付账款”业务不多，不设“预收账款”和“预付账款”账户，直接使用“应收账款”和“应付账款”账户核算。

（5）水费和电费的核算与分配。水费和电费通过“应付账款”账户核算。水费采用定额耗用水量法分配。酿造车间投产每吨啤酒需水 12 吨，包装车间完工每吨啤酒需水 0.5 吨，直接计入产品成本；机修车间投产每吨啤酒需水 0.1 吨；水费分配价格标准按买价计算，按上述标准分配完毕，剩余水费均列入管理费用。电费按企业内部的电表进行分配。酿造车间动力电按产品投产数量进行分配，包装车间动力电按完工产品数量进行分配。

（6）资产减值准备。资产减值执行《企业会计准则第 8 号——资产减值》，企业应收款项的坏账准备遵循《企业会计准则第 22 号——金融工具确认和计量》准则的要求进行计提，按期末应收款项（包括应收账款和其他应收款）余额的 5‰ 计提。

（7）固定资产折旧和无形资产摊销。固定资产折旧和无形资产摊销均采用直线法。为简化核算，房屋及建筑物年折旧率均为 6%，生产设备的年折旧率均为 12%，运输设备和办公设备的年折旧率均为 9.6%。

（8）辅助生产费用的归集与分配。机修车间发生的所有费用均在“生产成本——辅助生产成本”账户核算，期末采用直接分配法按耗用工时在各受益对象之间进行分配。

（9）制造费用的归集与分配。基本生产车间为组织和管理生产发生的各项费用在“制造费用”账户核算，按车间设明细账，期末按生产工时在各受益对象之间进行分配。

（10）产品成本计算方法。产品成本计算采用分项结转分步法，按生产步骤和产品品种开设生产成本明细账。酿造部采用约当产量法将发生的生产费用在完工产品和在产品之间进行分配，在产品直接材料的约当量为 100%，其余在产品的约当量均为 50%。包装部无在产品，全部为完工产品。所有产品成本项目均包括直接材料、直接人工、燃料和动力、制造费用四个项目。职工薪酬按生产工时比例在各种产品之间分配。单位产品成本取整，即保留“元”位即可。

（11）差旅费报销标准。出差人员车票、住宿费在报销规定范围内按实际发生额报销，伙食补助按每人每天100元标准支付，市内交通费按每人每天80元包干使用。

（12）各项费用的计提标准。与工资有关的社会保险等各项费用的计提比例如表1-2所示。社会保险的缴费计提基数以当月实际工资为准。“四险一金”中个人负担的部分由企业代扣代缴。

表1-2 四险一金等各项费用的计提基数与比例

项 目	计提依据	计提比例		备注
		企业负担部分（%）	个人负担部分（%）	
工会经费	本月工资总额	2		
职工教育经费	本月工资总额	8		
养老保险	本月工资总额	20	8	
失业保险	本月工资总额	2	1	
医疗保险	本月工资总额	9	2	
工伤保险	本月工资总额	1		
住房公积金	本月工资总额	8	8	

（13）长期股权投资核算方法。依据投资的具体情况确定采用成本法或权益法。

（14）利润形成与分配方法。利润的结转采用账结法，按当年实现净利润的10%提取法定盈余公积，按净利润的50%向投资者分配利润，哈药集团和远大集团各占对外分配利润的50%。

（15）借款。短期借款的付息期均为半年一次，即每年的6月13日和12月12日。长期借款每年付息一次，即每年的12月31日。长期借款用于厂房建设并已完工。

（二）企业主要税收政策

（1）企业类型。该企业为增值税一般纳税人，流转税采取查账征收，纳税期限均为一个月。

（2）增值税。公司不享受增值税税收优惠，增值税率为13%，运费发票按现行规定进行抵扣。对于2008年12月31日前购入的固定资产，出售时按简易办法依3%的征收率减按2%税率征收增值税。

（3）消费税。公司不享受消费税税收优惠，采用从量定额征收消费税的方法。每吨出厂价格在3 000元（含3 000元，不含增值税）以上的，消费税率为250元/吨；每吨出厂价格在3 000元（不含3 000元，不含增值税）以下的，消费税率为220元/吨。

（4）城建税及教育费附加。城市建设维护税的税率为7%，教育费附加的税率为3%，地方教育费附加税率为2%。

（5）所得税。企业所得税采用资产负债表债务法，除计提减值准备外，其他资产与负债的账面价值与计税基础一致。企业不享受企业所得税的税收优惠，适用的所得税税率为25%。企业对所得税采取按月预提、年终汇算清缴的办法缴纳所得税。个人所得税采取企业代扣代缴的方法。

(6) 其他税费。房产税、车船税、土地使用税按年计算，年末一次计算并缴纳。自用房产的房产税扣除率为 30%，年税率为 1.2%；出租房产自出租的次月起按租金收入的 12% 的税率征收。同时假定账面固定资产价值已包括所有附属设备的价值。货车载重量为 5 吨，每吨位年税额 60 元；客车车船税，每辆年税额为 480 元。占地 20 000 米^2，城镇土地使用税的年税额为 5 元 / 米^2。

（三）企业产品成本的核算方法

该企业的产品成本核算程序如图 1-2 所示。

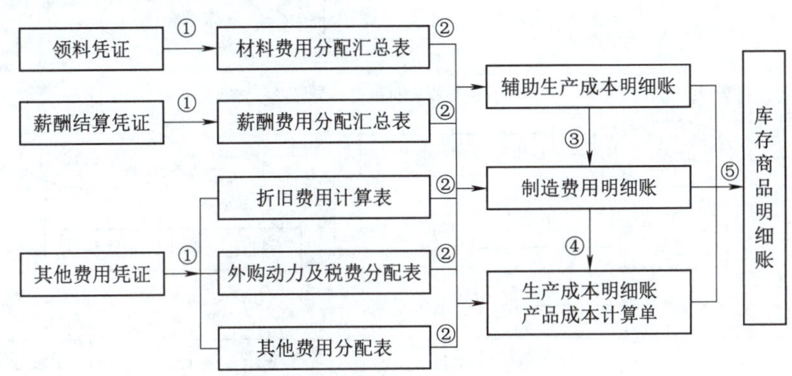

图 1-2　产品成本计算程序图

注：①依据各种原始凭证编制各项要素费用分配表，进行要素费用的分配。

②依据各项要素费用分配表，填制记账凭证并登记各种产品成本明细账。

③根据辅助生产费用明细账归集的辅助生产费用进行辅助生产费用分配。

④根据制造费用明细账归集的制造费用进行制造费用的分配。

⑤根据生产成本明细账归集的生产费用，编制成本计算单，计算完工产品和月末在产品成本。

（四）账簿组织及账务处理程序

1.账簿组织

该企业采用科目汇总表账务处理程序，每半个月汇总一次科目汇总表，根据科目汇总表登记总账。根据企业的交易或事项的实际情况，分别开设总账、日记账和明细分类账。存货明细分类账采用数量金额式，应交增值税采用多栏式，生产成本、制造费用、辅助生产费用、应交税费、应付职工薪酬采用多栏式明细账，往来明细账、总账和日记账采用三栏式，用固定资产、无形资产入账（出账）明细表代替固定资产、无形资产卡片。

2.账务处理程序及财务报表的报出

该企业的账务处理程序如图 1-3 所示。财务报表的批准报出者为董事长赵立辉，年度报表的报出日期是 2021 年 3 月 15 日。

课程思政

会计人员必备的会计职业道德

三、熟悉实训任务及要求

（一）实训总体任务

(1) 期初建账：根据给定的资料完成总账、明细账和日记账的期初建账工作，并进行建账正确性检查。

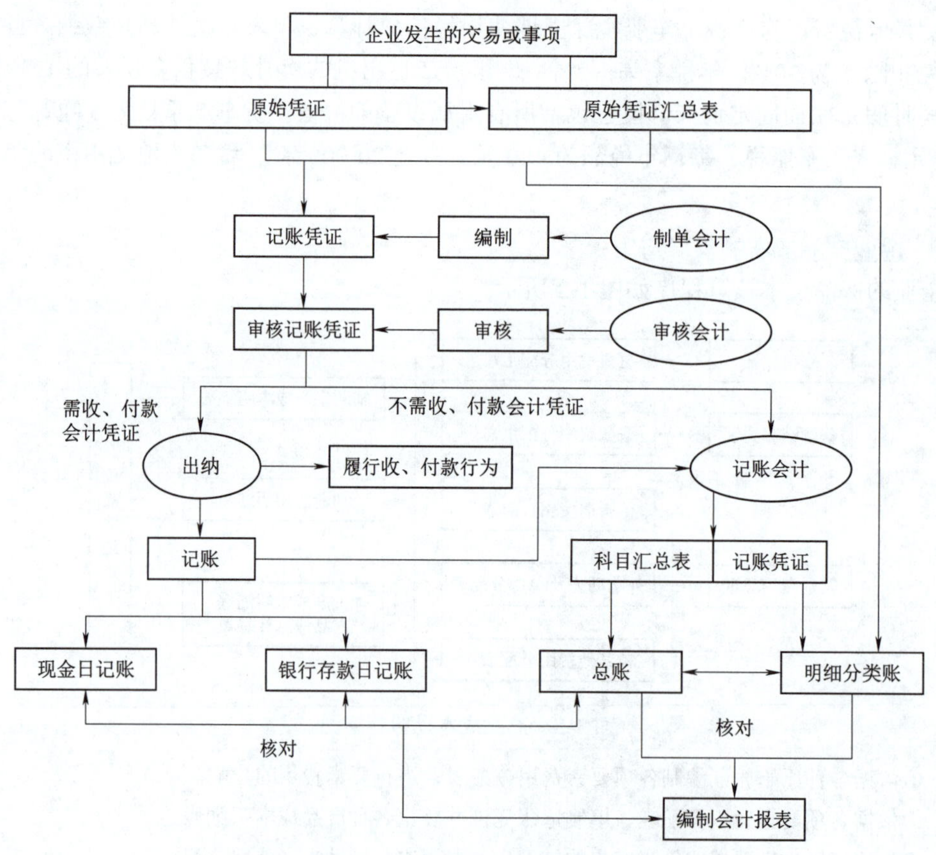

图 1-3　账务处理程序图

（2）根据发生的交易或事项，正确填制和审核会计凭证、计算产品成本，完成利润形成与分配及纳税申报工作。

（3）记账、对账和结账：根据审核无误的会计凭证登记明细账和日记账，根据科目汇总表登记总账，进行账实、账证和账账的核对并结账。

（4）编制报表及装订总结工作：根据登记的账簿资料，编制财务报表，并完成凭证的装订和总结工作。

（二）实训总体要求

1.实训前总体要求

（1）成立财务小组，明确职责与分工。学生预分组及预分工成立财务小组。学生每四人一组，要求性别、性格、爱好、学习能力均不同。具体岗位分别为会计主管、出纳、制单员（主办会计）和记账员。小组内的每名学生，均需完成所有的会计工作。但各岗位工作人员需按会计岗位职责分工和要求完成相应的审核、签字和承担相应的责任，承担起会计人员工作责任。

（2）课前认真清点核实实训耗材及备品。实训前要熟悉各类实训用耗材的数量及具体用途，每次课都要再一次检查本次课所需实训用耗材，为完成实训任务扫清障碍。

（3）课前完成在线学习及讨论。每次课前，学生都要根据教师在课程平台发布的实训任务，下载各项学习资源，熟悉学习任务和要求，进行在线学习和在线讨论，并将学习和讨论中遇到的问题及任务完成情况和讨论结果上传至课程平台，要认真按时完成在线作业及在线测试。

（4）要遵守会计职业道德，养成诚实守信、爱岗敬业、团队协作的工作作风，要有不畏权贵、唯法独上、为人民服务、为社会尽职尽责的品格。

2.实训中总体要求

每次线下下课后，同学要将实训室的卫生打扫干净，回归到上课前状态，养成热爱劳动、保护环境的好习惯。实训操作具体要求如下：

（1）具备一定的会计专业知识和能力，能够完成建账、编制和审核会计凭证、登记账簿、编制报表、税费的计算及申报等实训任务。

（2）具有良好的职业道德和工作习惯。工作认真，一丝不苟，诚实守信，追求严谨，无抄袭，不偷工减料，无旷工，不迟到不早退，不中途离开现场，不做与工作无关的事情，时间观念强，工作不拖拉。

（3）具有一定的办事能力和团队精神，能准表述需求，相互帮助，能借助团队和他人的力量完成实训任务，或帮助他人完成实训任务。

（4）具有敬业精神，工作坚持始终，能正确对待困难和曲折，保持良好的工作环境，高质量完成各项会计工作。

（5）按要求保质保量完成实训任务。

3.实训后要求

按实训要求在规定的时间内完成所有实训任务并上交所有实训资料。（装订成册的会计凭证、编制的报表、登记的账页及实训报告。）每小组上交一套。

四、实训资料

（1）实训用凭证和报表。包括银行票证、税务发票、各种税费计算表等资料均在实训教材中，每人一套。

（2）账页及凭证。总账人均 55 页，现金和银行存款日记账人均各 5 张，三栏式明细账人均各 40 张，数量金额式明细账人均各 12 张，多栏式明细账人均各 10 张，应交增值税明细账人均 2 张，记账凭证人均 150 张，其他（凭证皮、绳、账面目标、账夹）人均各 2 套。

（3）报表。资产负债表、利润表、现金流量表、所有者权益变动表、财务报表封面人均各 2 张；增值税、企业所得税、消费税、个人所得税申报表人均各 1 张。

（4）备品。印章（公章、财务专用章、发票专用章、印鉴、学生人员名章）每组一套；办公用品（计算器、双色印台、印章、胶水、曲别针、文件夹、资料夹、订书机、装订机等）每组一套。

任务 2　期初建账

一、熟悉企业期初数据

（1）冰花公司 2020 年 12 月初有关总账、明细账余额情况如表 2-1 所示。

表 2-1　冰花公司 2020 年 12 月初有关总账、明细账余额资料

类别	总账科目名称	二级科目名称	余额方向	余额	备注
资产类	库存现金		借	7 500.00	
	银行存款		借	35 785 650.00	
	其他货币资金	存出投资款	借	1 500 000.00	
	交易性金融资产	成本（黄海科技公司）	借	1 000 000.00	
		成本（长城汽车公司）	借	1 500 000.00	
		合计	借	2 500 000.00	
	应收票据	齐齐哈尔代理商张齐	借	10 000.00	
	应收账款	齐齐哈尔代理商李齐	借	1 000 000.00	
		牡丹江代理商李江	借	1 000 000.00	
		佳木斯代理商李佳	借	600 000.00	
		合计	借	2 600 000.00	
	其他应收款	张立军	借	20 000.00	采购部
		李美	借	10 000.00	采购部
		赵雪娇	借	15 000.00	销售部
		合计	借	45 000.00	
	坏账准备		贷	15 000.00	
	应收利息	国债利息	借	13 200.00	
	原材料	原料及主要材料	借	2 200 000.00	
		辅助材料	借	572 000.00	
		包装材料	借	1 928 000.00	
		合计	借	4 700 000.00	
	周转材料	低值易耗品	借	18 000.00	
	库存商品	纯生瓶装啤酒	借	3 600 000.00	
		普通瓶装啤酒	借	4 800 000.00	
		合计	借	8 400 000.00	
	生产成本	纯生瓶装啤酒	借	6 400 000.00	
		普通瓶装啤酒	借	3 040 000.00	
		合计	借	9 440 000.00	
	债权投资	国债	借	300 000.00	
	投资性房地产	房屋	借	1 000 000.00	2020 年 11 月转为投资性房地产
	投资性房地产累计折旧		贷	400 000.00	
	长期股权投资	成本	借	500 000.00	伟河公司
	固定资产	房屋及建筑物	借	82 000 000.00	
		生产设备	借	54 000 000.00	
		运输设备	借	2 400 000.00	
		办公设备	借	800 000.00	
		合计	借	139 200 000.00	

续表

类别	总账科目名称	二级科目名称	余额方向	余额	备注
资产类	累计折旧		贷	50 000 000.00	
	无形资产	土地使用权	借	49 900 000.00	
		啤酒商标权	借	3 600 000.00	
		专利权	借	1 500 000.00	
		合计	借	55 000 000.00	
	累计摊销	啤酒商标权	贷	900 000.00	
		专利权	贷	800 000.00	
		合计	贷	1 700 000.00	
	递延所得税资产		借	3 750.00	
	资产合计		借	208 908 100.00	
负债	短期借款	流动资金周转借款	贷	5 000 000.00	
	应付账款	沈阳光辉麦芽厂	贷	8 600 000.00	
		哈尔滨啤酒物资供应公司	贷	4 500 000.00	
		双城玻璃制品厂	贷	500 000.00	
		集贤纸箱厂	贷	500 000.00	
		合计	贷	14 100 000.00	
	应付利息	短期借款利息	贷	88 000.00	
		长期借款利息	贷	990 000.00	
		合计	贷	1 078 000.00	
	应付职工薪酬	工资	贷	1 550 000.00	
		养老保险	贷	449 500.00	
		失业保险	贷	46 500.00	
		工伤保险	贷	7 750.00	
		医疗保险	贷	186 250.00	职工 400 人
		住房公积金	贷	248 000.00	
		职工教育经费	贷	23 250.00	
		工会经费	贷	31 000.00	
		福利费		200 000.00	
		合计	贷	2 742 250.00	
	应交税费	未交增值税	贷	500 000.00	
		应交消费税	贷	470 000.00	
		应交城建税	贷	67 900.00	
		应交教育费附加	贷	29 100.00	
		应交地方教育费附加	贷	19 400.00	
		应交企业所得税	贷	600 000.00	
		应交个人所得税	贷	3 500.00	
		合计	贷	1 689 900.00	
	长期借款	厂房建造	贷	20 000 000.00	
	负债合计		贷	44 610 150.00	

续表

类别	总账科目名称	二级科目名称	余额方向	余额	备注
所有者权益	实收资本		贷	70 000 000.00	
	其中：远大集团		贷	21 000 000.00	
	哈药集团		贷	21 000 000.00	
	职工个人（具体名单略）		贷	28 000 000.00	
	盈余公积		贷	14 285 000.00	
	资本公积		贷	12 500 000.00	
	未分配利润		贷	7 512 950.00	
	本年利润		贷	60 000 000.00	
	所有者权益合计		贷	164 297 950.00	
负债及所有者权益合计			贷	208 908 100.00	

（2）冰花公司2020年12月初原材料明细账资料如表2-2所示。

表2-2　冰花公司原材料明细账

存放地点：1号库

材料类别	材料名称	编号	计量单位	数量	单价	金额
原料及主要材料	麦芽	01	吨	400	4 500.00	1 800 000.00
	大米	02	吨	100	4 000.00	400 000.00
	小　计					2 200 000.00
辅助材料	啤酒花	01	吨	4	50 000.00	200 000.00
	啤酒酵母	02	吨	8	46 500	372 000.00
	小　计					572 000.00
包装材料	纯生啤酒瓶	01	个	1 700 000	0. 20	340 000.00
	普通啤酒瓶	02	个	3 500 000	0.14	490 000.00
	啤酒瓶盖	03	个	800 000	0.04	32 000.00
	纯生啤酒商标签	04	张	500 000	0.05	25 000.00
	普通啤酒商标签	05	张	600 000	0.05	30 000.00
	胶带	06	卷	5 500	2.00	11 000.00
	纸质包装箱	07	个	500 000	2.00	1 000 000.00
	小　计					1 928 000.00
合　计						4 700 000.00

（3）冰花公司2020年12月初周转材料明细账资料如表2-3所示。

表2-3　冰花公司周转材料明细账

存放地点：1号库

周转材料类别	材料名称	计量单位	数量	单价	金额
低值易耗品	润滑油	千克	140	75.00	1 050.00
	工作服	套	100	98.00	9 800.00
	工作鞋	双	90	75.00	6 750.00
	手套	双	200	2.00	400.00
	小　计				18 000.00

（4）冰花公司 2020 年 12 月初库存商品明细账资料如表 2-4 所示。

表 2-4　冰花公司库存商品明细账　　存放地点：2 号库

产品名称	计量单位	数量	单价	金额
纯生啤酒	吨	1 200	3 000.00	3 600 000.00
普通啤酒	吨	1 920	2 500.00	4 800 000.00
合　计				8 400 000.00

（5）冰花公司 2020 年 12 月初在产品成本明细账资料如表 2-5 所示。

表 2-5　冰花公司酿造部在产品成本明细账

产品名称	直接材料	燃料和动力	直接人工	制造费用	合计
纯生啤酒	4 000 000.00	600 000.00	300 000.00	1 500 000.00	6 400 000.00
普通啤酒	2 400 000.00	140 000.00	200 000.00	300 000.00	3 040 000.00
合　计	6 400 000.00	740 000.00	500 000.00	1 800 000.00	9 440 000.00

（6）冰花公司 2020 年 12 月产品销售价格如表 2-6 所示。

表 2-6　冰花公司产品销售价格

产品名称	出厂销售价格（不含增值税：元 / 吨）	出厂销售价格（不含增值税：元 / 箱）	出厂销售价格（不含增值税：元 /500 毫升）
纯生啤酒	5 000.00	50.00	2.50
普通啤酒	4 000.00	40.00	2.00

注：为简化计算，按下述标准进行啤酒换算：1 吨 = 1 000 千克，500 克为 500 毫升，1 瓶装啤酒为 500 毫升，每箱啤酒为 20 瓶。

（7）冰花公司 2020 年 12 月份生产情况如表 2-7 所示。

表 2-7　冰花公司 2020 年 12 月酿造部生产情况　　单位：吨

产品名称	月初在产品数量	本月投产数量	本月完工	月末在产品完工程度	
				直接材料	其他项目
纯生啤酒	3 800	4 200	7 000	100%	50%
普通啤酒	2 900	2 100	4 000	100%	50%

（8）冰花公司 2020 年 12 月份生产工时明细资料如表 2-8 和表 2-9 所示。

表 2-8　2020 年 12 月份冰花公司生产车间工时明细表　　单位：小时

产品名称	酿造车间	包装车间	合计
纯生啤酒	200 000	100 000	300 000
普通啤酒	100 000	100 000	200 000
合　计	300 000	200 000	500 000

表 2-9　2020 年 12 月份冰花啤酒有限公司机修车间机修工时明细表

单位：小时

受益部门	酿造车间	包装车间	管理部门	销售部门	机修车间	合计
提供劳务数量	2 500	1 800	500	255	145	5 200

（9）冰花公司 2020 年 1 ~ 11 月份有关损益类总账资料如表 2-10 所示。

表 2-10　2020 年 1 ～ 11 月份冰花公司有关损益类总账资料

单位：元

序号	项目	1 ～ 11 月金额	序号	项目	1 ～ 11 月金额
1	主营业务收入	150 500 000.00	1	主营业务成本	92 585 000.00
2	投资收益	500 000.00	2	税金及附加	6 000 000.00
3	公允价值变动损益		3	财务费用	500 000.00
4	营业外收入	50 000 000.00	4	管理费用	13 000 000.00
5			5	销售费用	8 000 000.00
6			6	信用减值损失	15 000.00
7			7	营业外支出	900 000.00
8			8	所得税费用	20 000 000.00
9	收入合计	201 000 000.00	9	支出合计	141 000 000.00
10	1 ~ 11 月份税后利润	60 000 000.00	10		

注：此期间未发生信用减值损失，投资收益是按 25% 交完所得税后的净收益。上年度主营业务收入和其他业务收入共计 148 000 000 元；上年的营业利润总额 30 010 000 元。

（10）冰花公司 2020 年 1 ~ 11 月份管理费用明细账资料如表 2-11 所示。

表 2-11　2020 年 1 ～ 11 月管理费用等费用明细分类账资料

支出总项目	支出明细项目	1 ～ 11 月支出合计	支出总项目	支出明细项目	1 ～ 11 月支出合计
管理费用	招待费	350 000.00	营业外支出	公益性捐赠	300 000.00
	新产品研发支出	800 000.00		非公益性赞助支出	90 000.00
销售费用	广告费	1 000 000.00			

（11）冰花公司 2020 年 12 月末各部门电表显示数额如表 2-12 所示。

表 2-12　2020 年 12 月 31 日各部门用电统计明细表

部门	电的性质	电表显示数（kW · h）
酿造车间	生产用电	945 000
	办公用电	60 000
包装车间	生产用电	550 000
	办公用电	55 000
机修车间	办公用电	100 000
销售部门	办公用电	20 000
管理部门	办公用电	70 000
合　计		1 800 000

（12）冰花公司2020年12月固定资产明细账余额及折旧率情况如表2-13所示。

表2-13 2020年12月初固定资产原值明细账

资产	房屋及建筑物	生产设备	运输设备	办公设备	合计
年折旧率	6%	12%	9.6%	9.6%	—
董事会	2 000 000.00		300 000.00	50 000.00	2 350 000.00
经理室	2 000 000.00		300 000.00	100 000.00	2 400 000.00
财务部	3 000 000.00			150 000.00	3 150 000.00
行政部	3 000 000.00		400 000.00	100 000.00	3 500 000.00
质检部	5 000 000.00			100 000.00	5 100 000.00
采购部	10 000 000.00		700 000.00	50 000.00	10 750 000.00
小计	25 000 000.00		1 700 000.00	550 000.00	27 250 000.00
销售部	8 000 000.00		700.000.00	100 000.00	8 800 000.00
酿造车间	30 000 000.00	40 000 000.00		50 000.00	70 050 000.00
包装车间	14 000 000.00	10 000 000.00		50 000.00	24 050 000.00
机修车间	5 000 000.00	4 000 000.00		50 000.00	9 050 000.00
合计	82 000 000.00	54 000 000.00	2 400 000.00	800 000.00	139 200 000.00

（13）房屋装修的会计处理规定。租入的高管用房装修费计入“长期待摊费用”账户，装修完毕后从下月初起按使用年限采用直线法按月进行摊销。企业自有房屋装修发生的费用计入“在建工程”账户，装修完毕转入“固定资产——装修工程”账户核算，并从下月起至下次装修期间进行摊销。

（14）冰花公司2020年资产负债表期初数据如表2-14所示。

表2-14 资产负债表

会企01

编制单位：哈尔滨冰花啤酒有限责任公司　　2019年12月31日　　单位：元

资　　产	期末余额	上年年末余额	负债和所有者权益（股东权益）	期末余额	上年年末余额
流动资产：			流动负债：		
货币资金	46 445 480.75		短期借款	900 000.00	
交易性金融资产	2 430 000.00		交易性金融负债		
衍生金融资产			衍生金融负债		
应收票据	7 155 000.00		应付票据	2 237 400.00	
应收账款	10 763 280.00		应付账款	11 474 100.00	
应收款项融资			预收账款		
预付账款			合同负债		
其他应收款	137 880.00		应付职工薪酬	2 488 299.75	
存货	11 789 260.65		应交税费	11 141 832.08	
合同资产			其他应付款	32 824 902.29	

续表

资　　产	期末余额	上年年末余额	负债和所有者权益（股东权益）	期末余额	上年年末余额
持有待售资产			持有待售负债		
一年内到期的非流动资产			一年内到期的非流动负债		
其他流动资产			其他流动负债		
流动资产合计	78 720 901.40		流动负债合计	61 066 534.11	
非流动资产：			非流动负债：		
债权投资	270 000.00		长期借款	44 500 000.00	
其他债权投资			应付债券		
长期应收款			其中：优先股		
长期股权投资	3 150 000.00		永续债		
其他权益工具投资			租赁负债		
其他非流动金融资产			长期应付款		
投资性房地产	1 230 322.71		预计负债		
固定资产	78 790 635.00		递延收益		
在建工程			递延所得税负债		
生产性生物资产			其他非流动负债		
使用权资产			非流动负债合计	44 500 000.00	
油气资产			负债合计	10 566 534.11	
无形资产	47 563 875.00		所有者权益（或股东权益）：		
开发支出			实收资本（或股本）	70 000 000.00	
商誉			其他权益工具		
长期待摊费用	135 000.00		其中：优先股		
递延所得税资产	3 750.00		永续债		
其他非流动资产			资本公积	12 500 000.00	
非流动资产合计	131 143 582.71		减：库存股		
			其他综合收益		
			专项储备		
			盈余公积	14 285 000.00	
			未分配利润	7 512 950.00	
			所有者权益（或股东权益）合计	104 297 950.00	
资产总计	209 864 484.11		负债和所有者权益（或股东权益）总计	209 864 484.11	

二、完成总分类账、明细分类账和日记账的期初建账

期初建账是会计核算的首要工作，正确选择启用账簿直接影响后续会计工作的质量，因此必须正确选择、启用会计账簿，完成期初建账工作。

（一）启用账簿

1.填写扉页，完成“账簿启用及交接表”的填写

为了保证会计账簿记录的合法性和资料的完整性，明确记账责任，会计账簿应当由专人负责登记。《会计基础工作规范》第五十九条规定：启用会计账簿时，应当在账簿封面上写明单位名称和账簿名称。在账簿扉页上应当附启用表，内容包括：启用日期、账簿页数、记账人员和会计机构负责人、会计主管人员姓名，并加盖名章和单位公章。记账人员或者会计机构负责人、会计主管人员调动工作时，应当注明交接日期、接办人员或者监交人员姓名，并由交接双方人员签名或者盖章。这样做，既是明确有关人员责任的需要，也是提高有关人员的责任感和维护会计记录严肃性的需要。

文档
账簿启用及交接表答案

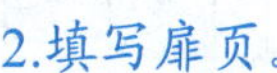

2.填写扉页。

填写“账簿启用及交接表”（见表 2-15）。

表 2-15　账簿启用及交接表

<table>
<tr><td colspan="2">单位名称</td><td colspan="4"></td><td colspan="5">公章</td></tr>
<tr><td colspan="2">账簿名称</td><td colspan="4"></td><td colspan="5" rowspan="4"></td></tr>
<tr><td colspan="2">账簿编号</td><td colspan="4"></td></tr>
<tr><td colspan="2">账簿页数</td><td colspan="4"></td></tr>
<tr><td colspan="2">启用日期</td><td colspan="4"></td></tr>
<tr><td rowspan="3">经管人员</td><td colspan="2">单位主管</td><td colspan="2">财务主管</td><td colspan="3">复核</td><td colspan="3">记账</td></tr>
<tr><td>姓名</td><td>印章</td><td>姓名</td><td>印章</td><td colspan="2">姓名</td><td>印章</td><td colspan="2">姓名</td><td>印章</td></tr>
<tr><td></td><td></td><td></td><td></td><td colspan="2"></td><td></td><td colspan="2"></td><td></td></tr>
<tr><td rowspan="4">交接记录</td><td colspan="2">经管人员</td><td colspan="4">接管</td><td colspan="4">交出</td></tr>
<tr><td>职别</td><td>姓名</td><td>年</td><td>月</td><td>日</td><td>印</td><td>年</td><td>月</td><td>日</td><td>印</td></tr>
<tr><td></td><td></td><td></td><td></td><td></td><td></td><td></td><td></td><td></td><td></td></tr>
<tr><td></td><td></td><td></td><td></td><td></td><td></td><td></td><td></td><td></td><td></td></tr>
<tr><td>印花税票</td><td></td><td colspan="9">备注：</td></tr>
</table>

印花税缴纳的相关规定：

在启用总分类账时，还应缴纳并粘贴印花税票，根据税法的规定，企业会计账簿中记载资金的账簿，即总分类账，按以下方法缴纳印花税并贴花：企业新设成立时，按实收资本和资本公积余额的 0.25‰缴纳印花税并贴花；次年度实收资本和资本公积未增加的不再计算贴花；以后年度如实收资本和资本公积增加的，就其增加部分按 0.25‰缴纳印花税并贴花；其他账簿不

需要贴花缴纳印花税。

（二）完成总分类账的期初建账

总分类账是全面、总括地反映和记录交易或事项引起的资金运动和财务收支情况，并为编制会计报表提供数据的账簿。每一单位都必须设置总分类账，总分类账必须采取订本式和三栏式，总分类账是指按照总分类科目设置。

（1）根据表 2-1 的相关数据和企业的实际情况完成总账的期初建账。尽量按计科目编码顺序排列，账页格式如表 2-16 所示。

表 2-16 总 账

会计科目________　　　　　　　　　　　　　　　　第____页

年		凭证册号	摘要	借方										贷方										借或贷	余额									
月	日			千	百	十	万	千	百	十	元	角	分	千	百	十	万	千	百	十	元	角	分		千	百	十	万	千	百	十	元	角	分

（2）结合企业未来发生的交易或事项及账务处理程序，留有适当的账页，并填写总账账户目录（见表 2-17）。

表 2-17 目 录

顺序	编号	名称	页码	顺序	编号	名称	页码

（三）完成明细分类账的期初建账

根据会计工作要求及管理的需要，各单位根据企业的实际情况，都必须开设明细分类账。明细账可根据工作的实际和管理的要求，选用三栏式、数量金额式、多栏式，账页可以采用活页账页，也可以采用订本式账页。若采用活页账页，期初建完账后不要给每个明细账预留账页，在使用过程中可以根据需要随时增减相同格式的账页，并按顺序编号。期末将填写完毕的封面、扉页（账簿启用及交接表）、目录及账页装订成册。期末装订活页账时，属于一个总分类账户的明细分类账，应集中连续排列，同一种格式的明细分类账，在条件允许的情况下，应放在一个明细账中，尽量按会计科目编码顺序排列。在每一个明细分类账起始页上端右侧粘贴标签，在标签上注明该账户的名称，不同账户的标签相互错开排列，以便于查找和管理。

微课
三栏式明细分类账期初建账

（1）根据表 2-1 相关数据及企业会计工作的客观实际，采用三栏式活页账，完成应收账款、其他应收账和应付账款的期初建账工作。三栏明细账格式见表 2-18。

表 2-18　明细分类账

编号：________

科目：________　　　　子目：________　　　　细目：________

年		记账凭证号数	摘要	对方科目	借方										贷方										借或贷	余额									
月	日				千	百	十	万	千	百	十	元	角	分	千	百	十	万	千	百	十	元	角	分		千	百	十	万	千	百	十	元	角	分

（2）根据表 2-1 ~表 2-4 相关数据及企业会计工作的客观实际，采用数量金额式活页账，完成原材料、周转材料和库存商品明细账的期初建账工作。数量金额明细账的格式见表 2-19。

最高储存量__________

最低储存量__________

表 2-19　原材料明细账

本账页数	
本户页数	

材料类别__________　名称__________　单位______　存放仓库__________

年		凭证		摘要	借方											贷方											借或贷	结存										
月	日	种类	号数		数量	单价	百	十	万	千	百	十	元	角	分	数量	单价	百	十	万	千	百	十	元	角	分		数量	单价	百	十	万	千	百	十	元	角	分

微课

应交税费明细分类账期初建账

（3）根据表 2-1 至表 2-5 相关数据及企业会计工作的客观实际，采用多栏式或专用多栏式活页账，完成生产成本、应交税费、应交增值税、应付职工薪酬、辅助生产费用、制造费用、管理费用、财务费用、主营业务收入、主营业务成本等明细账的期初建账工作。多栏式明细账的格式见表 2-20 和表 2-21。

应当提醒的是：有些明细账既可采用多栏式，也可采用三栏式，如主营业务收入、主营业务成本等明细账。

（四）完成日记账的期初建账

微课

成本类明细账的期初建账

根据会计工作要求及管理的需要，各单位根据企业的实际情况，都必须开设银行存款和库存现金日记账。日记账可采用三栏式，也可采用多栏式（按现金流量项目开设多栏），但必须是订本式。现金日记账是按币种开设，有多少个币种就开设多少个现金日记账；银行存款日记账是按开户银行账户开设，有多少个账户就开设多少个银行存款日记账，切不可将多个银行账户放在一个日记账中进行登记。银行存款日记账和现金日记账的最大区别是，银行存款日记账增加了结算方式栏。具体格式见表 2-22 和表 2-23。

表 2-20　应交税费——应交增值税明细账

年		凭证号	摘要	借方							贷方					借或贷	余额
月	日			合计	进项税额	销项税额抵减	已交税金	减免税款	出口抵减内销产品应纳税额	转出未交增值税	合计	销项税额	出口退税	进项税额转出	转出多交增值税		
				千百十万千百十元角分	千百十万千百十元角分	千百十万千百十元角分	千百十万千百十元角分	千百十万千百十元角分	千百十万千百十元角分	千百十万千百十元角分	千百十万千百十元角分	千百十万千百十元角分	千百十万千百十元角分	千百十万千百十元角分	千百十万千百十元角分		千百十万千百十元角分

表 2-21 生产成本——基本生产成本——酿造车间（纯生啤酒）明细账

2020年		凭单号	摘要	借方	贷方	借或贷	余额	（借）方金额									
月	日			千百十万千百十元角分	千百十万千百十元角分		千百十万千百十元角分	直接材料 百十万千百十元角分	燃料动力 百十万千百十元角分	直接人工 百十万千百十元角分	制造费用 百十万千百十元角分	百十万千百十元角分	百十万千百十元角分	百十万千百十元角分	百十万千百十元角分	百十万千百十元角分	百十万千百十元角分
12	1		期初余额				640000000	400000000	60000000	30000000	150000000						

表 2-22　现金日记账

币种________

年		凭证		对方科目	摘要	√	收入（借方）金额										付出（贷方）金额										结余金额									
月	日	字	号				千	百	十	万	千	百	十	元	角	分	千	百	十	万	千	百	十	元	角	分	千	百	十	万	千	百	十	元	角	分

表 2-23　银行存款日记账

开户银行：________　　　　账号：____________　　　　第____页

年		凭证		结算方式		摘要	对方科目	收入（借方）金额											核对号	付出（贷方）金额											结余金额										
月	日	字	号	名称	编号			亿	千	百	十	万	千	百	十	元	角	分		亿	千	百	十	万	千	百	十	元	角	分	亿	千	百	十	万	千	百	十	元	角	分

微课

期初建账正确性检查

任务3 完成期初建账正确性检查

任何单位的会计人员完成期初建账后，为保证后续会计工作顺利进行和会计工作的质量，都要进行期初建账正确性检查。每类账户期初建账正确性检查，基本都包括如下方面：

一、总体性检查

是否规范填写账簿启用表，是否正确选择账页，是否规范登记，登记的金额和方向是否正确，有无丢失账户，总分类账和日记账是否采用订本式。

二、检验性检查

（1）总账。所有总分类账户的期初借方余额合计与所有总分类账户的期初贷方余额合计是否相等。若相等，总分类账账簿的期初建账基本正确；若不相等，应查找原因，逐一核对账户，是否有重记、漏记、反向、倒码等情况的发生。

（2）明细账。某一总分类账的余额是否等于其所属明细分类账的余额之和。如果不符，应查找原因，是否漏记、错记等。

（3）日记账。日记账金额与总账是否相符。现金日记账应注意币种，有多少种货币就开设多少个现金日记账。对于银行存款日记账，有多少个银行账户就开设多少个银行存款日记账。所有银行存款日记账余额之和等于银行存款总账余额。

项目 2　完成上半月交易事项的会计处理

知识目标

1. 掌握原始凭证的填制及审核内容。
2. 掌握记账凭证的填制及审核内容。
3. 掌握明细分类账、日记账的登记方法。
4. 掌握科目汇总表的编制方法及总分类账的登记方法。

能力目标

1. 能够根据企业交易事项的具体情况准确地识别、审核原始凭证。
2. 能够根据审核无误的原始凭证，结合企业交易或事项的具体情况，准确地填制记账凭证。
3. 能够根据企业发生交易或事项，依据原始凭证或记账凭证规范地登记明细分类账、日记账。
4. 能够根据记账凭证正确登记“T”账，准确填制科目汇总表、规范登记总分类账。
5. 能够根据登记的账簿记录检查记账的正确性。

素质目标

1. 培养清白做人、干净做事的职业道德和廉洁自律的高尚情操。
2. 培养学生实事求是、精益求精的工作态度。
3. 培养学生的家国情怀，脚踏实地地担当起中华民族伟大复兴的重任。

任务 4　识别与填制原始凭证

微课

原始凭证的填制与审核

一、识别原始凭证

根据提供的原始凭证，请用简短精练的语言描述企业发生的交易或事项内容，并上传到课程平台（具体交易或事项见凭证 4-1 至此凭证 4-3）。

凭证4-1（1）

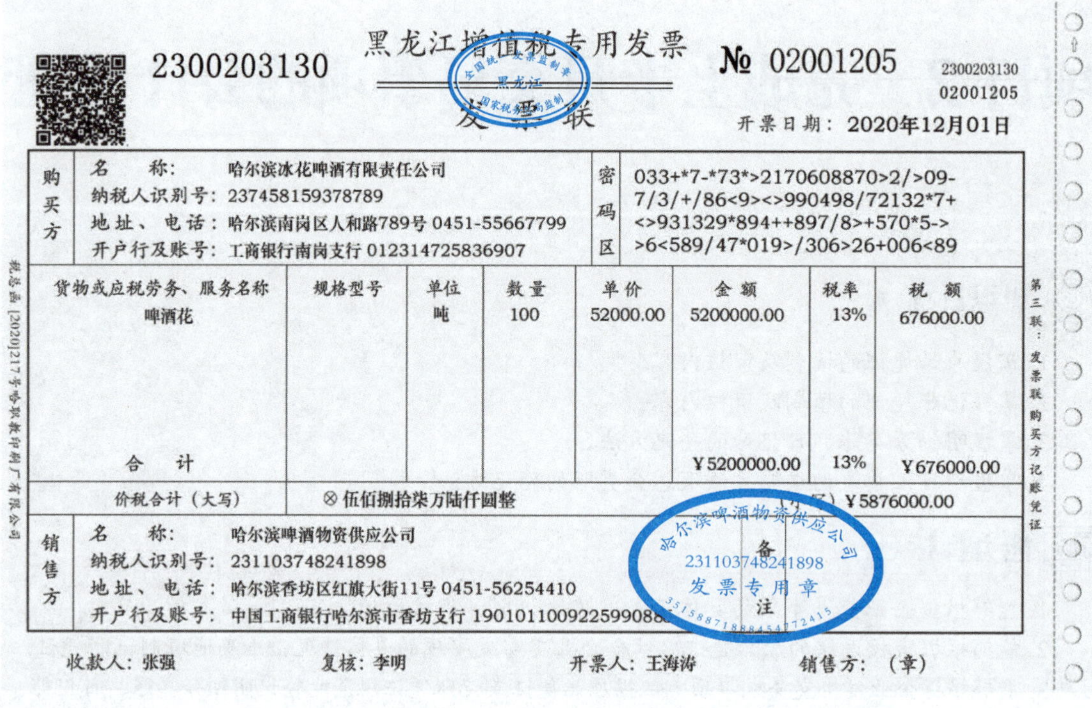

2300203130　　黑龙江增值税专用发票　　№ 02001205

发票联

2300203130
02001205

开票日期：2020年12月01日

税总函[2020]217号哈联教印刷厂有限公司

购买方	名　　称：哈尔滨冰花啤酒有限责任公司 纳税人识别号：237458159378789 地 址、电 话：哈尔滨南岗区人和路789号 0451-55667799 开户行及账号：工商银行南岗支行 012314725836907	密码区	033+*7-*73*>2170608870>2/>09- 7/3/+/86<9><>990498/72132*7+ <>931329*894++897/8>+570*5-> >6<589/47*019>/306>26+006<89

货物或应税劳务、服务名称	规格型号	单位	数量	单价	金额	税率	税额
啤酒花		吨	100	52000.00	5200000.00	13%	676000.00
合　计					￥5200000.00	13%	￥676000.00
价税合计（大写）	⊗伍佰捌拾柒万陆仟圆整				（小写）￥5876000.00		

销售方	名　　称：哈尔滨啤酒物资供应公司 纳税人识别号：231103748241898 地 址、电 话：哈尔滨香坊区红旗大街11号 0451-56254410 开户行及账号：中国工商银行哈尔滨市香坊支行 19010110092259908[illegible]	备注	哈尔滨啤酒物资供应公司 231103748241898 发票专用章

收款人：张强　　复核：李明　　开票人：王海涛　　销售方：（章）

第三联：发票联 购买方记账凭证

凭证4-1（2）

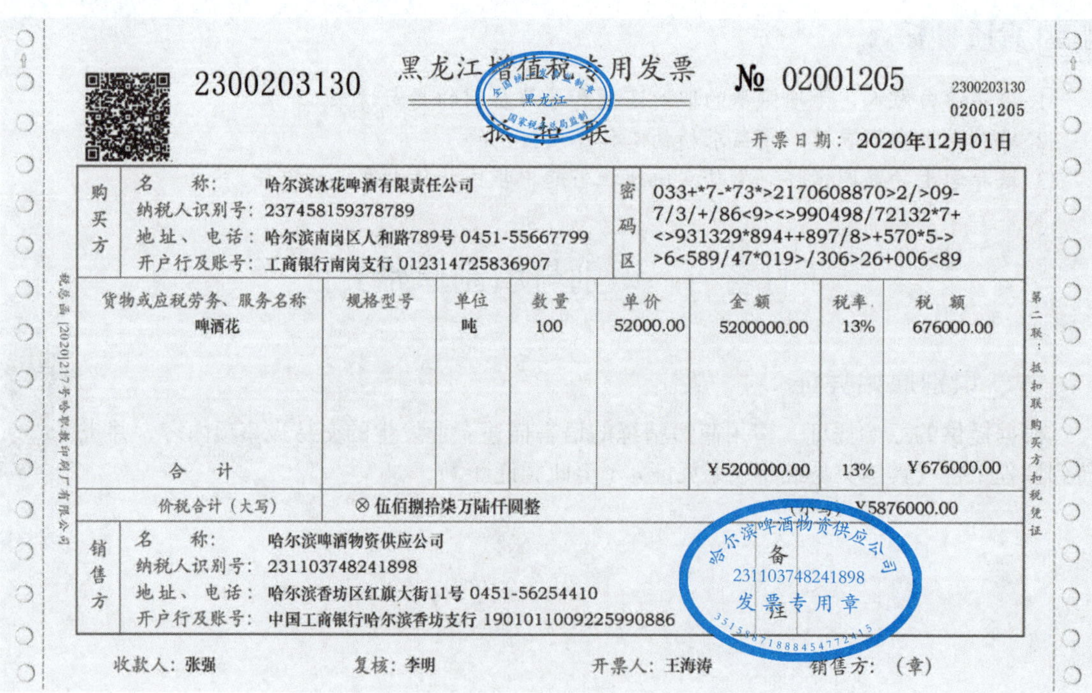

2300203130　　黑龙江增值税专用发票　　№ 02001205

抵扣联

2300203130
02001205

开票日期：2020年12月01日

税总函[2020]217号哈联教印刷厂有限公司

购买方	名　　称：哈尔滨冰花啤酒有限责任公司 纳税人识别号：237458159378789 地 址、电 话：哈尔滨南岗区人和路789号 0451-55667799 开户行及账号：工商银行南岗支行 012314725836907	密码区	033+*7-*73*>2170608870>2/>09- 7/3/+/86<9><>990498/72132*7+ <>931329*894++897/8>+570*5-> >6<589/47*019>/306>26+006<89

货物或应税劳务、服务名称	规格型号	单位	数量	单价	金额	税率	税额
啤酒花		吨	100	52000.00	5200000.00	13%	676000.00
合　计					￥5200000.00	13%	￥676000.00
价税合计（大写）	⊗伍佰捌拾柒万陆仟圆整				（小写）￥5876000.00		

销售方	名　　称：哈尔滨啤酒物资供应公司 纳税人识别号：231103748241898 地 址、电 话：哈尔滨香坊区红旗大街11号 0451-56254410 开户行及账号：中国工商银行哈尔滨香坊支行 1901011009225990886	备注	哈尔滨啤酒物资供应公司 231103748241898 发票专用章

收款人：张强　　复核：李明　　开票人：王海涛　　销售方：（章）

第二联：抵扣联 购买方扣税凭证

凭证4-2（1）

中国工商银行 INDUSTRIAL AND COMMERCIAL BANK OF CHINA

收费凭条

2020年12月02日

付款人名称	哈尔滨冰花啤酒有限责任公司			付款人账号	中国工商银行哈尔滨市南岗支行 012314725836907											
服务项目（凭证种类）	数量	工本费	手续费	小计											上述款项请从我账户支付
				亿	仟	佰	十	万	仟	佰	十	元	角	分	
汇票手续费									¥	2	0	0	0	0	
															预留印鉴
人民币（大写）		贰佰圆整						¥	2	0	0	0	0		
以下在购买凭证时填写															
	领购人证件号码														
	领购人证件号码														

事后监督：　　　　　　　　　　　　　　　　记账：

（印章：中国工商银行 2020.12.02 南岗支行 转讫；赵立辉印；哈尔滨冰花啤酒有限责任公司财务专用章）

凭证4-2（2）

中国工商银行 INDUSTRIAL AND COMMERCIAL BANK OF CHINA

电汇凭证（回 单）

1

√普通　加急　委托日期　　2020年 12 月 2 日

			收款人		
汇款人	全　称	哈尔滨冰花啤酒有限责任公司		全　称	沈阳光辉麦芽厂
	账　号	012314725836907		账　号	111222333444555
	汇出地点	黑龙江 省 哈尔滨 市/县		汇出地点	辽宁 省 沈阳 市/县
	开户银行	中国工商银行哈尔滨市南岗支行		开户银行	中国工商银行沈阳市铁西支行
金额	人民币（大写）	捌佰陆拾万圆整			亿 仟 佰 十 万 仟 佰 十 元 角 分 ¥ 8 6 0 0 0 0 0 0 0
汇出行签章：		支付密码			
		附加信息及用途：支付前欠货款 中国 复核：　　记账：			

此联付款行给汇款人的回单

（印章：中国工商银行 2020.12.02 南岗支行 转讫）

凭证4-2（3）

银行汇票申请书（存 根）

NO.51675368

1

申请日期2020年12月02日

申请人	哈尔滨冰花啤酒有限责任公司	收款人	河北麦芽厂
账号或地址	012314725836907	账号或地址	112314723336909
用　途	购料	代理付款行	中国工商银行哈尔滨市南岗支行

汇款金额	亿	仟	佰	十	万	仟	佰	十	元	角	分
贰佰万圆整		¥	2	0	0	0	0	0	0	0	0

备注：

科　目：
对方科目：
财务主管：

中国工商银行
2020.12.02
南岗支行
转讫

复核：　　　　记账：

此联申请人留存

凭证4-3（1）

职工个人所得税计算

2020年12月27日

部门	编号	姓名	应发工资总额	扣除非应税部分				累计预扣预缴应纳税所得额	税率	速算扣除数	累计预扣预缴个人所得税	1~11月份已预扣预缴个人所得税	本期应预扣预缴个人所得税	实发工资
				规定扣除	三险一金	专项附加扣除	扣除合计							
略	略	赵立辉	9 500.00	5 000.00	1 805.00	2 000.00	8 805.00	8 340.00	3%	0	250.20	229.35	20.85	7 674.15
		孙　伟	8 400.00	5 000.00	1 596.00	750.00	7 346.00	12 648.00	3%	0	379.44	347.82	31.62	6 772.38
		孙大可	5 200.00	5 000.00	988.00		5 988.00							4 212.00
		赵　博	7 500.00	5 000.00	1 425.00	400.00	6 825.00	8 100	3%	0	243.00	222.75	20.25	6 054.75
		胡　海	3 000.00	5 000.00	570.00		5 570.00							2 430.00
		孙　强	18 600.00	5 000.00	3 534.00	1 000.00	9 534.00	108 792	10%	2 520.00	8 359.20	7 662.60	696.60	14 369.40
合　计			1 957 000.00		371 830.00								110 000.00	1 475 170.00

凭证4-3（2）

职工个人负担的三险一金、所得税及实发工资计算表

2020 年 12 月 27 日

部门	编号	姓名	应发工资总额	扣款明细						实发工资
				养老保险（8%）	医疗保险（2%）	失业保险（1%）	住房公积金（8%）	个人所得税	扣款合计	
财务部	略	孙大可	5 200.00	416.00	104.00	52.00	416.00	0.00	988.00	4 212.00
质检车间	略	赵　博	7 500.00	600.00	150.00	75.00	600.00	20.25	1 445.25	6 054.75
销售部	略	孙　强	18 600.00	1 488.00	372.00	186.00	1 488.00	696.60	4 230.60	14 369.40
合　计			1 957 000.00	156 560.00	39 140.00	19 570.00	156 560.00	110 000.00	481 830.00	1 475 170.00

二、填制原始凭证

根据提供的交易或事项的内容，完成原始凭证（凭证 4-4）的填制，并将所想所感发布在课程平台。

（1）销售部赵雪娇到井冈山参加博览会洽谈业务，预借差旅费 15 000 元。

凭证4-4（1）

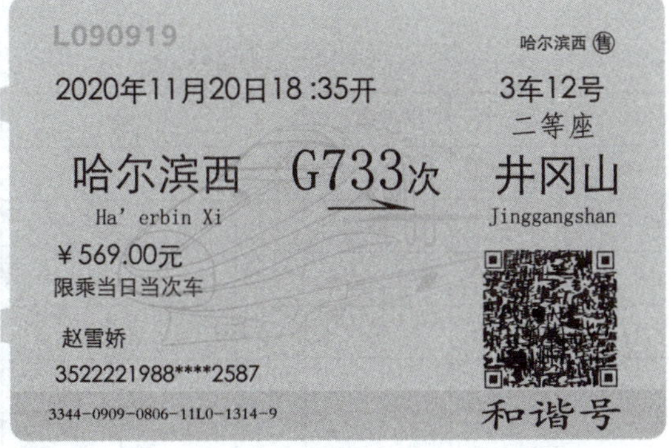

凭证4-4（2）

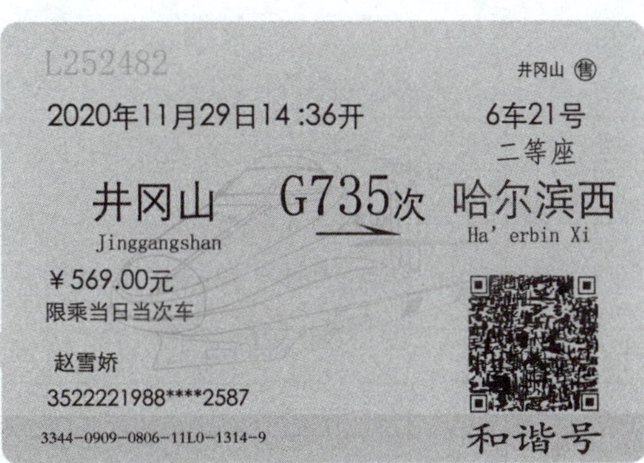

凭证4-4（3）

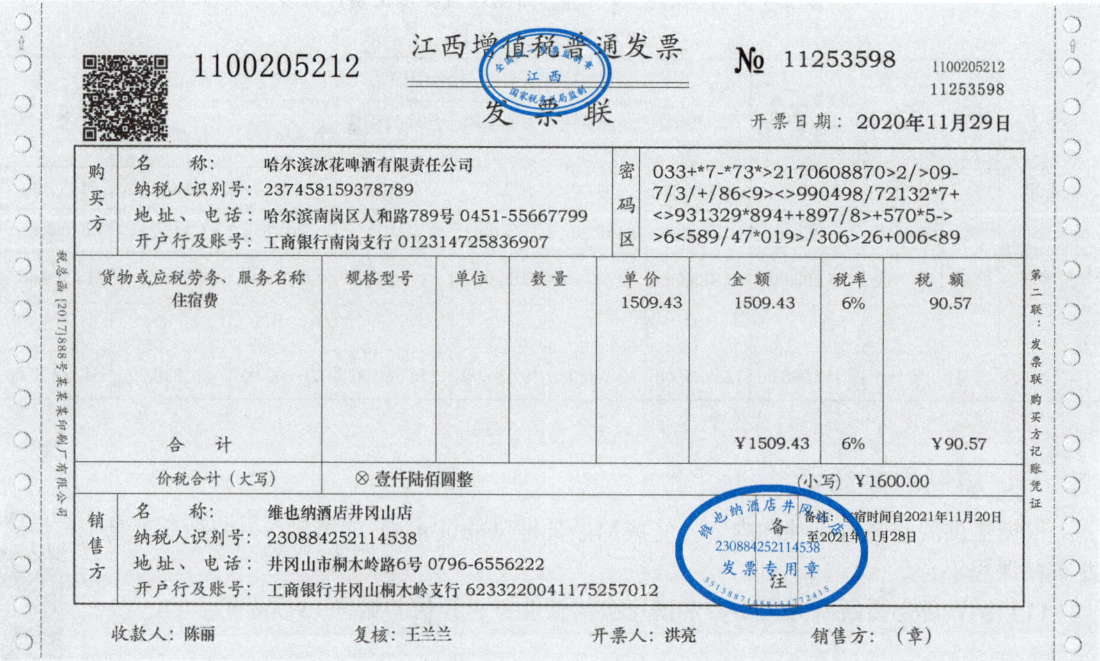
江西增值税普通发票

1100205212 　№ 11253598 　1100205212 11253598

发票联

开票日期：2020年11月29日

购买方	名称：哈尔滨冰花啤酒有限责任公司 纳税人识别号：237458159378789 地址、电话：哈尔滨南岗区人和路789号 0451-55667799 开户行及账号：工商银行南岗支行 012314725836907	密码区	033+*7-*73*>2170608870>2/>09-7/3/+/86<9><>990498/72132*7+<>931329*894++897/8>+570*5->>6<589/47*019>/306>26+006<89

货物或应税劳务、服务名称	规格型号	单位	数量	单价	金额	税率	税额
住宿费				1509.43	1509.43	6%	90.57
合计					¥1509.43	6%	¥90.57
价税合计（大写）	⊗壹仟陆佰圆整				（小写）¥1600.00		

销售方	名称：维也纳酒店井冈山店 纳税人识别号：230884252114538 地址、电话：井冈山市桐木岭路6号 0796-6556222 开户行及账号：工商银行井冈山桐木岭支行 6233220041175257012	备注	备注：住宿时间自2021年11月20日至2021年11月28日

收款人：陈丽　复核：王兰兰　开票人：洪亮　销售方：（章）

凭证4-4（4）

差旅费报销单

年　月　日　　　　编号：

部门名称		职员名					人数：		出差事由				
出差期间									备注				
出发时间	出发地	到达时间	到达地	车船票	住宿费		伙食费		交通费		差补	其他	合计
					天	金额	天	金额	天	金额			
人民币（大写）：							¥				预借差旅费：		

审批：张文军　　财务审核：孙大可　　出差人：赵雪娇

（2）2020年7月1日，企业出纳人员准备到银行提取现金20 000元，请写凭证4-5现金支票，并写出该现金支票正反面应盖的公章有哪些，盖在什么位置？请将结果发布在课程平台上。

微课

支票的填写

凭证4-5

中国工商银行
现金支票存根
IX II 20201202

科　目
对方科目
出票日期　年　月　日

收款人:
金　额:
用　途:

单位主管　会计

2020 · 中机教集团印刷公司印制

中国工商银行　现金支票　IX II 20201202

本支票付款期限十天

出票日期（大写）　年　月　日　付款行名称:
收款人:　出票人账号:

人民币（大写）	亿	千	百	十	万	千	百	十	元	角	分

用途
上列项款请从
我账户内支付
出票人签章

科目(借)
对方科目(贷)
转账日期　年　月　日
复核　记账

莱织华印刷有限公司 2011 年印制

附加信息：	被背书人	被背书人
	背书人签章 年　月　日	背书人签章 年　月　日

贴粘单处

根据《中华人民共和国票据法》等法律法规的规定，签发空头支票由中国人民银行处以票面金额5%但不低于1 000元的罚款。

任务 5　完成上半月记账凭证填制与审核

根据提供的交易或事项发生时取得的原始凭证，进行审核后填制记账凭证（凭证 5-1~凭证 5-44)。按业务发生的先后顺序依次编排，共 44 张记账凭证。

微课

记账凭证的填制与审核

课程思政

弘扬社会主义核心价值观传承中华美德

文档

国内旅客运输服务进项税额抵扣相关规定

凭证5-1（1）

差旅费报销单

2020 年 12 月 01 日　　　　编号：20201201

<table>
<tr><td>部门名称</td><td>销售部</td><td>职员名</td><td colspan="4">赵雪娇</td><td colspan="2">人数：1</td><td colspan="2">出差事由</td><td colspan="3">参加博览会洽谈业务</td></tr>
<tr><td>出差期间</td><td colspan="8">2020 年 11 月 20 日~2020 年 11 月 29 日 共：10 天</td><td colspan="2">备注</td><td colspan="3">会务费：12 000.00</td></tr>
<tr><td rowspan="2">出发时间</td><td rowspan="2">出发地</td><td rowspan="2">到达
时间</td><td rowspan="2">到达地</td><td rowspan="2">车船票</td><td colspan="2">住宿费</td><td colspan="2">伙食费</td><td colspan="2">交通费</td><td rowspan="2">差补</td><td rowspan="2">其他</td><td rowspan="2">合计</td></tr>
<tr><td>天</td><td>金额</td><td>天</td><td>金额</td><td>天</td><td>金额</td></tr>
<tr><td>11-20 18:10</td><td>哈尔滨</td><td>11-20 22:50</td><td>南京</td><td>1 050.00</td><td>9</td><td>1 600.00</td><td>10</td><td>1 000.00</td><td>10</td><td>800.00</td><td></td><td>12 000.00</td><td>16 450.00</td></tr>
<tr><td>11-29 17:15</td><td>南京</td><td>11-29 21:49</td><td>哈尔滨</td><td>1 050.00</td><td></td><td></td><td></td><td></td><td></td><td></td><td></td><td></td><td>1 050.00</td></tr>
<tr><td></td><td></td><td></td><td></td><td></td><td></td><td></td><td></td><td></td><td></td><td></td><td></td><td></td><td></td></tr>
<tr><td>合计</td><td></td><td></td><td></td><td>2 100.00</td><td></td><td>1 600.00</td><td></td><td>1 000.00</td><td></td><td>800.00</td><td></td><td>1 200.00</td><td>17 500.00</td></tr>
<tr><td colspan="8">人民币（大写）：壹万柒仟伍佰圆整</td><td colspan="3">¥17 500.00</td><td colspan="3">预借差旅费：15 000.00</td></tr>
</table>

审批：　张文军　　　财务审核：　孙大可　　　出差人：赵雪娇

凭证5-1（2）

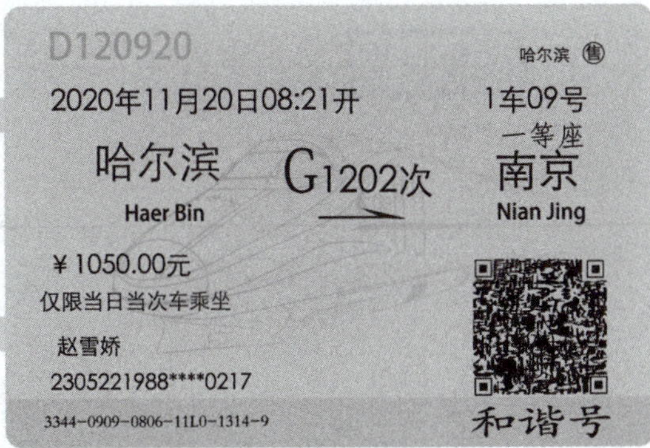

凭证5-1（3）

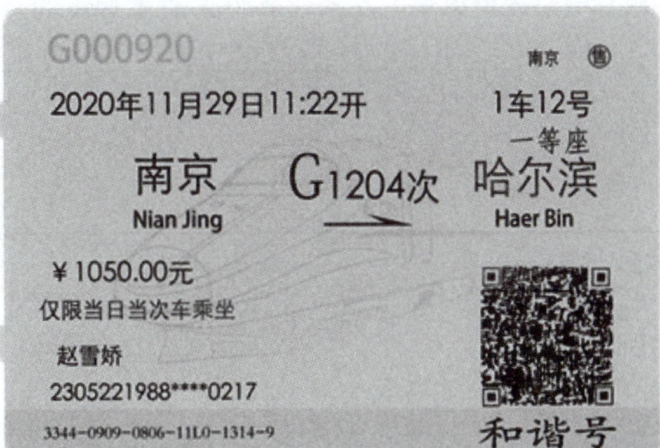

凭证5-1（4）

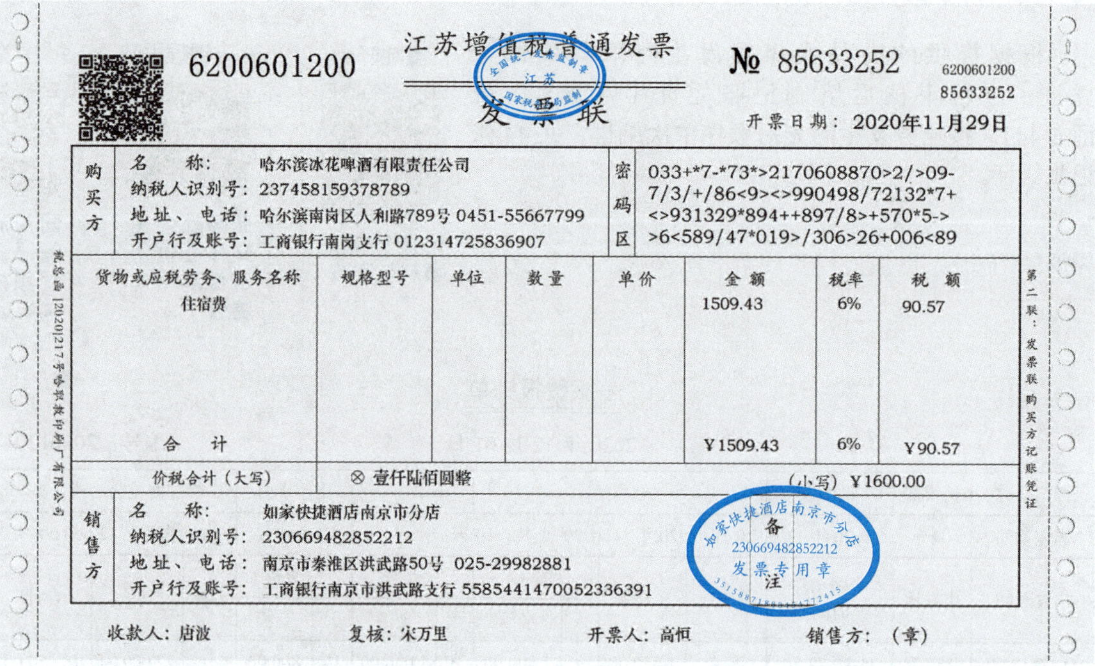

江苏增值税普通发票

6200601200　№ 85633252　6200601200 85633252

发票联

开票日期：2020年11月29日

购买方	名　　称：哈尔滨冰花啤酒有限责任公司 纳税人识别号：237458159378789 地址、电话：哈尔滨南岗区人和路789号 0451-55667799 开户行及账号：工商银行南岗支行 012314725836907	密码区	033+*7-*73*>2170608870>2/>09-7/3/+/86<9><>990498/72132*7+<>931329*894++897/8>+570*5->>6<589/47*019>/306>26+006<89

货物或应税劳务、服务名称	规格型号	单位	数量	单价	金额	税率	税额
住宿费					1509.43	6%	90.57
合　计					¥1509.43	6%	¥90.57
价税合计（大写）	⊗壹仟陆佰圆整				（小写）¥1600.00		

销售方	名　　称：如家快捷酒店南京市分店 纳税人识别号：230669482852212 地址、电话：南京市秦淮区洪武路50号 025-29982881 开户行及账号：工商银行南京市洪武路支行 5585441470052336391	备注	如家快捷酒店南京市分店 230669482852212 发票专用章

收款人：唐波　　复核：宋万里　　开票人：高恒　　销售方：（章）

第二联：发票联 购买方记账凭证

凭证5-1（5）

收　　据

NO.20201201

2020 年 12 月 01 日

今收到　出差报账补差价 2 500.00 元

金额（大写）⊗佰⊗拾⊗万贰仟伍佰零拾零圆零角零分

收款事由　　现金付讫

¥　2 500.00　　　　收款人（签字）　赵雪娇

核准：周瑞雪　　会计：孙伟　　记账：李珊　　出纳：王微

凭证5-2（1）

收 料 单

供应单位：哈尔滨啤酒物资供应公司　　　　　　　　　　　　　　　　　收料编号：20201201

发票号码：02001205　　　　　　2020年12月01日　　　　　　　　　　仓　　库：1

材料名称	计量单位	数量		实际价格				
		应收	实收	单价	发票金额	运杂费	合计	
							单位成本	总成本
啤酒花	吨	100	100	52 000.00	5 200 000.00		52 000.00	5 200 000.00
验收结论：合格		合计	100	—	5 200 000.00	0.00	—	5 200 000.00
备注：								

第二联：记账联

验收员：李长文　　　　收料员：李东　　　　采购员：李美　　　　部门负责人：张立军

凭证5-2（2）

2300203130　　黑龙江增值税专用发票　　№ 02001205　　2300203130 02001205

抵扣联　　　　开票日期：2020年12月01日

购买方	名　　称：哈尔滨冰花啤酒有限责任公司 纳税人识别号：237458159378789 地址、电话：哈尔滨南岗区人和路789号 0451-55667799 开户行及账号：工商银行南岗支行 012314725836907	密码区	033+*7-*73*>2170608870>2/>09- 7/3/+/86<9><>990498/72132*7+ <>931329*894++897/8>+570*5-> >6<589/47*019>/306>26+006<89

货物或应税劳务、服务名称	规格型号	单位	数量	单价	金额	税率	税额
啤酒花		吨	100	52000.00	5200000.00	13%	676000.00
合　计					¥5200000.00	13%	¥676000.00
价税合计（大写）	⊗伍佰捌拾柒万陆仟圆整				（小写）¥5876000.00		

销售方	名　　称：哈尔滨啤酒物资供应公司 纳税人识别号：231103748241898 地址、电话：哈尔滨香坊区红旗大街11号 0451-56254410 开户行及账号：中国工商银行哈尔滨香坊支行 1901011009225990886	备注	

收款人：张强　　　　复核：李明　　　　开票人：王海涛　　　　销售方：（章）

第二联：抵扣联 购买方扣税凭证

凭证5-2（3）

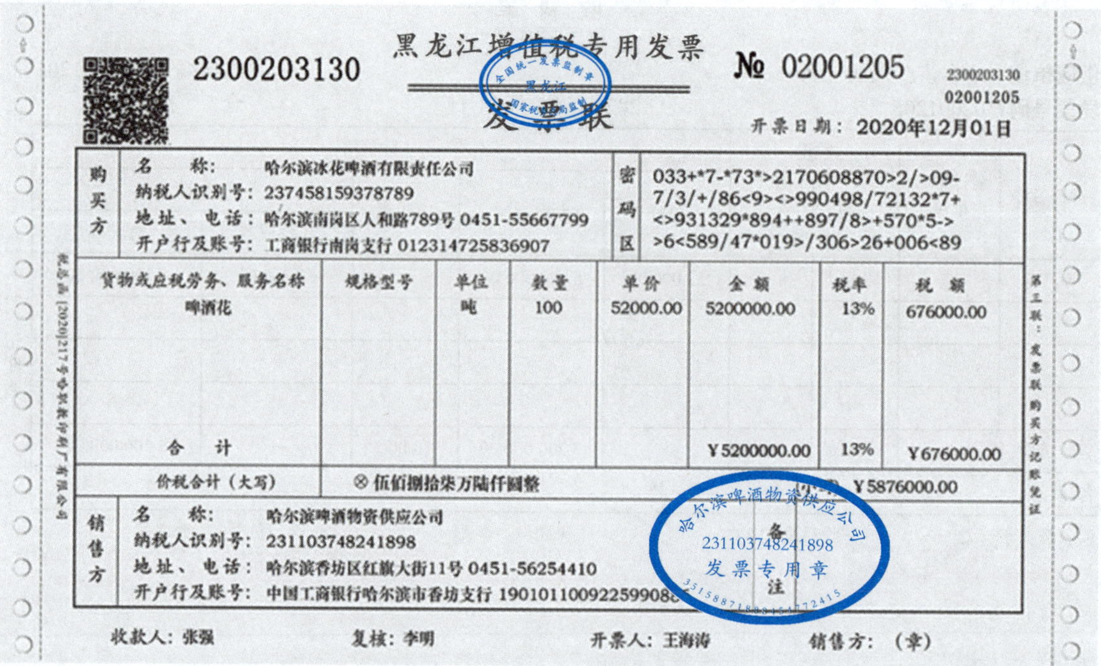

黑龙江增值税专用发票

发票联

2300203130　№ 02001205　2300203130 02001205

开票日期：2020年12月01日

购买方	名　称：哈尔滨冰花啤酒有限责任公司 纳税人识别号：237458159378789 地址、电话：哈尔滨南岗区人和路789号 0451-55667799 开户行及账号：工商银行南岗支行 012314725836907	密码区	033+*7-*73*>2170608870>2/>09- 7/3/+/86<9><>990498/72132*7+ <>931329*894++897/8>+570*5-> >6<589/47*019>/306>26+006<89

货物或应税劳务、服务名称	规格型号	单位	数量	单价	金额	税率	税额
啤酒花		吨	100	52000.00	5200000.00	13%	676000.00
合　计					¥5200000.00	13%	¥676000.00
价税合计（大写）	⊗伍佰捌拾柒万陆仟圆整				（小写）¥5876000.00		

销售方	名　称：哈尔滨啤酒物资供应公司 纳税人识别号：231103748241898 地址、电话：哈尔滨香坊区红旗大街11号 0451-56254410 开户行及账号：中国工商银行哈尔滨市香坊支行 19010110092259908	备注	

收款人：张强　　复核：李明　　开票人：王海涛　　销售方：（章）

第三联：发票联 购买方记账凭证

凭证5-3（1）

付款报告书

2020 年 12 月 02 日　　　　付款编号：20201201

开支内容	结算金额	结算方式
支付沈阳光辉麦芽厂前欠货款及汇费	8 600 200.00	电汇
		转账付讫
合计金额（大写）	捌佰陆拾万零贰佰圆整	

主管会计：周瑞雪　　单位负责人：孙大可　　出纳：李梅　　经办人：赵大伟

凭证5-3（2）

中国工商银行 INDUSTRIAL AND COMMERCIAL BANK OF CHINA

收费凭条

2020 年 12 月 02 日

付款人名称	哈尔滨冰花啤酒有限责任公司			付款人账号	中国工商银行哈尔滨市南岗支行 012314725836907										
服务项目（凭证种类）	数量	工本费	手续费	小计											上述款项请从我账户支付
				亿	仟	佰	十	万	仟	佰	十	元	角	分	
汇票手续费									￥	2	0	0	0	0	
															预留印鉴
人民币（大写）		贰佰圆整							￥	2	0	0	0	0	
以下在购买凭证时填写															
		领购人证件号码													
		领购人证件号码													

赵立辉印　　哈尔滨冰花啤酒有限责任公司财务专用章　　中国工商银行 2020.12.02 南岗支行 转讫

事后监督：　　　　记账：

凭证5-3（3）

中国工商银行 INDUSTRIAL AND COMMERCIAL BANK OF CHINA

电汇凭证（回 单）

1

√普通 加急 委托日期 2020 年 12 月 02 日

<table>
<tr><td rowspan="4">汇款人</td><td>全 称</td><td>哈尔滨冰花啤酒有限责任公司</td><td rowspan="4">收款人</td><td>全 称</td><td colspan="11">沈阳光辉麦芽厂</td><td rowspan="7">此联付款行给汇款人的回单</td></tr>
<tr><td>账 号</td><td>012314725836907</td><td>账 号</td><td colspan="11">111222333444555</td></tr>
<tr><td>汇出地点</td><td>黑龙江 省 哈尔滨 市/县</td><td>汇出地点</td><td colspan="11">辽宁 省 沈阳 市/县</td></tr>
<tr><td>开户银行</td><td>中国工商银行哈尔滨市南岗支行</td><td>开户银行</td><td colspan="11">中国工商银行沈阳市铁西支行</td></tr>
<tr><td rowspan="2">金额</td><td rowspan="2">人民币
（大写）</td><td colspan="3" rowspan="2">捌佰陆拾万圆整</td><td>亿</td><td>仟</td><td>佰</td><td>十</td><td>万</td><td>仟</td><td>佰</td><td>十</td><td>元</td><td>角</td><td>分</td></tr>
<tr><td></td><td>￥</td><td>8</td><td>6</td><td>0</td><td>0</td><td>0</td><td>0</td><td>0</td><td>0</td><td>0</td></tr>
<tr><td colspan="2">汇出行签章：</td><td colspan="14">支付密码
附加信息及用途：支付前欠货款
中国
复核： 记账：</td></tr>
</table>

中国工商银行 2020.12.02 南岗支行 转讫

凭证5-4（1）

产品出库单

购货单位：齐齐哈尔啤酒批发公司　　　　2020 年 12 月 02 日　　　　出库编号：20201201

仓库	产品名称	单位	出库数量（吨）	单位成本（元）	总成本（元）	备注
2 号库	纯生瓶装啤酒	吨	900			
2 号库	普通瓶装啤酒	吨	1 000			
合 计			1 900			

库管员：赵丽兰　　　　销售员：朱海峰　　　　部门负责人：赵雪娇

凭证5-4（2）

电汇凭证（收账通知）　2

√普通　加急　委托日期　　2020 年 12 月 02 日

汇款人	全　称	齐齐哈尔啤酒批发公司	收款人	全　称	哈尔滨冰花啤酒有限责任公司
	账　号	043147258369075		账　号	012314725836907
	汇出地点	黑龙江省齐齐哈尔市/县		汇出地点	黑龙江省哈尔滨 市/县
	开户银行	中国工商银行齐齐哈尔市铁峰支行		开户银行	中国工商银行哈尔滨市南岗支行

金额	人民币（大写）	亿	仟	佰	十	万	仟	佰	十	元	角	分
	玖佰陆拾万零伍仟圆整		¥	9	6	0	5	0	0	0	0	0

汇出行签章：	支付密码
	附加信息及用途： 支付前欠货款 中国 复核：　记账：

中国工商银行 2020.12.02 南岗支行 转讫

此联付款行给汇款人的回单

凭证5-4（3）

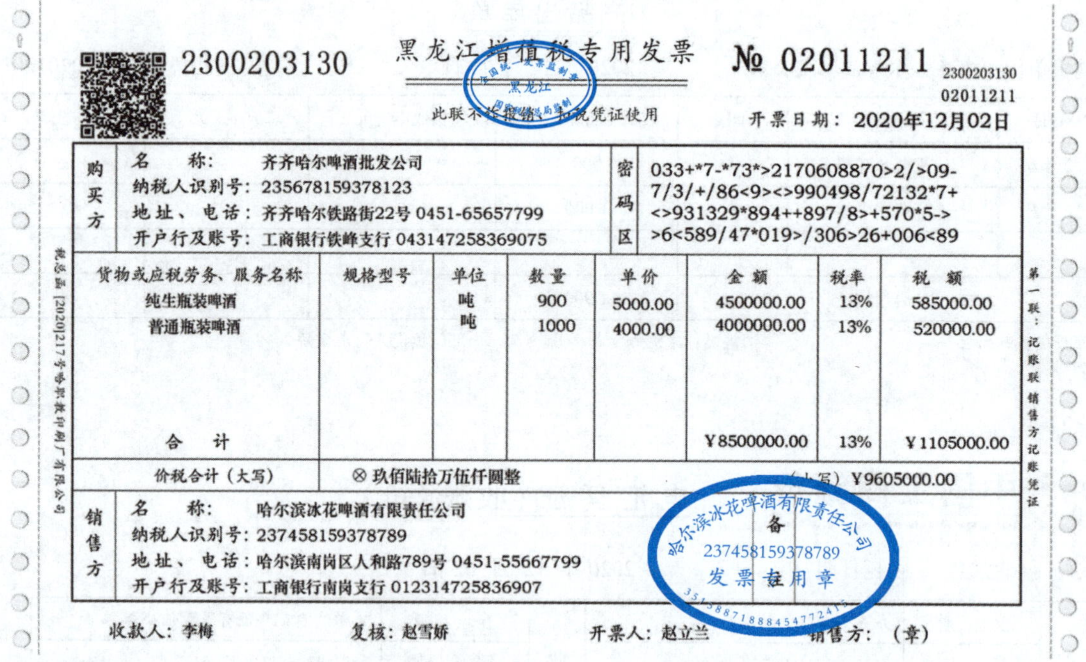

2300203130 黑龙江增值税专用发票 № 02011211

2300203130
02011211

此联不作报销、扣税凭证使用

开票日期：2020年12月02日

购买方	名　　称：齐齐哈尔啤酒批发公司 纳税人识别号：23567815937812 3 地址、电话：齐齐哈尔铁路街22号 0451-65657799 开户行及账号：工商银行铁峰支行 043147258369075	密码区	033+*7-*73*>2170608870>2/>09- 7/3/+/86<9><>990498/72132*7+ <>931329*894++897/8>+570*5-> >6<589/47*019>/306>26+006<89

货物或应税劳务、服务名称	规格型号	单位	数量	单价	金额	税率	税额
纯生瓶装啤酒		吨	900	5000.00	4500000.00	13%	585000.00
普通瓶装啤酒		吨	1000	4000.00	4000000.00	13%	520000.00
合　计					¥8500000.00	13%	¥1105000.00
价税合计（大写）	⊗玖佰陆拾万伍仟圆整				（小写）¥9605000.00		

销售方	名　　称：哈尔滨冰花啤酒有限责任公司 纳税人识别号：237458159378789 地址、电话：哈尔滨南岗区人和路789号 0451-55667799 开户行及账号：工商银行南岗支行 012314725836907	备注	

收款人：李梅　　复核：赵雪娇　　开票人：赵立兰　　销售方：（章）

凭证5-4（4）

哈尔滨冰花啤酒有限责任公司

销售单（代合同）

NO.20201201

地　　址：哈尔滨南岗区人和路789号

电　　话：0451-55667799

客户名称：齐齐哈尔啤酒批发公司

地址电话：齐齐哈尔铁路街22号　　0452-65657799　　日期：2020年12月02日

产品名称		单位	单价	数量	金额	税率	税额	价税合计
纯生瓶装啤酒		吨	5 000.00	900.00	4 500 000.00	13%	585 000.00	5 085 000.00
普通瓶装啤酒		吨	4 000.00	1 000.00	4 000 000.00	13%	520 000.00	4 520 000.00
合计	人民币大写		玖佰陆拾万伍仟圆整		8 500 000.00		1 105 000.00	9 605 000.00

会计：赵雪娇　　经办人：朱海峰　　库管：赵立兰　　签收人：陈锋

凭证5-5（1）

收费凭条

2020 年 12 月 02 日

付款人名称	哈尔滨冰花啤酒有限责任公司			付款人账号	中国工商银行哈尔滨市南岗支行 012314725836907											
服务项目（凭证种类）	数量	工本费	手续费	小计												
				亿	仟	佰	十	万	仟	佰	十	元	角	分	
汇票手续费									¥	2	0	0	0	0	上述款项请从我账户支付
															预留印鉴
人民币（大写）		贰佰圆整							¥	2	0	0	0	0	
以下在购买凭证时填写															
		领购人证件号码													
		领购人证件号码													

中国工商银行 2020.12.02 南岗支行 转讫

赵立 辉印

哈尔滨冰花啤酒有限责任公司财务专用章

事后监督： 记账：

凭证5-5（2）

银行汇票申请书（存 根）

NO.51675368

1

申请日期 2020 年 12 月 02 日

申请人	哈尔滨冰花啤酒有限责任公司	收款人	河北麦芽厂										
账号或地址	012314725836907	账号或地址	112314723336909										
用　途	购料	代理付款行	中国工商银行哈尔滨市南岗支行										
汇款金额	贰佰万圆整		亿	仟	佰	十	万	仟	佰	十	元	角	分
				¥	2	0	0	0	0	0	0	0	0
备注：	科　目： 对方科目： 财务主管： 复核：　记账：												

此联申请人留存

中国工商银行 2020.12.02 南岗支行 转讫

凭证5-5（3）

付款期限
壹个月

工商银行
银行汇票（解讫通知）　3

汇票号码：00001122

出票日期（大写）	贰零贰零 年拾贰月零贰日	代理付款行：	中国工商银行哈尔滨市南岗支行	行号：	04511
收款人：	河北麦芽厂	账号：	112314723336909		
出票金额	人民币（大写）	贰佰万圆整			
实际结算金额	人民币（大写）				

亿	仟	佰	十	万	仟	佰	十	元	角	分
	¥	2	0	0	0	0	0	0	0	0

申请人：哈尔滨冰花啤酒有限责任公司
出票行：中国工商银行哈尔滨南岗支行
备　注：　　见票付款
代理付款行签章：
出票人签章：

账号：012314725836907

密押：

多余金额：

亿	仟	佰	十	万	仟	佰	十	元	角	分
	¥	2	0	0	0	0	0	0	0	0

复核：

记账：

此联代理付款行付款后作联行往账借方凭证

凭证5-5（4）

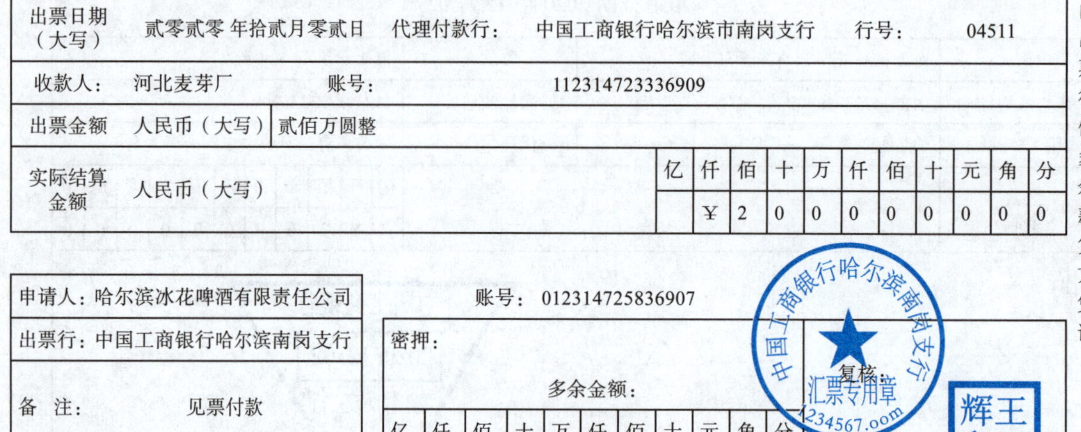

付款期限
壹个月

工商银行
银行汇票　2

汇票号码：00001122

出票日期（大写）	贰零贰零 年拾贰月零贰日	代理付款行：	中国工商银行哈尔滨市南岗支行	行号：	04511
收款人：	河北麦芽厂	账号：	112314723336909		
出票金额	人民币（大写）	贰佰万圆整			
实际结算金额	人民币（大写）				

亿	仟	佰	十	万	仟	佰	十	元	角	分
	¥	2	0	0	0	0	0	0	0	0

申请人：哈尔滨冰花啤酒有限责任公司
出票行：中国工商银行哈尔滨南岗支行
备　注：　　见票付款
代理付款行签章：
出票人签章：

账号：012314725836907

密押：

多余金额：

亿	仟	佰	十	万	仟	佰	十	元	角	分
	¥	2	0	0	0	0	0	0	0	0

复核：

记账：

由出票行做多余款贷方凭证

凭证5-6（1）

收 料 单

供应单位：佳木斯纸箱厂　　　　　　　　　　　　　　　　　　收料编号：202021202

发票号码：02001206　　　　　2020 年 12 月 01 日　　　　　仓　　库：1

材料名称	计量单位	数量		实际价格				
		应收	实收	单价	发票金额	运杂费	合计	
							单位成本	总成本
包装箱	个	1 000 000	1 000 000	2.20	2 200 000.00		2.20	2 200 000.00
验收结论：合格	合 计			—	2 200 000.00	0	—	2 200 000.00
备注：								

第二联：记账联

验收员：李东　　　收料员：吴尚　　　采购员：李美　　　部门负责人：张立军

凭证5-6（2）

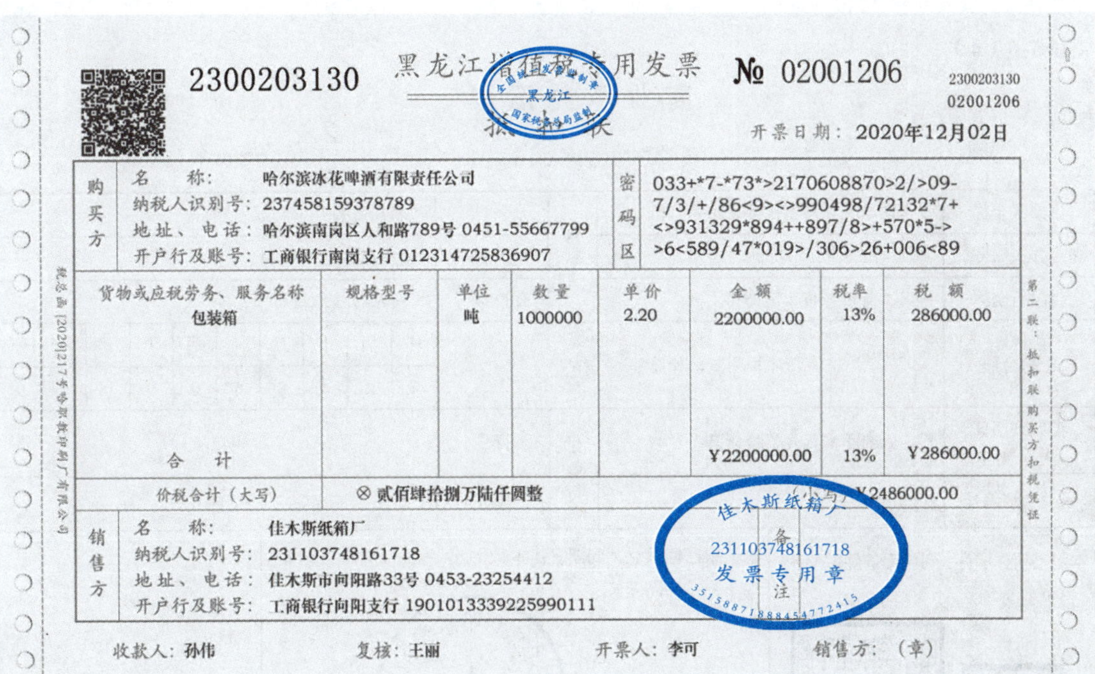

2300203130　　黑龙江增值税专用发票　　№ 02001206　　2300203130 02001206

抵扣联　　　　开票日期：2020年12月02日

购买方	名　　称：哈尔滨冰花啤酒有限责任公司 纳税人识别号：237458159378789 地 址、电 话：哈尔滨南岗区人和路789号 0451-55667799 开户行及账号：工商银行南岗支行 012314725836907	密码区	033+*7-*73*>2170608870>2/>09- 7/3/+/86<9><>990498/72132*7+ <>931329*894++897/8>+570*5-> >6<589/47*019>/306>26+006<89

货物或应税劳务、服务名称	规格型号	单位	数量	单价	金额	税率	税额
包装箱		吨	1000000	2.20	2200000.00	13%	286000.00
合　计					¥2200000.00	13%	¥286000.00
价税合计（大写）	⊗贰佰肆拾捌万陆仟圆整				（小写）¥2486000.00		

销售方	名　　称：佳木斯纸箱厂 纳税人识别号：231103748161718 地 址、电 话：佳木斯市向阳路33号 0453-23254412 开户行及账号：工商银行向阳支行 1901013339225990111	备注	佳木斯纸箱厂 231103748161718 发票专用章

收款人：孙伟　　复核：王丽　　开票人：李可　　销售方：（章）

第二联：抵扣联 购买方扣税凭证

税总函[2020]217号哈尔滨印刷厂有限公司

凭证5-6（3）

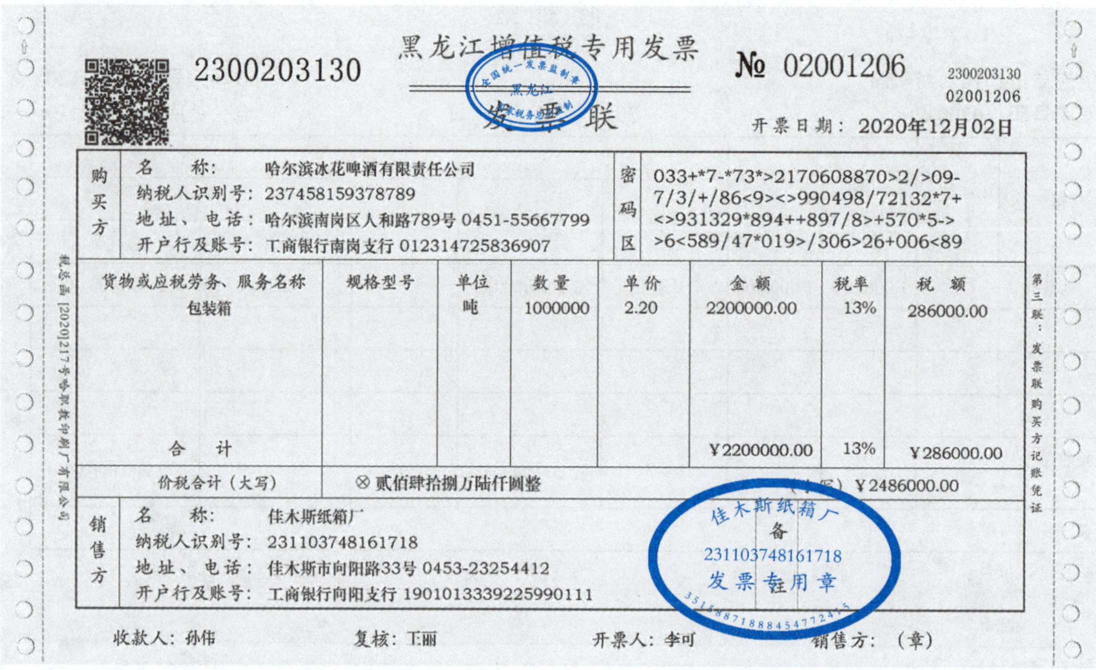

2300203130　　黑龙江增值税专用发票　　№ 02001206

2300203130
02001206

发票联　　开票日期：2020年12月02日

			密码区	
购买方	名　　称：哈尔滨冰花啤酒有限责任公司 纳税人识别号：237458159378789 地址、电话：哈尔滨南岗区人和路789号 0451-55667799 开户行及账号：工商银行南岗支行 012314725836907		密码区	033+*7-*73*>2170608870>2/>09- 7/3/+/86<9><>990498/72132*7+ <>931329*894++897/8>+570*5-> >6<589/47*019>/306>26+006<89

货物或应税劳务、服务名称	规格型号	单位	数量	单价	金额	税率	税额
包装箱		吨	1000000	2.20	2200000.00	13%	286000.00
合　计					¥2200000.00	13%	¥286000.00
价税合计（大写）	⊗贰佰肆拾捌万陆仟圆整				（小写）¥2486000.00		

销售方	
名　　称：	佳木斯纸箱厂
纳税人识别号：	231103748161718
地址、电话：	佳木斯市向阳路33号 0453-23254412
开户行及账号：	工商银行向阳支行 1901013339225990111

备注：（佳木斯纸箱厂 231103748161718 发票专用章）

收款人：孙伟　　复核：王丽　　开票人：李可　　销售方：（章）

税总函［2020］217号哈尔滨印刷厂有限公司

第三联：发票联　购买方记账凭证

凭证5-6（4）

商业承兑汇票

2

地 HH　00661122

名 01　22335656

出票日期（大写）　贰零贰零年壹拾贰月零贰日

出票人全称	哈尔滨冰花啤酒有限责任公司	收款人	全称	佳木斯纸箱厂
出票人账号	012314725836907	收款人	账号	1901013339225990111
付款行全称	中国工商银行哈尔滨南岗支行	收款人	开户银行	工商银行佳木斯向阳支行
汇票金额	人民币（大写）贰佰肆拾捌万陆仟圆整		仟 佰 十 万 仟 佰 十 元 角 分	¥ 2 4 8 6 0 0 0 0 0
汇票到期日（大写）	贰零贰壹年零贰月贰拾捌日	付款行	行号	04511
承兑协议编号	20201201	付款行	地址	哈尔滨市南岗区人和路789号

本汇票请你承兑，到期无条件付票款。 （辉赵印立）（哈尔滨冰花啤酒有限责任公司财务专用章） 出票人签章	本汇票已经承兑，到期日由本行付款 （中国工商银行哈尔滨南岗支行汇票专用章） 承兑行签章 承兑日期　　年　月　日	复核： 记账：
	备　注：	

凭证5-6（5）

收费凭条

2020 年 12 月 02 日

付款人名称	哈尔滨冰花啤酒有限责任公司			付款人账号	中国工商银行哈尔滨市南岗支行 012314725836907										
服务项目（凭证种类）	数量	工本费	手续费	小计											上述款项请从我账户支付 预留印鉴
				亿	仟	佰	十	万	仟	佰	十	元	角	分	
汇票手续费			2486000*0.5‰					¥	1	2	4	3	0	0	
人民币（大写）	壹仟贰佰肆拾叁圆整							¥	1	2	4	3	0	0	
以下在购买凭证时填写															
	领购人证件号码														
	领购人证件号码														

中国工商银行 2020.12.02 南岗支行 转讫

赵立印辉

哈尔滨冰花啤酒有限责任公司财务专用章

事后监督：　　　　　　　　　　　　　　　　记账：

凭证5-7（1）

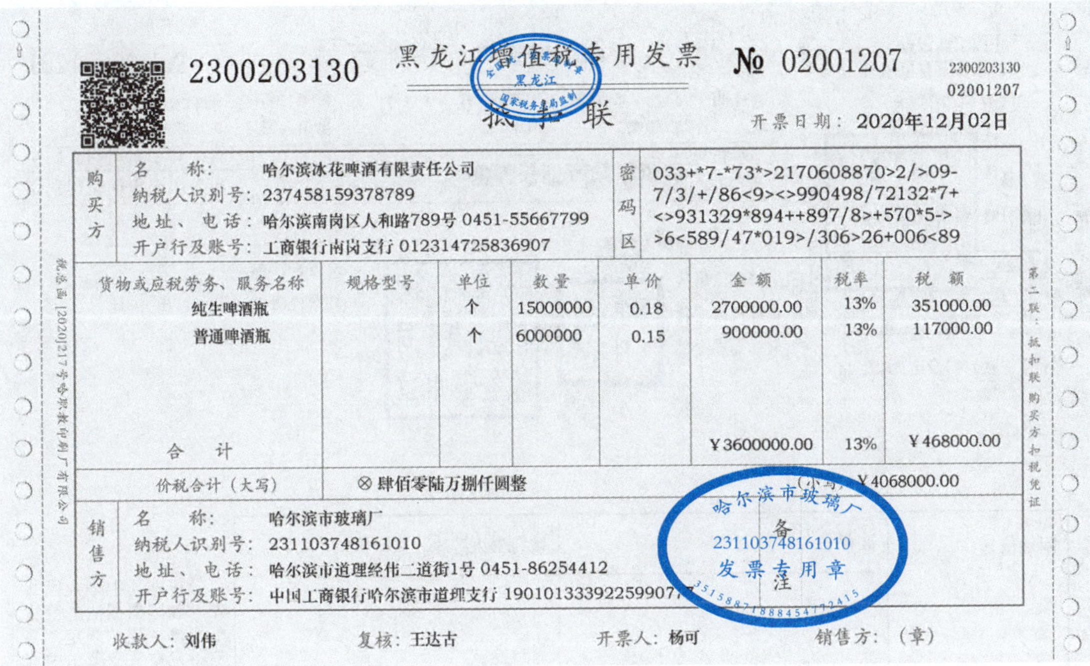

黑龙江增值税专用发票

抵扣联

2300203130　　№ 02001207　　2300203130 02001207

开票日期：2020年12月02日

购买方	
名　　称：	哈尔滨冰花啤酒有限责任公司
纳税人识别号：	237458159378789
地址、电话：	哈尔滨南岗区人和路789号 0451-55667799
开户行及账号：	工商银行南岗支行 012314725836907

密码区：
033+*7-*73*>2170608870>2/>09-
7/3/+/86<9><>990498/72132*7+
<>931329*894++897/8>+570*5->
>6<589/47*019>/306>26+006<89

货物或应税劳务、服务名称	规格型号	单位	数量	单价	金额	税率	税额
纯生啤酒瓶		个	15000000	0.18	2700000.00	13%	351000.00
普通啤酒瓶		个	6000000	0.15	900000.00	13%	117000.00
合　计					¥3600000.00	13%	¥468000.00

价税合计（大写）：⊗肆佰零陆万捌仟圆整　（小写）¥4068000.00

销售方	
名　　称：	哈尔滨市玻璃厂
纳税人识别号：	231103748161010
地址、电话：	哈尔滨市道理经伟二道街1号 0451-86254412
开户行及账号：	中国工商银行哈尔滨市道理支行 1901013339225990777

备注

收款人：刘伟　　复核：王达古　　开票人：杨可　　销售方：（章）

税总函[2020]217号哈职教印刷厂有限公司

第二联：抵扣联 购买方扣税凭证

凭证5-7（2）

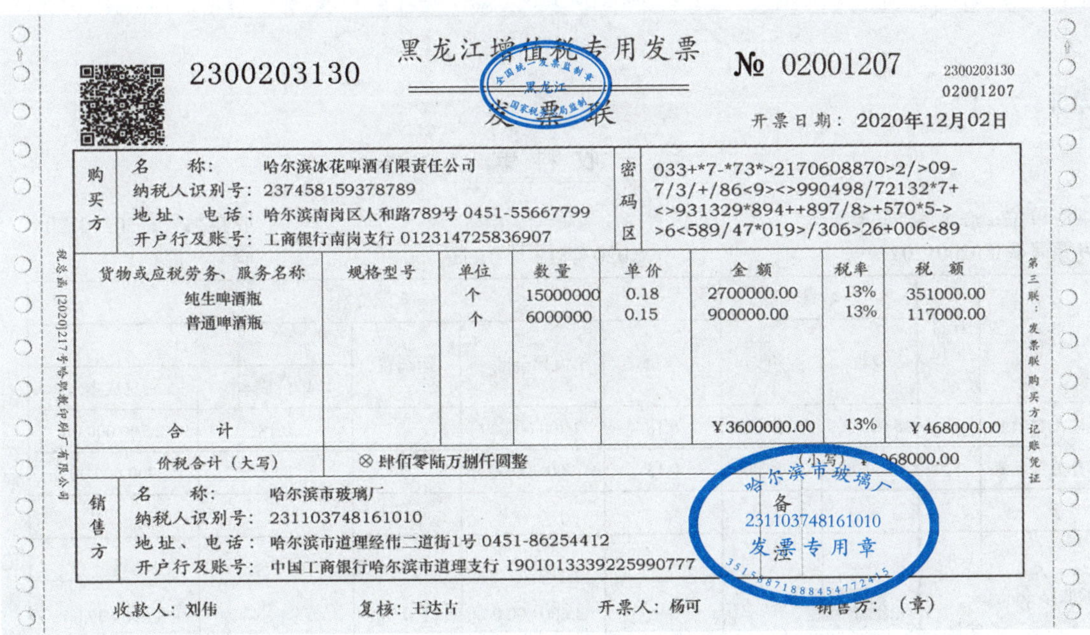

黑龙江增值税专用发票

发票联

2300203130　　№ 02001207　　2300203130 02001207

开票日期：2020年12月02日

购买方	
名　　称：	哈尔滨冰花啤酒有限责任公司
纳税人识别号：	237458159378789
地址、电话：	哈尔滨南岗区人和路789号 0451-55667799
开户行及账号：	工商银行南岗支行 012314725836907

密码区：
033+*7-*73*>2170608870>2/>09-
7/3/+/86<9><>990498/72132*7+
<>931329*894++897/8>+570*5->
>6<589/47*019>/306>26+006<89

货物或应税劳务、服务名称	规格型号	单位	数量	单价	金额	税率	税额
纯生啤酒瓶		个	15000000	0.18	2700000.00	13%	351000.00
普通啤酒瓶		个	6000000	0.15	900000.00	13%	117000.00
合　计					¥3600000.00	13%	¥468000.00

价税合计（大写）：⊗肆佰零陆万捌仟圆整　（小写）¥4068000.00

销售方	
名　　称：	哈尔滨市玻璃厂
纳税人识别号：	231103748161010
地址、电话：	哈尔滨市道理经伟二道街1号 0451-86254412
开户行及账号：	中国工商银行哈尔滨市道理支行 1901013339225990777

备注

收款人：刘伟　　复核：王达古　　开票人：杨可　　销售方：（章）

税总函[2020]217号哈职教印刷厂有限公司

第三联：发票联 购买方记账凭证

凭证5-7（3）

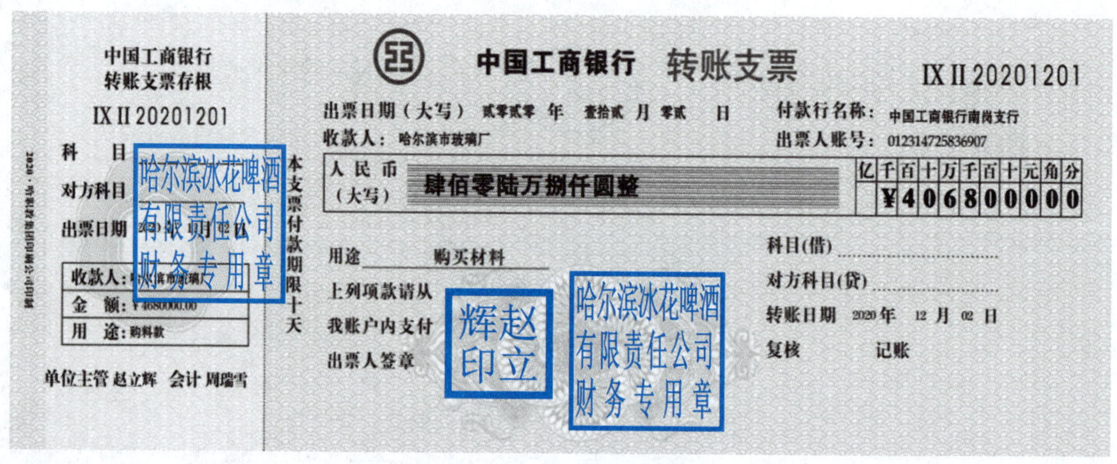

中国工商银行
转账支票存根
IX II 20201201
科目
对方科目
出票日期 2020年12月02日
收款人：哈尔滨市玻璃厂
金额：¥4680000.00
用途：购料款
单位主管 赵立辉 会计 周瑞雪

本支票付款期限十天

中国工商银行 转账支票 IX II 20201201

出票日期（大写）贰零贰零 年 壹拾贰 月 零贰 日 付款行名称：中国工商银行南岗支行
收款人：哈尔滨市玻璃厂 出票人账号：01231472583690 7

人民币（大写）	肆佰零陆万捌仟圆整	¥406800000

用途 购买材料
上列款项请从
我账户内支付
出票人签章

科目(借)
对方科目(贷)
转账日期 2020年 12月 02日
复核 记账

哈尔滨冰花啤酒有限责任公司财务专用章
赵立辉印

莱织华印刷有限公司 2011年印制

附加信息：	被背书人	被背书人
	背书人签章 年 月 日	背书人签章 年 月 日

贴粘单处

根据《中华人民共和国票据法》等法律法规的规定，签发空头支票由中国人民银行处以票面金额5%但不低于1 000元的罚款。

凭证5-7（4）

收料单

供应单位：哈尔滨市玻璃厂 收料编号：202021203
发票号码：02001207 2020年12月01日 仓 库：1

材料名称	计量单位	数量		实际价格				
		应收	实收	单价	发票金额	运杂费	合计	
							单位成本	总成本
纯生啤酒瓶	个	15 000 000	15 000 000	0.18	2 700 000.00		0.18	2 700 000.00
普通啤酒瓶	个	6 000 000	6 000 000	0.15	900 000.00		0.15	900 000.00
验收结论：合格		合计		—	3 600 000.00	0	—	3 600 000.00
备注：								

第二联：记账联

验收员：李东 收料员：吴尚 采购员：李美 部门负责人：张立军

凭证5-7（5）

付款报告书

2020 年 12 月 01 日　　　　付款编号：20201202

开支内容	结算金额	结算方式
支付啤酒瓶款	4 068 000.00	转账支票 1201
合计金额（大写）	肆佰零陆万捌仟圆整	

附单据 3 张

转账付讫

主管会计：周瑞雪　　单位负责人：张立军　　出纳：李梅　　经办人：李美

凭证5-8（1）

2200203168　　辽宁增值税专用发票　　№ 02011568　　2200203168 02011568

抵扣联　　　　开票日期：2020年12月02日

购买方	名　　称：哈尔滨冰花啤酒有限责任公司 纳税人识别号：237458159378789 地 址、电 话：哈尔滨南岗区人和路789号 0451-55667799 开户行及账号：工商银行南岗支行 012314725836907	密码区	033+*7-*73*>2170608870>2/>09- 7/3/+/86<9><>990498/72132*7+ <>931329*894++897/8>+570*5-> >6<589/47*019>/306>26+006<89

货物或应税劳务、服务名称	规格型号	单位	数量	单价	金额	税率	税额
普通啤酒瓶标签		张	8000000	0.05	400000.00	13%	52000.00
纯生啤酒瓶标签		张	14000000	0.05	700000.00	13%	91000.00
合　计					¥1100000.00	13%	¥143000.00
价税合计（大写）	⊗壹佰贰拾肆万叁仟圆整				（小写）¥1243000.00		

销售方	名　　称：沈阳胜利彩印厂 纳税人识别号：22410374816109 地 址、电 话：沈阳市铁西区沈阳大街3号 024-86254477 开户行及账号：中国工商银行沈阳市铁西支行 1901013339544770777	备注	

收款人：朱华涛　　复核：李海涛　　开票人：赵娜　　销售方：（章）

凭证5-8（2）

2200203168　　辽宁增值税专用发票　　№ 02011568　　2200203168 02011568

发票联　　　　开票日期：2020年12月02日

购买方	名　　称：哈尔滨冰花啤酒有限责任公司 纳税人识别号：237458159378789 地 址、电 话：哈尔滨南岗区人和路789号 0451-55667799 开户行及账号：工商银行南岗支行 012314725836907	密码区	033+*7-*73*>2170608870>2/>09- 7/3/+/86<9><>990498/72132*7+ <>931329*894++897/8>+570*5-> >6<589/47*019>/306>26+006<89

货物或应税劳务、服务名称	规格型号	单位	数量	单价	金额	税率	税额
普通啤酒瓶标签		张	8000000	0.05	400000.00	13%	52000.00
纯生啤酒瓶标签		张	14000000	0.05	700000.00	13%	91000.00
合　计					¥1100000.00	13%	¥143000.00
价税合计（大写）	⊗壹佰贰拾肆万叁仟圆整				（小写）¥1243000.00		

销售方	名　　称：沈阳胜利彩印厂 纳税人识别号：22410374816109 地 址、电 话：沈阳市铁西区沈阳大街3号 024-86254477 开户行及账号：中国工商银行沈阳市铁西支行 1901013339544770777	备注	

收款人：朱华涛　　复核：李海涛　　开票人：赵娜　　销售方：（章）

凭证5-8（3）

收 料 单

供应单位：沈阳胜利彩印厂　　　　　　　　　　　　　　　　　　　　收料编号：20201204
发票号码：02011568　　　　　　2020 年 12 月 01 日　　　　　　仓　　库：1

材料名称	计量单位	数量		实际价格				
		应收	实收	单价	发票金额	运杂费	合计	
							单位成本	总成本
普通啤酒商标	个	8 000 000	8 000 000	0.05	400 000.00		0.05	400 000.00
纯生啤酒商标	个	14 000 000	14 000 000	0.05	700 000.00		0.05	700 000.00
验收结论：合格		合计		—	1 100 000.00	0	—	1 100 000.00
备注：								

第二联：记账联

验收员：李东　　　　收料员：吴尚　　　　采购员：李美　　　　部门负责人：张立军

课程思政

中华人民共和国反食品浪费法

凭证5-9（1）

招待费报销说明

时　间	2020-11-02	2020-11-10	2020-11-15	2020-11-12	合计金额
用餐地点及人数	东北圣华餐饮公司	东北圣华餐饮公司	东北圣华餐饮公司	东北圣华餐饮公司	
宴请事由	招待信息技术专家	招待集团审计组	招待信息技术专家	招待访问团	现金付讫
被宴请部门及主要人姓名	办公室员工	财务部员工	办公室员工	办公室员工	
我方主要参加人	孙伟	孙大可	孙伟	孙伟	
金　额	620.00	660.00	530.00	690.00	2 500.00

部门负责人：张立军　　财务审核：周瑞雪　　经办人：孙大可

凭证5-9（2）

黑龙江增值税普通发票

发 票 联

2300205212　　№ 22514744　　2300205212 22514744

开票日期：2020年11月2日

购买方	名　　称：哈尔滨冰花啤酒有限责任公司 纳税人识别号：237458159378789 地址、电话：哈尔滨南岗区人和路789号 0451-55667799 开户行及账号：工商银行南岗支行 012314725836907	密码区	033+*7-*73*>2170608870>2/>09-7/3/+/86<9><>990498/72132*7+<>931329*894++897/8>+570*5->>6<589/47*019>/306>26+006<89

货物或应税劳务、服务名称	规格型号	单位	数量	单价	金额	税率	税额
餐饮费				601.94	601.94	3%	18.06
合　计					¥601.94	3%	¥18.06
价税合计（大写）	⊗陆佰贰拾圆整				（小写）¥620.00		

销售方	名　　称：东北圣华餐饮公司 纳税人识别号：231103748162829 地址、电话：哈尔滨市道里区建河街9号 0451-55552587 开户行及账号：工商银行建河支行 1901013339225991448	备注	东北圣华餐饮公司 231103748162829 发票专用章

收款人：王实　　复核：李飞　　开票人：张开　　销售方：（章）

税总函［2020］217号哈尔滨印刷厂有限公司

第二联：发票联 购买方记账凭证

凭证5-9（3）

税总函[2020]217号哈职教印刷厂有限公司

黑龙江增值税普通发票

2300205212　　№ 22513569　　2300205212 22513569

全国统一发票监制章 黑龙江 国家税务总局监制

发票联

开票日期：2020年11月10日

购买方	
名　　称：	哈尔滨冰花啤酒有限责任公司
纳税人识别号：	237458159378789
地 址、 电 话：	哈尔滨南岗区人和路789号 0451-55667799
开户行及账号：	工商银行南岗支行 012314725836907

密码区：033+*7-*73*>2170608870>2/>09-7/3/+/86<9><>990498/72132*7+<>931329*894++897/8>+570*5->>6<589/47*019>/306>26+006<89

货物或应税劳务、服务名称	规格型号	单位	数量	单价	金额	税率	税额
餐饮费				640.78	640.78	3%	19.22
合　计					¥640.78	3%	¥19.22
价税合计（大写）	⊗陆佰陆拾圆整				（小写）¥660.00		

销售方	
名　　称：	东北圣华餐饮公司
纳税人识别号：	231103748162829
地 址、 电 话：	哈尔滨市道里区建河街9号 0451-55552587
开户行及账号：	工商银行建河支行 1901013339225991448

备注：东北圣华餐饮公司 231103748162829 发票专用章 3515887188845477 2415

收款人：王实　　复核：李飞　　开票人：张开　　销售方：（章）

第二联：发票联 购买方记账凭证

凭证5-9（4）

税总函[2020]217号哈职教印刷厂有限公司

黑龙江增值税普通发票

2300205212　　№ 22512638　　2300205212 22513638

全国统一发票监制章 黑龙江 国家税务总局监制

发票联

开票日期：2020年11月15日

购买方	
名　　称：	哈尔滨冰花啤酒有限责任公司
纳税人识别号：	237458159378789
地 址、 电 话：	哈尔滨南岗区人和路789号 0451-55667799
开户行及账号：	工商银行南岗支行 012314725836907

密码区：033+*7-*73*>2170608870>2/>09-7/3/+/86<9><>990498/72132*7+<>931329*894++897/8>+570*5->>6<589/47*019>/306>26+006<89

货物或应税劳务、服务名称	规格型号	单位	数量	单价	金额	税率	税额
餐饮费				514.56	514.56	3%	15.44
合　计					¥514.56	3%	¥15.44
价税合计（大写）	⊗伍佰叁拾圆整				（小写）¥530.00		

销售方	
名　　称：	东北圣华餐饮公司
纳税人识别号：	231103748162829
地 址、 电 话：	哈尔滨市道里区建河街9号 0451-55552587
开户行及账号：	工商银行建河支行 1901013339225991448

备注：东北圣华餐饮公司 231103748162829 发票专用章 3515887188845477 2415

收款人：王实　　复核：李飞　　开票人：张开　　销售方：（章）

第二联：发票联 购买方记账凭证

凭证5-9（5）

黑龙江增值税普通发票

发票联

2300205212　№ 22513252　2300205212 22513252

开票日期：2020年11月12日

购买方	名　　称：哈尔滨冰花啤酒有限责任公司 纳税人识别号：237458159378789 地 址、电 话：哈尔滨南岗区人和路789号 0451-55667799 开户行及账号：工商银行南岗支行 012314725836907	密码区	033+*7-*73*>2170608870>2/>09- 7/3/+/86<9><>990498/72132*7+ <>931329*894++897/8>+570*5-> >6<589/47*019>/306>26+006<89

货物或应税劳务、服务名称	规格型号	单位	数量	单价	金额	税率	税额
餐饮费				669.90	669.90	3%	20.10
合　计					￥669.90	3%	￥20.10
价税合计（大写）	⊗ 陆佰玖拾圆整				（小写）￥690.00		

销售方	名　　称：东北圣华餐饮公司 纳税人识别号：231103748162829 地 址、电 话：哈尔滨市道里区建河街9号 0451-55552587 开户行及账号：工商银行建河支行 1901013339225991448	备注	

收款人：王实　　复核：李飞　　开票人：张开　　销售方：（章）

第二联：发票联　购买方记账凭证

凭证5-10

电汇凭证（收账通知）　2

√普通　加急　委托日期　2020 年 12 月 02 日

汇款人	全　　称	牡丹江新西安啤酒超市	收款人	全　　称	哈尔滨冰花啤酒有限责任公司
	账　　号	045314725836987		账　　号	012314725836907
	汇出地点	黑龙江 省 牡丹江 市／县		汇出地点	黑龙江 省 哈尔滨 市／县
	开户银行	中国工商银行牡丹江市西安支行		开户银行	中国工商银行哈尔滨市南岗支行
金额	人民币（大写）	壹拾捌万圆整		亿 仟 佰 十 万 仟 佰 十 元 角 分	￥ 1 8 0 0 0 0 0 0

汇出行签章：	支付密码 附加信息及用途： 支付前欠货款 中国 复核：　　记账：

中国工商银行 2020.12.02 南岗支行 转讫

此联付款行给汇款人的回单

说明：此款项系收到 2019 年 6 月已核销的牡丹江代理商李江的客户新西安啤酒超市货款。

凭证5-11（1）

中国工商银行 INDUSTRIAL AND COMMERCIAL BANK OF CHINA

电汇凭证（回　单）

1

√普通　加急　　　　委托日期 2020 年 12 月 03 日

汇款人	全　称	哈尔滨冰花啤酒有限责任公司	收款人	全　称	佳木斯纸箱厂
	账　号	012314725836907		账　号	19010133392259901111
	汇出地点	黑龙江 省 哈尔滨 市/县		汇出地点	黑龙江 省 佳木斯 市/县
	开户银行	中国工商银行哈尔滨市南岗支行		开户银行	工商银行佳木斯向阳支行

金额	人民币（大写）	伍拾万圆整	亿	仟	佰	十	万	仟	佰	十	元	角	分
					¥	5	0	0	0	0	0	0	0

汇出行签章：	支付密码	
	附加信息及用途： 支付前欠货款 中国 复核：　　记账：	

中国工商银行 2020.12.03 南岗支行 转讫

此联付款行给汇款人的回单

凭证5-11（2）

中国工商银行 INDUSTRIAL AND COMMERCIAL BANK OF CHINA

收费凭条

2020 年 12 月 03 日

付款人名称	哈尔滨冰花啤酒有限责任公司			付款人账号	中国工商银行哈尔滨市南岗支行 012314725836907											
服务项目（凭证种类）	数量	工本费	手续费	小计												上述款项请从我账户支付
				亿	仟	佰	十	万	仟	佰	十	元	角	分		
汇票手续费										¥	5	0	0	0		
																预留印鉴
人民币（大写）		伍拾圆整								¥	5	0	0	0		
以下在购买凭证时填写																
		领购人证件类型														
		领购人证件号码														

中国工商银行 2020.12.03 南岗支行 转讫

赵辉印立

哈尔滨冰花啤酒有限责任公司财务专用章

事后监督：　　　　　　记账：

凭证5-11（3）

付款报告书

部门：财务部　　2020年12月03日　　付款编号：20201203

开支内容	结算金额	结算方式
支付佳木斯纸箱厂前欠货款及手续费	500 050.00	电汇
	转账付讫	
合计金额（大写）	伍拾万零伍拾圆整	

附单据3张

主管会计：周瑞雪　　单位负责人：孙大可　　出纳：李梅　　经办人：赵大伟

凭证5-12（1）

广东增值税专用发票　抵扣联

044002201　№ 05629751　0440022001　05629751

开票日期：2020年12月03日

购买方	名　　称：哈尔滨冰花啤酒有限责任公司 纳税人识别号：237458159378789 地址、电话：哈尔滨南岗区人和路789号 0451-55667799 开户行及账号：工商银行南岗支行 012314725836907	密码区	033+*7-*73*>2170608870>2/>09- 7/3/+/86<9><>990498/72132*7+ <>931329*894++897/8>+570*5-> >6<589/47*019>/306>26+006<89

货物或应税劳务、服务名称	规格型号	单位	数量	单价	金额	税率	税额
质检仪器		台	1	250000.00	250000.00	13%	32500.00
合　计					¥250000.00	13%	¥32500.00
价税合计（大写）	⊗贰拾捌万贰仟伍佰圆整				（小写）¥282500.00		

销售方	名　　称：深圳饮品检测设备制造厂 纳税人识别号：231103748122334 地址、电话：深圳市罗湖区景观路33号 0755-85562365 开户行及账号：中国工商银行深圳市罗湖支行 1901013339225990111	备注	

收款人：赵大伟　复核：陈林　开票人：杜德志　销售方：（章）

第二联：抵扣联　购买方扣税凭证

凭证5-12（2）

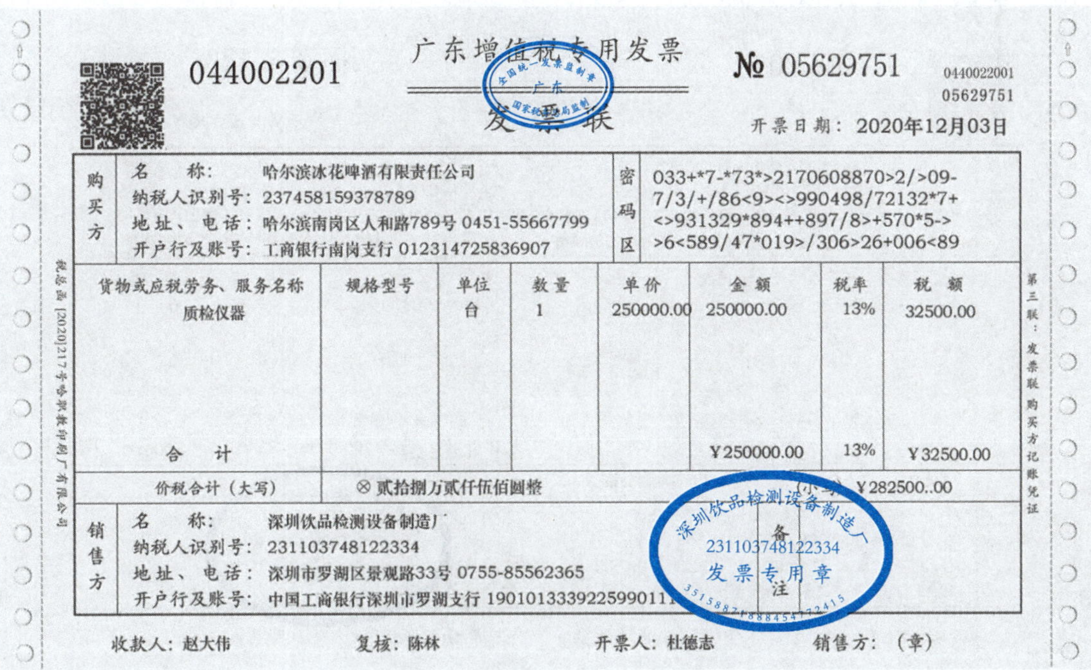

广东增值税专用发票　发票联

044002201　№ 05629751　0440022001　05629751

开票日期：2020年12月03日

购买方	名　　称：哈尔滨冰花啤酒有限责任公司 纳税人识别号：237458159378789 地址、电话：哈尔滨南岗区人和路789号 0451-55667799 开户行及账号：工商银行南岗支行 012314725836907	密码区	033+*7-*73*>2170608870>2/>09- 7/3/+/86<9><>990498/72132*7+ <>931329*894++897/8>+570*5-> >6<589/47*019>/306>26+006<89

货物或应税劳务、服务名称	规格型号	单位	数量	单价	金额	税率	税额
质检仪器		台	1	250000.00	250000.00	13%	32500.00
合　计					¥250000.00	13%	¥32500.00
价税合计（大写）	⊗贰拾捌万贰仟伍佰圆整				（小写）¥282500..00		

销售方	名　　称：深圳饮品检测设备制造厂 纳税人识别号：231103748122334 地址、电话：深圳市罗湖区景观路33号 0755-85562365 开户行及账号：中国工商银行深圳市罗湖支行 1901013339225990111	备注	

收款人：赵大伟　复核：陈林　开票人：杜德志　销售方：（章）

第三联：发票联　购买方记账凭证

凭证5-12（3）

广东增值税专用发票

抵扣联

044002201　№ 05852231　0440022001 05852231

开票日期：2020年12月03日

购买方	名称：哈尔滨冰花啤酒有限责任公司 纳税人识别号：237458159378789 地址、电话：哈尔滨南岗区人和路789号 0451-55667799 开户行及账号：工商银行南岗支行 012314725836907				密码区	033+*7-*73*>2170608870>2/>09-7/3/+/86<9><>990498/72132*7+<>931329*894++897/8>+570*5->>6<589/47*019>/306>26+006<89		
货物或应税劳务、服务名称		规格型号	单位	数量	单价	金额	税率	税额
国内运输服务					10000.00	10000.00	9%	900.00
合计						¥10000.00	9%	¥900.00
价税合计（大写）		⊗壹万零玖佰圆整				（小写）¥10900.00		
销售方	名称：深圳天利运输有限责任公司 纳税人识别号：209255488401253 地址、电话：深圳市南山区太子路115号 0755-55214417 开户行及账号：工商银行深圳蛇口支行 5222141788512362672				备注			

收款人：李有才　复核：李宏伟　开票人：赵大彪　销售方：（章）

第二联：抵扣联 购买方扣税凭证

税总函[2020]217号哈职教印刷厂有限公司

凭证5-12（4）

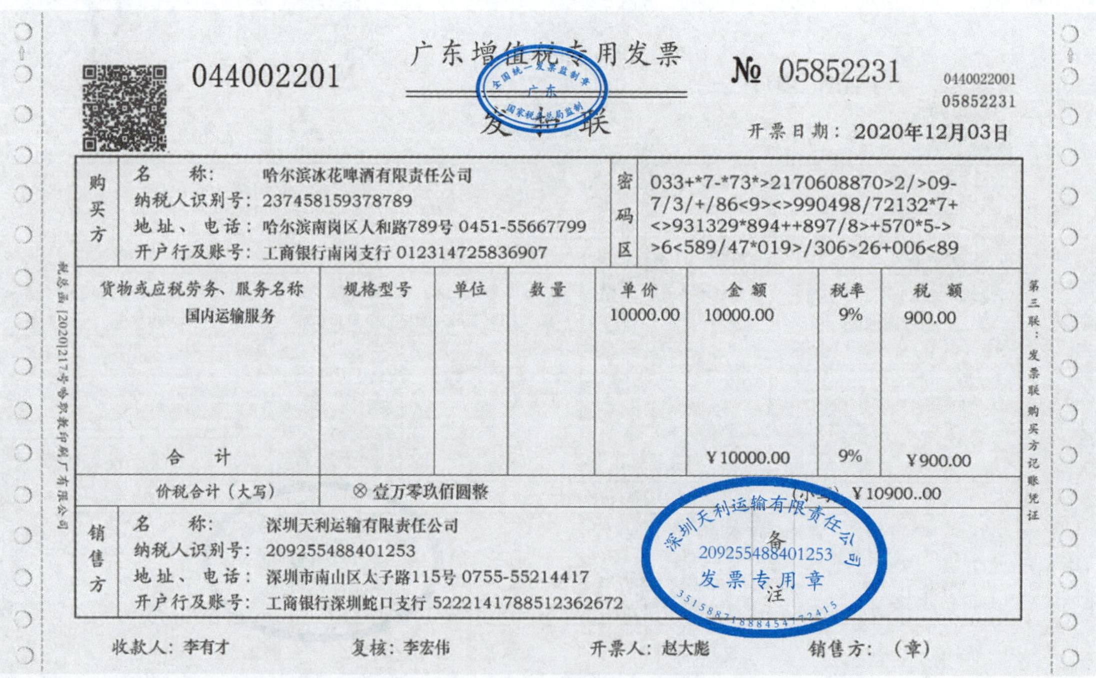

广东增值税专用发票

发票联

044002201　№ 05852231　0440022001 05852231

开票日期：2020年12月03日

购买方	名称：哈尔滨冰花啤酒有限责任公司 纳税人识别号：237458159378789 地址、电话：哈尔滨南岗区人和路789号 0451-55667799 开户行及账号：工商银行南岗支行 012314725836907				密码区	033+*7-*73*>2170608870>2/>09-7/3/+/86<9><>990498/72132*7+<>931329*894++897/8>+570*5->>6<589/47*019>/306>26+006<89		
货物或应税劳务、服务名称		规格型号	单位	数量	单价	金额	税率	税额
国内运输服务					10000.00	10000.00	9%	900.00
合计						¥10000.00	9%	¥900.00
价税合计（大写）		⊗壹万零玖佰圆整				（小写）¥10900..00		
销售方	名称：深圳天利运输有限责任公司 纳税人识别号：209255488401253 地址、电话：深圳市南山区太子路115号 0755-55214417 开户行及账号：工商银行深圳蛇口支行 5222141788512362672				备注			

收款人：李有才　复核：李宏伟　开票人：赵大彪　销售方：（章）

第三联：发票联 购买方记账凭证

税总函[2020]217号哈职教印刷厂有限公司

凭证5-12（5）

电汇凭证（回　单）

1

√普通　加急　　委托日期　　2020 年 12 月 03 日

<table>
<tr><td rowspan="4">汇款人</td><td>全　　称</td><td>哈尔滨冰花啤酒有限责任公司</td><td rowspan="4">收款人</td><td>全　　称</td><td colspan="11">深圳饮品检测设备制造厂</td></tr>
<tr><td>账　　号</td><td>012314725836907</td><td>账　　号</td><td colspan="11">19010133392259901111</td></tr>
<tr><td>汇出地点</td><td>黑龙江 省 哈尔滨 市/县</td><td>汇出地点</td><td colspan="11">广东 省 深圳 市/县</td></tr>
<tr><td>开户银行</td><td>中国工商银行哈尔滨市南岗支行</td><td>开户银行</td><td colspan="11">中国工商银行深圳市罗湖支行</td></tr>
<tr><td rowspan="2">金额</td><td rowspan="2">人民币（大写）</td><td rowspan="2" colspan="3">贰拾玖万叁仟肆佰圆整</td><td>亿</td><td>仟</td><td>佰</td><td>十</td><td>万</td><td>仟</td><td>佰</td><td>十</td><td>元</td><td>角</td><td>分</td></tr>
<tr><td></td><td></td><td>¥</td><td>2</td><td>9</td><td>3</td><td>4</td><td>0</td><td>0</td><td>0</td><td>0</td></tr>
<tr><td colspan="2" rowspan="2">汇出行签章：</td><td>支付密码</td><td colspan="13"></td></tr>
<tr><td colspan="14">附加信息及用途：
货款
中国
中国工商银行 2020.12.03 南岗支行 转讫
复核：　　　　记账：</td></tr>
</table>

此联付款行给汇款人的回单

凭证5-12（6）

付款报告书

部门：采购部　　　　2020 年 12 月 03 日　　　　付款编号：20201204

开支内容	结算金额	结算方式
支付质检仪设备款	293 400.00	电汇
		转账付讫
合计金额（大写）	贰拾玖万叁仟肆佰圆整	

附单据 3 张

主管会计：周瑞雪　　单位负责人：张立军　　出纳：李梅　　经办人：李美

凭证5-12（7）

固定资产入账（出账）一览表

资产编号：0606

资产名称	啤酒质检仪	类别	质检设备	固定资产附件	无
入账原因	外购	购置或安装日期	2020.12.03	竣工或交付使用日期	2020.12.03
制造厂商	深圳饮品检测设备厂	使用部门	质检部	存放地点	质检实验室
型号或规格	ZL06	折旧方法	直线法	出账	时间： 原因：

项目	金额	折旧				折旧			
		年份	年折旧	月折旧	累计折旧	年份	年折旧	月折旧	累计折旧
成本或买价	250 000.00	2021							
不抵扣税费	—	2022							
运杂费	10 000.00	2023							
安装调试费	—	2024							
固定资产原值	260 000.00	2025							
预计净残值	2 500.00								
预计使用年限	10								
已使用年限	0								
尚可使用年限	10								
已提折旧	0								

固定资产后续支出记录

日期	变动原因	变动减少额	变动增加额	变动后价值	月折旧	年折旧	累计折旧

资产会计：赵大伟　　单位负责人：李莉　　批准调出人员：赵伟

凭证5-13

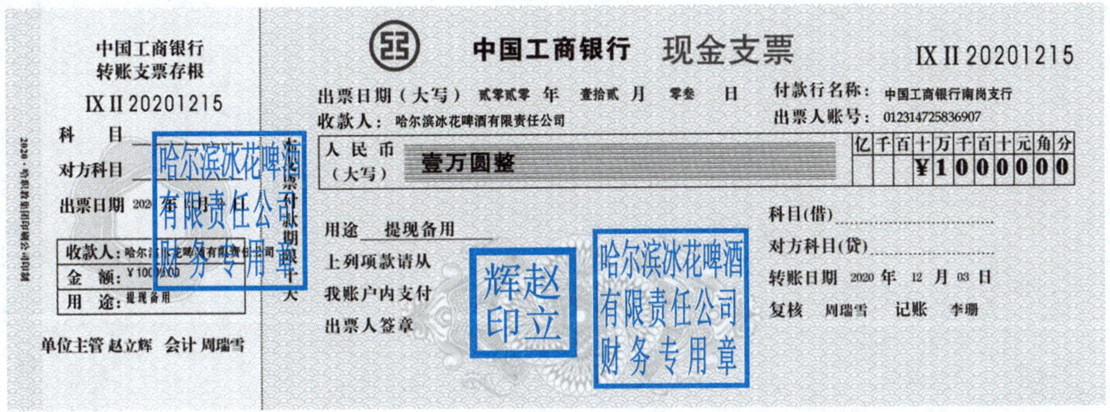

中国工商银行
转账支票存根
IX II 20201215
科　目
对方科目
出票日期
收款人：哈尔滨冰花啤酒有限责任公司
金　额：¥10000.00
用　途：提现备用
单位主管 赵立辉　会计 周瑞雪

中国工商银行　现金支票　IX II 20201215
出票日期（大写）贰零贰零 年 壹拾贰 月 零叁 日　付款行名称：中国工商银行南岗支行
收款人：哈尔滨冰花啤酒有限责任公司　出票人账号：012314725836907
人民币（大写）壹万圆整　¥1000000
用途 提现备用
上列款项请从
我账户内支付
出票人签章
本支票付款期限十天
科目(借)
对方科目(贷)
转账日期 2020 年 12 月 03 日
复核 周瑞雪　记账 李珊

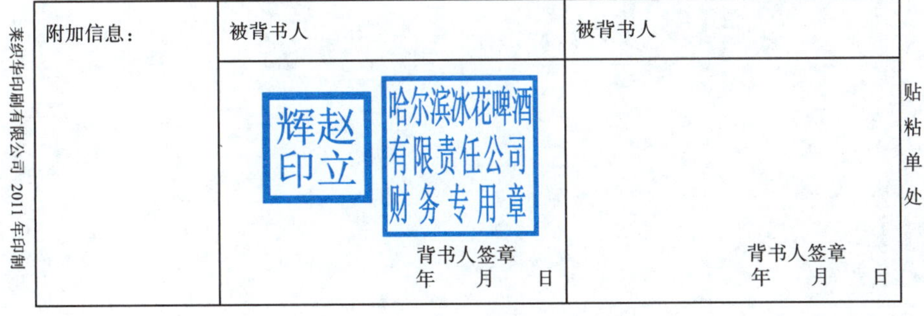

附加信息：	被背书人	被背书人
	背书人签章 年　月　日	背书人签章 年　月　日

莱织华印刷有限公司 2011 年印制

贴粘单处

根据《中华人民共和国票据法》等法律法规的规定，签发空头支票由中国人民银行处以票面金额 5% 但不低于 1 000 元的罚款。

凭证5-14（1）

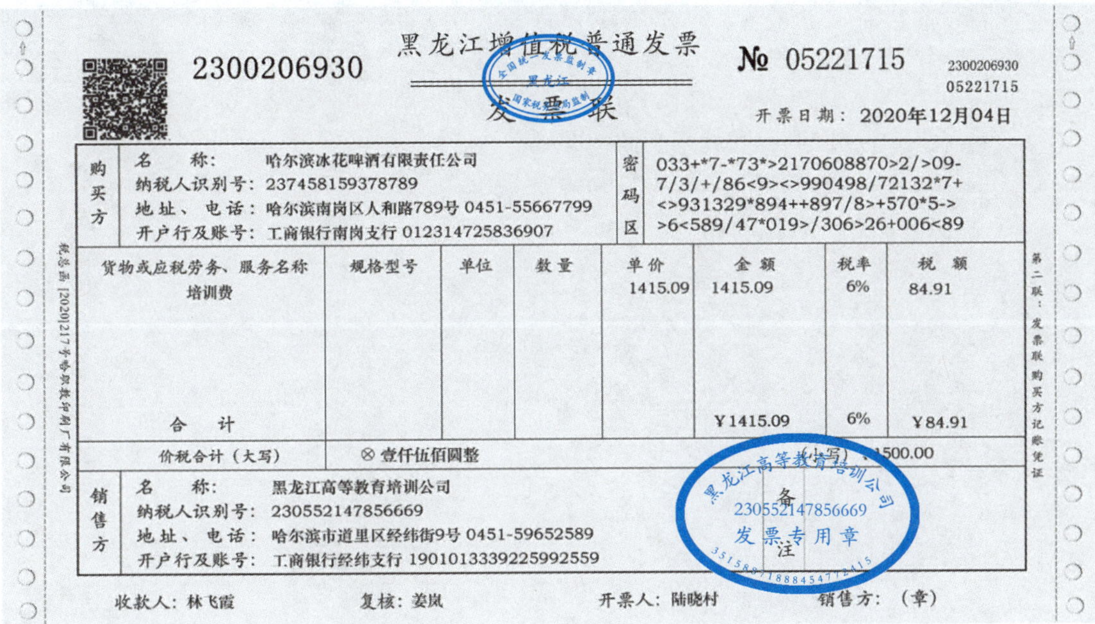

黑龙江增值税普通发票

2300206930 № 05221715 2300206930 05221715

发 票 联 开票日期：2020年12月04日

购买方	名 称：哈尔滨冰花啤酒有限责任公司 纳税人识别号：237458159378789 地 址、电 话：哈尔滨南岗区人和路789号 0451-55667799 开户行及账号：工商银行南岗支行 012314725836907	密码区	033+*7-*73*>2170608870>2/>09-7/3/+/86<9><>990498/72132*7+<>931329*894++897/8>+570*5->>6<589/47*019>/306>26+006<89

货物或应税劳务、服务名称	规格型号	单位	数量	单价	金额	税率	税额
培训费				1415.09	1415.09	6%	84.91
合 计					¥1415.09	6%	¥84.91
价税合计（大写）	⊗壹仟伍佰圆整				（小写）¥1500.00		

销售方	名 称：黑龙江高等教育培训公司 纳税人识别号：230552147856669 地 址、电 话：哈尔滨市道里区经纬街9号 0451-59652589 开户行及账号：工商银行经纬支行 1901013339225992559	备注	

收款人：林飞霞 复核：姜岚 开票人：陆晓村 销售方：（章）

凭证5-14（2）

费用报销单

部门：财务部 2020年12月04日

项目	金额	附件	备注
培训费	1 500.00	1	财务部培训费
			现金付讫
合计	1 500.00	壹仟伍佰圆整	

审批：赵立军 财务审核：周瑞雪 经办人：赵大伟

课程思政
世界爱粮日

凭证5-15（1）

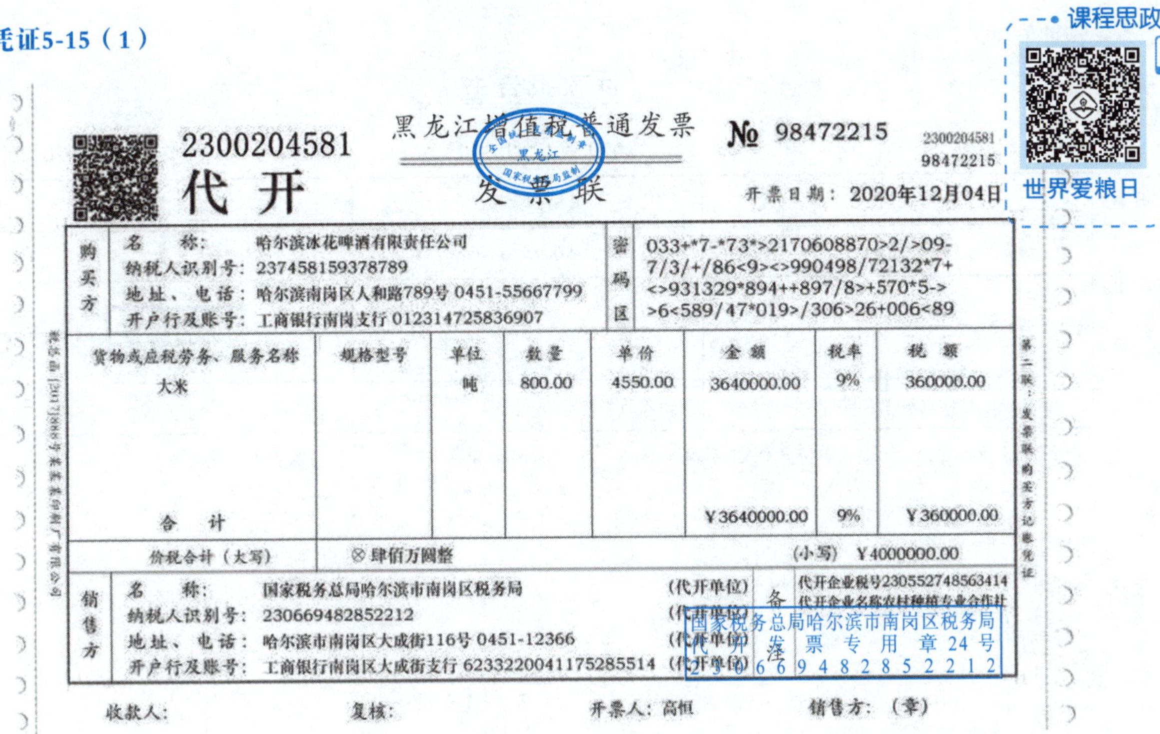

黑龙江增值税普通发票 № 98472215

2300204581 代开 发票联

2300204581
98472215

开票日期：2020年12月04日

购买方	名称：哈尔滨冰花啤酒有限责任公司 纳税人识别号：237458159378789 地址、电话：哈尔滨南岗区人和路789号 0451-55667799 开户行及账号：工商银行南岗支行 012314725836907	密码区	033+*7-*73*>2170608870>2/>09- 7/3/+/86<9><>990498/72132*7+ <>931329*894++897/8>+570*5-> >6<589/47*019>/306>26+006<89

货物或应税劳务、服务名称	规格型号	单位	数量	单价	金额	税率	税额
大米		吨	800.00	4550.00	3640000.00	9%	360000.00
合计					¥3640000.00	9%	¥360000.00
价税合计（大写）	⊗肆佰万圆整				（小写）¥4000000.00		

销售方	名称：国家税务总局哈尔滨市南岗区税务局（代开单位） 纳税人识别号：230669482852212（代开单位） 地址、电话：哈尔滨市南岗区大成街116号 0451-12366（代开单位） 开户行及账号：工商银行南岗区大成街支行 6233220041175285514（代开单位）	备注	代开企业税号230552748563414 代开企业名称农村种植专业合作社 国家税务总局哈尔滨市南岗区税务局 代开发票专用章24号 230669482852212

收款人： 复核： 开票人：高桓 销售方：（章）

第二联：发票联 购买方记账凭证

凭证5-15（2）

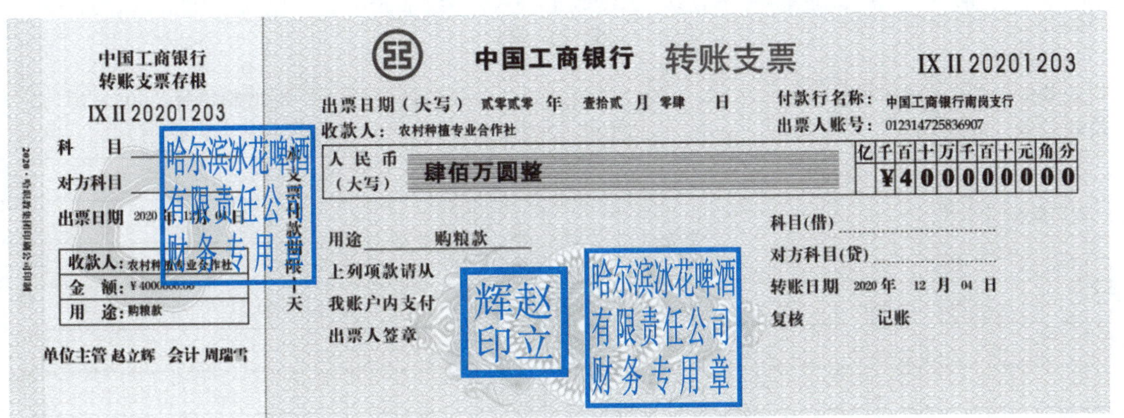

中国工商银行 转账支票存根
IX II 20201203
科目
对方科目
出票日期 2020年12月04日
收款人：农村种植专业合作社
金额：¥4000000.00
用途：购粮款
单位主管 赵立辉 会计 周瑞雪

中国工商银行 转账支票 IX II 20201203

出票日期（大写）贰零贰零 年 壹拾贰 月 零肆 日 付款行名称：中国工商银行南岗支行
收款人：农村种植专业合作社 出票人账号：012314725836907

本支票付款期限十天

人民币（大写）	亿	千	百	十	万	千	百	十	元	角	分
肆佰万圆整		¥	4	0	0	0	0	0	0	0	0

用途 购粮款
上列款项请从
我账户内支付
出票人签章

哈尔滨冰花啤酒有限责任公司财务专用章 赵立辉印

科目(借)
对方科目(贷)
转账日期 2020年12月04日
复核 记账

附加信息：	被背书人	被背书人
	背书人签章 年 月 日	背书人签章 年 月 日

贴粘单处

来织华印刷有限公司 2011 年印制

根据《中华人民共和国票据法》等法律法规的规定，签发空头支票由中国人民银行处以票面金额5%但不低于1 000元的罚款。

凭证5-15（3）

付款报告书

部门：行政部　　2020年12月04日　　付款编号：20201205

开支内容	结算金额	结算方式
购大米	4 000 000.00	转账支票 1203
		转账付讫
合计金额（大写）	肆佰万圆整	

主管会计：周瑞雪　　单位负责人：张立军　　出纳：李梅　　经办人：李美

文档

购进农民专业合作社销售的免税农产品进项税额抵扣政策

凭证5-15（4）

收料单

供应单位：农村种植专业合作社　　收料编号：20201205

发票号码：98472215　　2020年12月04日　　仓　　库：1

材料名称	计量单位	数量		实际价格				
		应收	实收	单价	发票金额	运杂费	合计	
							单位成本	总成本
大米	吨	800	800	4 500.00	3 600 000.00		4 500.00	3 600 000.00
验收结论：合格		合计		—	3 600 000.00		—	3 600 000.00
备注：								

第二联：记账联

验收员：李东　　收料员：吴尚　　采购员：李美　　部门负责人：张立军

凭证5-16

电汇凭证（收账通知）　　2

√普通　加急　　　　委托日期 2020 年 12 月 04 日

汇款人	全　称	佳木斯大福源超市	收款人	全　称	哈尔滨冰花啤酒有限责任公司
	账　号	012316785836907		账　号	012314725836907
	汇出地点	黑龙江 省 佳木斯 市/县		汇出地点	黑龙江 省 哈尔滨 市/县
	开户银行	中国工商银行佳木斯向阳支行		开户银行	中国工商银行哈尔滨市南岗支行
金额	人民币（大写）	陆拾万圆整			亿 仟 佰 十 万 仟 佰 十 元 角 分 ¥ 6 0 0 0 0 0 0 0

汇出行签章：	支付密码
	附加信息及用途： 收到前欠货款 中国 复核：　　记账：

中国工商银行
2020.12.04
南岗支行
转讫

此联付款行给收款人的回单

凭证5-17（1）

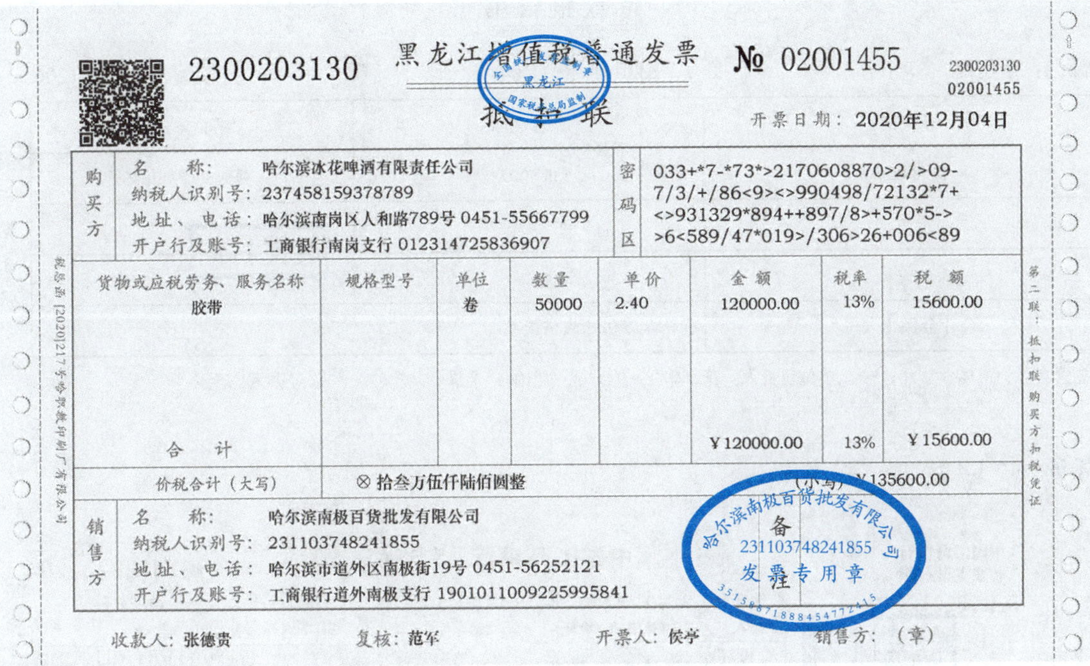

黑龙江增值税普通发票

2300203130　　№ 02001455　　2300203130　02001455

抵扣联

开票日期：2020年12月04日

购买方		密码区
名　　称：	哈尔滨冰花啤酒有限责任公司	033+*7-*73*>2170608870>2/>09-
纳税人识别号：	237458159378789	7/3/+/86<9><>990498/72132*7+
地址、电话：	哈尔滨南岗区人和路789号 0451-55667799	<>931329*894++897/8>+570*5->
开户行及账号：	工商银行南岗支行 012314725836907	>6<589/47*019>/306>26+006<89

货物或应税劳务、服务名称	规格型号	单位	数量	单价	金额	税率	税额
胶带		卷	50000	2.40	120000.00	13%	15600.00
合　计					¥120000.00	13%	¥15600.00
价税合计（大写）	⊗拾叁万伍仟陆佰圆整				（小写）¥135600.00		

销售方		备注
名　　称：	哈尔滨南极百货批发有限公司	
纳税人识别号：	231103748241855	
地址、电话：	哈尔滨市道外区南极街19号 0451-56252121	
开户行及账号：	工商银行道外南极支行 1901011009225995841	

收款人：张德贵　　复核：范军　　开票人：侯亭　　销售方：（章）

第二联：抵扣联 购买方扣税凭证

税总函[2020]217号哈尔滨印刷厂有限公司

哈尔滨南极百货批发有限公司 231103748241855 发票专用章

全国统一发票监制章 黑龙江 国家税务总局监制

凭证5-17（2）

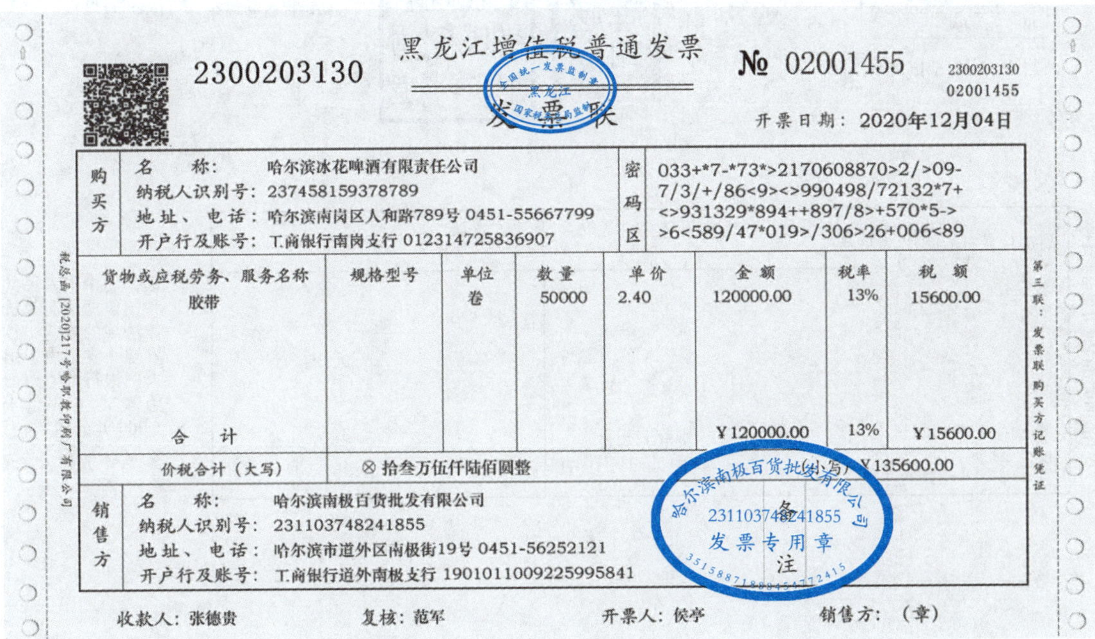

黑龙江增值税普通发票

2300203130　　№ 02001455　　2300203130　02001455

发票联

开票日期：2020年12月04日

购买方		密码区
名　　称：	哈尔滨冰花啤酒有限责任公司	033+*7-*73*>2170608870>2/>09-
纳税人识别号：	237458159378789	7/3/+/86<9><>990498/72132*7+
地址、电话：	哈尔滨南岗区人和路789号 0451-55667799	<>931329*894++897/8>+570*5->
开户行及账号：	工商银行南岗支行 012314725836907	>6<589/47*019>/306>26+006<89

货物或应税劳务、服务名称	规格型号	单位	数量	单价	金额	税率	税额
胶带		卷	50000	2.40	120000.00	13%	15600.00
合　计					¥120000.00	13%	¥15600.00
价税合计（大写）	⊗拾叁万伍仟陆佰圆整				（小写）¥135600.00		

销售方		备注
名　　称：	哈尔滨南极百货批发有限公司	
纳税人识别号：	231103748241855	
地址、电话：	哈尔滨市道外区南极街19号 0451-56252121	
开户行及账号：	工商银行道外南极支行 1901011009225995841	

收款人：张德贵　　复核：范军　　开票人：侯亭　　销售方：（章）

第三联：发票联 购买方记账凭证

税总函[2020]217号哈尔滨印刷厂有限公司

哈尔滨南极百货批发有限公司 231103748241855 发票专用章

全国统一发票监制章 黑龙江 国家税务总局监制

凭证5-17（3）

付款报告书

部门：采购部　　2020年12月04日　　付款编号：20201206

开支内容	结算金额	结算方式
支付胶带款	135 600.00	转账支票1204
		转账付讫
合计金额（大写）	壹拾叁万伍仟陆佰圆整	

附单据3张

主管会计：周瑞雪　　单位负责人：张立军　　出纳：李梅　　经办人：李美

凭证5-17（4）

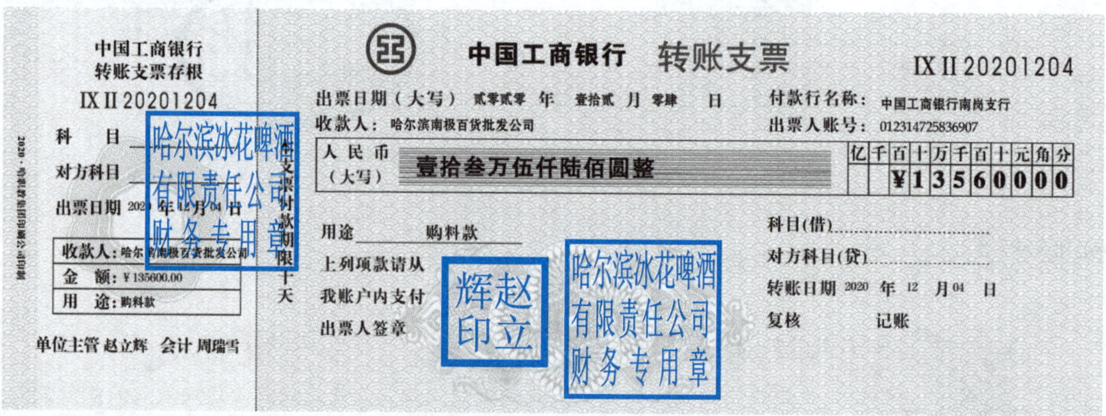
中国工商银行 转账支票存根
IX II 20201204
科目
对方科目
出票日期 2020年12月04日
收款人：哈尔滨南极百货批发公司
金额：¥135600.00
用途：购料款
单位主管 赵立辉　会计 周瑞雪

中国工商银行 转账支票　IX II 20201204
出票日期（大写）贰零贰零年 壹拾贰月 零肆日　付款行名称：中国工商银行南岗支行
收款人：哈尔滨南极百货批发公司　出票人账号：012314725836907
人民币（大写）壹拾叁万伍仟陆佰圆整　¥13560000
本支票付款期限十天
用途 购料款
上列款项请从我账户内支付
出票人签章　哈尔滨冰花啤酒有限责任公司财务专用章　赵立辉印
科目(借)
对方科目(贷)
转账日期 2020年12月04日
复核　记账

附加信息：	被背书人	被背书人
	背书人签章 年 月 日	背书人签章 年 月 日

贴粘单处

根据《中华人民共和国票据法》等法律法规的规定，签发空头支票由中国人民银行处以票面金额5%但不低于1 000元的罚款。

莱织华印制有限公司 2011年印制

凭证5-17（5）

收料单

供应单位：哈尔滨南极百货批发公司　　　　　　　　　　　　　　收料编号：20201206
发票号码：02001455　　　　　　2020 年 12 月 04 日　　　　　　仓　　库：1

材料名称	计量单位	数量		实际价格				
		应收	实收	单价	发票金额	运杂费	合计	
							单位成本	总成本
胶带	卷	50 000	50 000	2.40	120 000.00		2.40	120 000.00
验收结论：	合格	合 计		—	120 000.00		—	120 000.00
备注：								

第二联：记账联

验收员：李东　　　　收料员：吴尚　　　　采购员：李美　　　　部门负责人：张立军

凭证5-18（1）

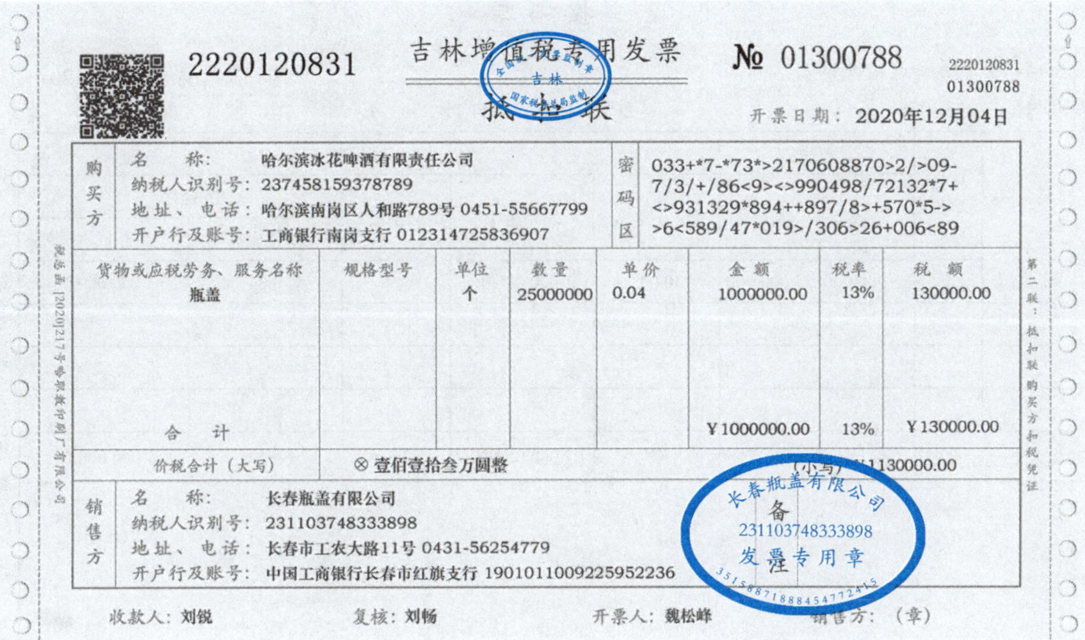

吉林增值税专用发票

抵扣联

2220120831　　№ 01300788　　2220120831　01300788

开票日期：2020年12月04日

购买方	名　　称：哈尔滨冰花啤酒有限责任公司 纳税人识别号：237458159378789 地 址、电 话：哈尔滨南岗区人和路789号 0451-55667799 开户行及账号：工商银行南岗支行 012314725836907	密码区	033+*7-*73*>2170608870>2/>09- 7/3/+/86<9><>990498/72132*7+ <>931329*894++897/8>+570*5-> >6<589/47*019>/306>26+006<89

货物或应税劳务、服务名称	规格型号	单位	数量	单价	金额	税率	税额
瓶盖		个	25000000	0.04	1000000.00	13%	130000.00
合　计					¥1000000.00	13%	¥130000.00
价税合计（大写）	⊗壹佰壹拾叁万圆整				（小写）¥1130000.00		

销售方	名　　称：长春瓶盖有限公司 纳税人识别号：231103748333898 地 址、电 话：长春市工农大路11号 0431-56254779 开户行及账号：中国工商银行长春市红旗支行 1901011009225952236	备注	长春瓶盖有限公司 231103748333898 发票专用章

收款人：刘锐　　复核：刘畅　　开票人：魏松峰　　销售方：（章）

税总函[2020]217号哈职教印刷厂有限公司

第二联：抵扣联　购买方扣税凭证

凭证5-18（2）

吉林增值税专用发票

发票联

2220120831　　№ 01300788　　2220120831　01300788

开票日期：2020年12月04日

购买方	名　　称：哈尔滨冰花啤酒有限责任公司 纳税人识别号：237458159378789 地 址、电 话：哈尔滨南岗区人和路789号 0451-55667799 开户行及账号：工商银行南岗支行 012314725836907	密码区	033+*7-*73*>2170608870>2/>09- 7/3/+/86<9><>990498/72132*7+ <>931329*894++897/8>+570*5-> >6<589/47*019>/306>26+006<89

货物或应税劳务、服务名称	规格型号	单位	数量	单价	金额	税率	税额
瓶盖		个	25000000	0.04	1000000.00	13%	130000.00
合　计					¥1000000.00	13%	¥130000.00
价税合计（大写）	⊗壹佰壹拾叁万圆整				（小写）¥1130000.00		

销售方	名　　称：长春瓶盖有限公司 纳税人识别号：231103748333898 地 址、电 话：长春市工农大路11号 0431-56254779 开户行及账号：中国工商银行长春市红旗支行 1901011009225952236	备注	长春瓶盖有限公司 231103748333898 发票专用章

收款人：刘锐　　复核：刘畅　　开票人：魏松峰　　销售方：（章）

税总函[2020]217号哈职教印刷厂有限公司

第三联：发票联　购买方记账凭证

凭证5-18（3）

收料单

供应单位：长春瓶盖有限公司　　　　　　　　　　　　　　　　收料编号：20201207

发票号码：01300788　　　　　　2020年12月04日　　　　　　仓　　库：1

材料名称	计量单位	数量		实际价格				
		应收	实收	单价	发票金额	运杂费	合计	
							单位成本	总成本
瓶盖	个	25 000 000	25 000 000	0.04	1 000 000.00		0.04	1 000 000.00
验收结论：	合格	合计		—	1 000 000.00		—	1 000 000.00
备注：								

第二联：记账联

验收员：李东　　　　收料员：吴尚　　　　采购员：李美　　　　部门负责人：张立军

凭证5-19

光大证券公司营业部买入股票交割凭证

成交日期	2020-12-05	证券名称	123033 兴海证券
资金账号	678901234567890	成交数量	40 000
股东代码	12345	成交净价	5.00
股东姓名	哈尔滨冰花啤酒有限责任公司	成交金额	200 000.00
席位代码	66666	实收佣金	400.00
申请编号	76543	印花税	
申报时间	13:57:27	过户费	40.00
成交时间	13:59:36	附加费	5.00
单位利息		实付金额	200 445.00
成交编号	70123	本次资金	200 445.00
上次资金		本次余股	40 000.00
委托来源		打印日期	2020-12-05

凭证5-20（1）

差旅费报销单

2020年12月05日　　　　编号：20201202

部门名称	采购部	职员名	李美		人数：1				出差事由		参加博览会洽谈业务		
出差期间	2020年11月20日—2020年11月29日 共：10天								备注		会务费：2 500.00		
出发时间	出发地	到达时间	到达地	车船票	住宿费		伙食费		交通费		差补	其他	合计
					天	金额	天	金额	天	金额			
11-20 12:10	哈尔滨	11-20 16:50	井冈山	1 200.00	9	1 600.00	10	1 000.00	10	800.00		2 500.00	7 100.00
11-29 17:15	井冈山	11-29 21:49	哈尔滨	1 200.00									1 200.00
人民币大写：捌仟叁佰圆整							¥8 300.00				预借差旅费：10 000.00		

审批：张文军　　　　财务审核：孙大可　　　　出差人：赵雪娇

凭证5-20（2）

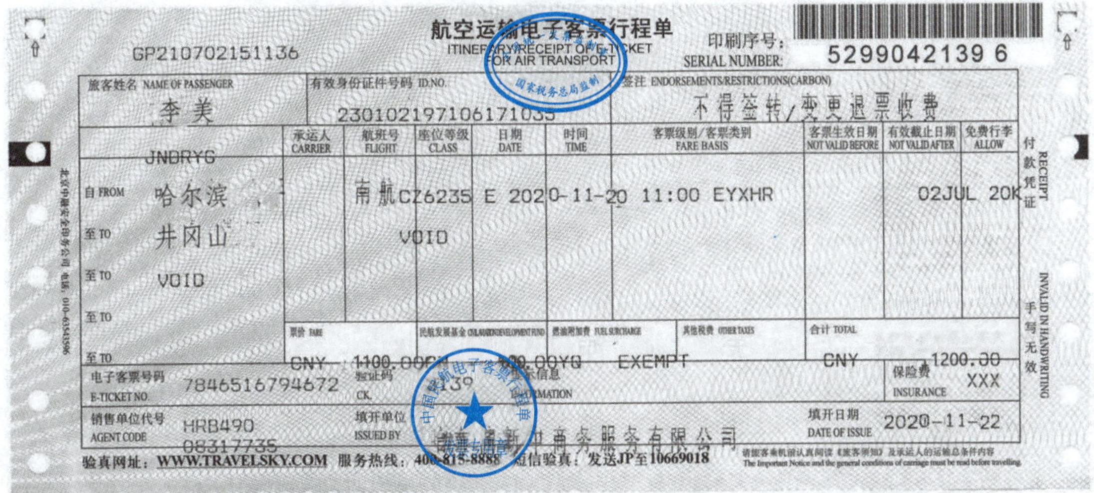

航空运输电子客票行程单
ITINERARY/RECEIPT OF E-TICKET FOR AIR TRANSPORT

GP210702151136　　印刷序号：SERIAL NUMBER: 5299042139 6

旅客姓名 NAME OF PASSENGER：李美
有效身份证件号码 ID.NO.：230102197106171035
签注 ENDORSEMENTS/RESTRICTIONS(CARBON)：不得签转/变更退票收费

		承运人 CARRIER	航班号 FLIGHT	座位等级 CLASS	日期 DATE	时间 TIME	客票级别/客票类别 FARE BASIS	客票生效日期 NOT VALID BEFORE	有效截止日期 NOT VALID AFTER	免费行李 ALLOW
	JNDRYG									
自 FROM	哈尔滨	南航	CZ6235	E	2020-11-20	11:00	EYXHR		02JUL	20K
至 TO	井冈山		VOID							
至 TO	VOID									
至 TO										
至 TO										

票价 FARE	民航发展基金 CIVIL AVIATION DEVELOPMENT FUND	燃油附加费 FUEL SURCHARGE	其他税费 OTHER TAXES	合计 TOTAL
CNY 1100.00	CN 50.00	YQ 50.00	EXEMPT	CNY 1200.00

电子客票号码 E-TICKET NO.：7846516794672　　验证码 CK.：139　　提示信息 INFORMATION　　保险费 INSURANCE：XXX

销售单位代号 AGENT CODE：HRB490 08317735　　填开单位 ISSUED BY：哈尔滨……商务服务有限公司　　填开日期 DATE OF ISSUE：2020-11-22

验真网址：WWW.TRAVELSKY.COM　服务热线：400-815-8888　短信验真：发送JP至10669018

凭证5-20（3）

航空运输电子客票行程单
ITINERARY/RECEIPT OF E-TICKET FOR AIR TRANSPORT

GP210702151115

印刷序号：SERIAL NUMBER: 5299042139 6

旅客姓名 NAME OF PASSENGER	有效身份证件号码 ID.NO.	签注 ENDORSEMENTS/RESTRICTIONS(CARBON)
李美	230102197106171035	不得签转/变更退票收费

JNDRYG

		承运人 CARRIER	航班号 FLIGHT	座位等级 CLASS	日期 DATE	时间 TIME	客票级别/客票类别 FARE BASIS	客票生效日期 NOT VALID BEFORE	有效截止日期 NOT VALID AFTER	免费行李 ALLOW
自 FROM	井冈山	南航	CZ6236	E	2020-11-29	11:00	EYXHR		02JUL	20K
至 TO	哈尔滨		VOID							
至 TO	VOID									
至 TO										
至 TO										

票价 FARE	民航发展基金 CIVIL AVIATION DEVELOPMENT FUND	燃油附加费 FUEL SURCHARGE	其他税费 OTHER TAXES	合计 TOTAL
CNY 1100.00	CN 100.00	YQ EXEMPT		CNY 1200.00

电子客票号码 E-TICKET NO.：7846516794616　验证码 CK.：4139　提示信息 INFORMATION　保险费 INSURANCE：XXX

销售单位代号 AGENT CODE：HRB490 08317735　填开单位 ISSUED BY：哈尔滨××商务服务有限公司　填开日期 DATE OF ISSUE：2020-11-22

验真网址：WWW.TRAVELSKY.COM　服务热线：400-815-8888　短信验真：发送JP至10669018

请旅客乘机前认真阅读《旅客须知》及承运人的运输总条件内容 The Important Notice and the general conditions of carriage must be read before travelling.

付款凭证 RECEIPT　手写无效 INVALID IN HANDWRITING

凭证5-20（4）

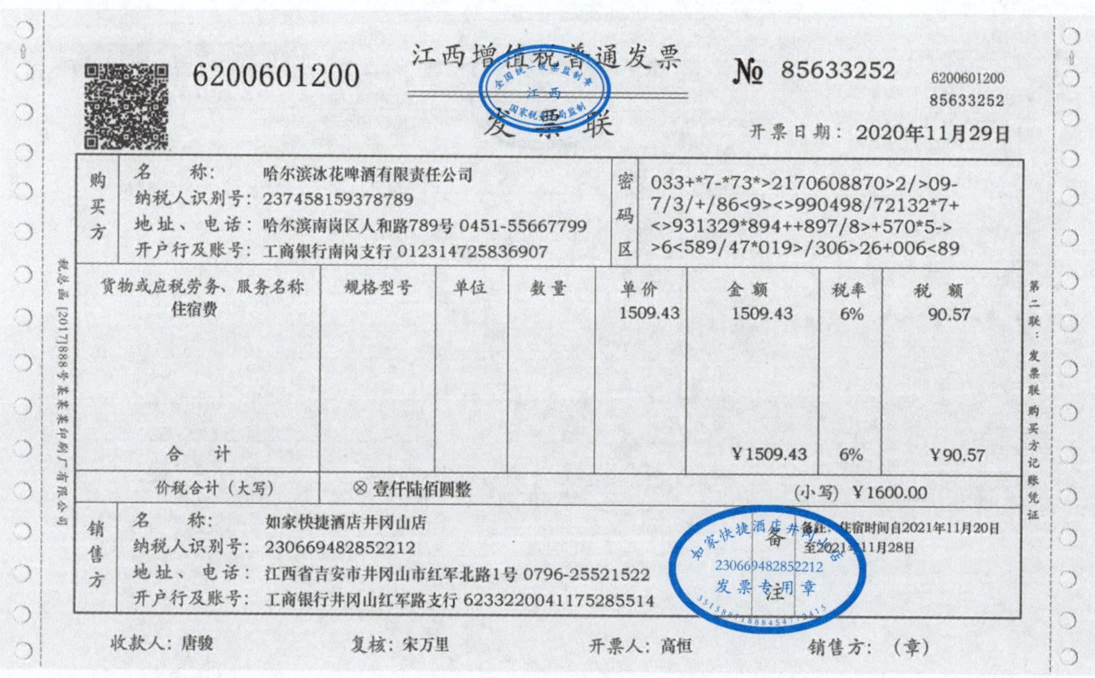

江西增值税普通发票

发票联

6200601200　№ 85633252　6200601200 85633252

开票日期：2020年11月29日

购买方	
名称	哈尔滨冰花啤酒有限责任公司
纳税人识别号	237458159378789
地址、电话	哈尔滨南岗区人和路789号 0451-55667799
开户行及账号	工商银行南岗支行 012314725836907

密码区：033+*7-*73*>2170608870>2/>09-7/3/+/86<9><>990498/72132*7+<>931329*894++897/8>+570*5->>6<589/47*019>/306>26+006<89

货物或应税劳务、服务名称	规格型号	单位	数量	单价	金额	税率	税额
住宿费				1509.43	1509.43	6%	90.57
合计					¥1509.43	6%	¥90.57
价税合计（大写）	⊗壹仟陆佰圆整					（小写）	¥1600.00

销售方	
名称	如家快捷酒店井冈山店
纳税人识别号	230669482852212
地址、电话	江西省吉安市井冈山市红军北路1号 0796-25521522
开户行及账号	工商银行井冈山红军路支行 6233220041175285514

备注：住宿时间自2021年11月20日至2021年11月28日

收款人：唐骏　复核：宋万里　开票人：高恒　销售方：（章）

第二联：发票联 购买方记账凭证

税总函[2017]888号某某某印刷厂有限公司

凭证5-20（5）

收　据

NO.20201202

2020 年 12 月 05 日

今收到　采购部李美预借差旅费返款

金额（大写）⊗佰⊗拾⊗万 壹 仟 柒 佰 零 拾 零 圆 零 角 零 分

收款事由

现金收讫

¥1 700.00

收款人（签字）王微

核准：周瑞雪　　会计：孙伟　　记账：李珊　　出纳：王微

凭证5-21（1）

哈尔滨平房机械股份有限公司股权转让协议书

受让方 / 甲方：哈尔滨冰花啤酒有限责任公司

转让方 / 乙方：哈尔滨平房机械股份有限公司

转让方与受让方充份协商，在平等自愿的基础上，就转让方哈尔滨平房机械股份有限公司的股权转让给受让方事宜，达成如下协议：

一、转让方哈尔滨平房机械股份有限公司（乙方）愿意将其公司的 30% 的股权，计 100 万股，以每股 2 元的价格转让给哈尔滨啤酒有限责任公司（甲方），股权转让后，受让方将派人参与乙方的生产经营。

二、受让方哈尔滨啤酒有限责任公司以其持有的股份，按照公司章程的规定，享有相应的责、权、利。

三、本协议书经甲乙双方签字、盖章并经公证处公证后，双方应于协议生效后三十日内到工商行政管理机关办理变更登记手续。

四、本协议书一式三份，甲、乙双方各执一份，并报工商登机机关备案一份。

甲方	乙方
甲方：哈尔滨冰花啤酒有限责任公司	乙方：哈尔滨平房机械股份有限公司
法人代表：赵[illegible]辉	法人代表：王华
账号：中国工商银行哈尔滨市南岗支行 012314725836907	账号：中国工商银行哈尔滨市平房支行 012314725836666
电话：0451-55667799	电话：0451-55661100
地址：哈尔滨市南岗区人和路 789 号	地址：哈尔滨市平房区新疆大街 123 号
签约日期：2020 年 12 月 1 日	签约日期：2020 年 12 月 1 日

凭证5-21（2）

股东持股证明书

股东：哈尔滨冰花啤酒有限责任公司

截止 2020 年 12 月 5 日依股东名册记载持有本公司股票总数为 100 万股，股权比例为 30%。

此致

哈尔滨平房机械有限公司

2020 年 12 月 5 日

凭证5-21（3）

资产评估报告书

黑龙江新远会计师事务所评报定【2020】第22号

我单位接受贵单位委托，根据国家有关资产评估的规定，本着独立、公正、科学、客观的原则，按照公认的资产评估方法对哈尔滨平房机械制造有限公司的全部资产和负债进行了评估工作。本单位估评人员按照必要的评估程序对委托评估的全部资产和负债进行了实地查勘、市场调研和询证，对委估资产在评估基准日 2020 年 12 月 1 日所表现的市场价值进行了公允反映，现将资产评估情况及评估结果报告如下：

一、委托方单位简介

企业代码：110103333

单位名称：哈尔滨平房机械股份有限公司

注册地址：哈尔滨市平房区新疆大街 123 号

法定代表人：王华

注册资金：800 万元

企业类型：有限责任公司

经营范围：机械的生产与销售

注册证号：2311061234567

登记有限期限：2010 年 1 月 1 日至 2030 年 12 月 31 日

二、评估目的

哈尔滨平房机械有限公司拟转让股份，为此需进行评估，以评估后的净资产的公允价值作为参考依据。

三、评估范围和对象

本次评估对象是委估方委托评估的所有资产和负责。总体情况如下表（具体情况略）：

委托评估的账面价值和公允价值统计表　　　　单位：万元

项　目	账 面 价 值	公 允 价 值
公司整体评估（可辨认净资产）	945	1 000

四、价值类型及定义

评估采用的价值类型为市场价值。市场价值是指自愿买方和自愿卖方在各自理性行事且未受强迫的情况下，评估对象在评估基准日进行正常公平交易的价值估计数额。

五、评估基准日

本项目评估基准日为 2020 年 12 月 1 日，系由委托方和本单位协商确定，本评估基准日与评估人员实际评估日比较接近，评估人员能更好地把握委估资产的基准日状况，真实反映委估资产基准日的现时价值，本次评估以评估基准日的有效价格标准为取价标准。

六、评估原则（略）

七、评估依据（略）

八、评估方法（略）

九、评估过程（略）

十、评估结论（略）

十一、特别事项说明（略）

十二、评估基准日后事项（略）

十三、评估报告的法律效力

1. 依据国家有关部门的规定，评估结果的有效期自评估基准日算起，有效期为一年（2020 年 12 月 1 日至 2021 年 11 月 30 日），超过一年需重新进行资产评估。

2. 本报告所称评估价值是依据所评资产在评估基准日所表现的特定经济环境前提下，根据公开市场原则确定的现行公允市场价值。本评估结果是对 2020 年 12 月 1 日这一基准日被评估资产价值的客观公允反映，本所对这一基准日后资产发生重大变化不负任何法律责任。

3. 本报告仅供委托方为本报告所列评估目的使用和送交财产主管机关审查使用，评估报告书的使用权为委托方所有，未经委托方许可，评估机构不得随意向他人提供或公开。除依据法律需公开情形外，报告的全部或部分内容不得发表于任何公开的媒体上，也不得用于本报告所述评估目的之外的其他目的。

4. 对于委估资产产权的核实确定，评估人员主要依据委托方提供的评估资料进行现场清查核实，委托方提供的有关资料的真实性、有效性由委托方负责，评估机构不承担因产权认定错误而产生的相关法律责任。

5. 本报告所含若干附件，与正文具有同等法律效力。

十四、评估报告提出日

本项评估报告提出日期为 2020 年 12 月 5 日。

评估机构负责人：李国印　　　　中国注册资产评估师：吴勇跃

黑龙江新远会计师事务所资产评估事务所

二〇二〇年十二月五日

（印章：黑龙江新远会计师事务所有限公司 合同专用章；李国印；中国注册资产评估师 吴勇跃）

凭证5-21（4）

付款报告书

部门：办公室　　　　2020 年 12 月 05 日　　　　付款编号：20201207

开支内容	结算金额	结算方式
支付入股款	2 000 000.00	转账支票 1205
		转账付讫
合计金额（大写）	贰佰万圆整	

附单据 3 张

主管会计：周瑞雪　　单位负责人：张立军　　出纳：李梅　　经办人：李美

凭证5-21（5）

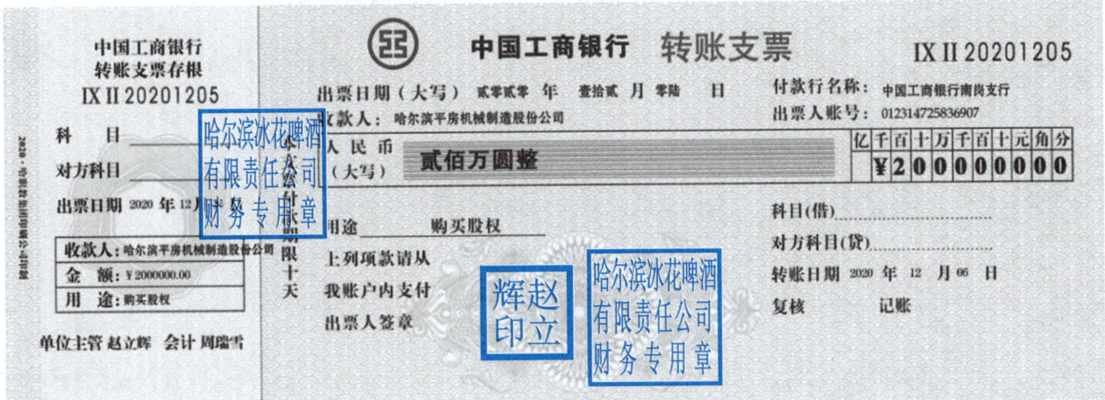
中国工商银行
转账支票存根
IX II 20201205
科　目
对方科目
出票日期 2020 年 12 月 05 日
收款人：哈尔滨平房机械制造股份公司
金　额：¥2000000.00
用　途：购买股权
单位主管 赵立辉　会计 周瑞雪

中国工商银行　转账支票　IX II 20201205
出票日期（大写）贰零贰零 年 壹拾贰 月 零陆 日　付款行名称：中国工商银行南岗支行
收款人：哈尔滨平房机械制造股份公司　出票人账号：012314725836907
人民币（大写）贰佰万圆整　¥200000000
本支票付款期限十天
用途 购买股权
上列款项请从
我账户内支付
出票人签章
科目(借)
对方科目(贷)
转账日期 2020 年 12 月 06 日
复核　记账

哈尔滨冰花啤酒有限责任公司财务专用章
赵立辉印

附加信息：	被背书人	被背书人
	背书人签章 年　月　日	背书人签章 年　月　日

贴粘单处

根据《中华人民共和国票据法》等法律法规的规定，签发空头支票由中国人民银行处以票面金额 5% 但不低于 1 000 元的罚款。

莱织华印制有限公司 2011 年印制

凭证5-22（1）

哈尔滨冰花啤酒有限责任公司房屋出租会议摘要

一、会议时间：2020 年 12 月 16 日上午 8：00 — 10：00。

二、会议内容：研究闲置房屋出租相关事宜。

三、会议地点：办公楼第一会议室。

四、会议召集部门及参会人员：会议召集部门行政部。参会人员：董事长、总经理、副总经理、财务部长、销售部长、行政部长、销售部长。

五、会议摘要：与会人员一致通过，决定将办公楼一楼闲置的 10 间办公用房用于出租，并对出租的房屋采用成本法进行核算。用途变更后按 10 年采用直线法折旧。

具体出租事宜由销售部负责。

六、参会人员签字：

赵立辉　孙伟　孙强　李莉　孙大可　赵雪娇　王一春

凭证5-22（2）

固定资产用途改变转移单

2020 年 12 月 06 日

固定资产名称	单位	数量	原值	已提折旧	原用途	新用途
办公楼	间	10	1 500 000.00	300 000.00	办公	出租
领导审批：同意　孙伟						

凭证5-23（1）

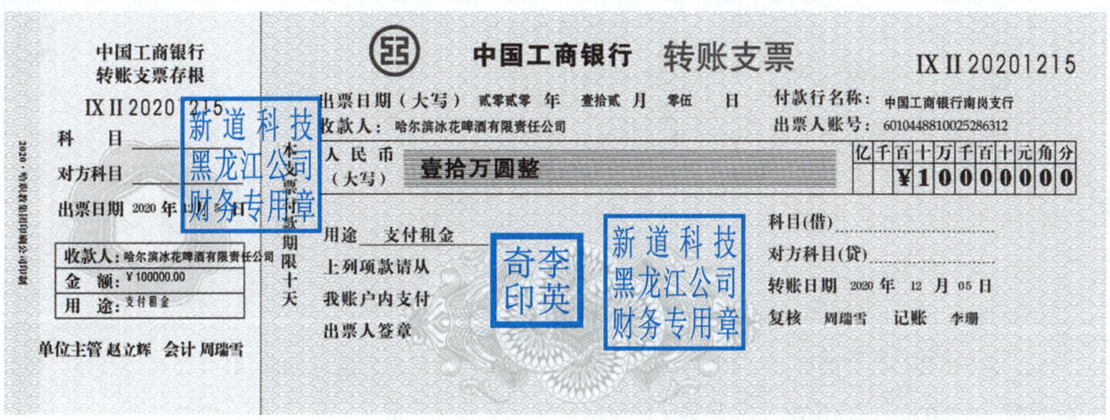

中国工商银行 转账支票 IX II 20201215

中国工商银行转账支票存根
IX II 20201215
科　目
对方科目
出票日期 2020 年 12 月 05 日
收款人：哈尔滨冰花啤酒有限责任公司
金　额：¥100000.00
用　途：支付租金
单位主管 赵立辉　会计 周瑞雪

出票日期（大写）贰零贰零 年 壹拾贰 月 零伍 日　付款行名称：中国工商银行南岗支行
收款人：哈尔滨冰花啤酒有限责任公司　出票人账号：6010448810025286312
人民币（大写）壹拾万圆整　¥10000000
本支票付款期限十天
用途 支付租金
上列项款请从
我账户内支付
出票人签章
科目(借)
对方科目(贷)
转账日期 2020 年 12 月 05 日
复核 周瑞雪　记账 李珊

新道科技黑龙江公司财务专用章
奇李印英

附加信息：	被背书人	被背书人
	背书人签章 年　月　日	背书人签章 年　月　日

贴粘单处

根据《中华人民共和国票据法》等法律法规的规定，签发空头支票由中国人民银行处以票面金额5%但不低于1 000元的罚款。

莱织华印刷有限公司 2011 年印制

凭证5-23（2）

房屋租赁合同

出租方（以下简称甲方）：哈尔滨冰花啤酒有限责任公司

承租方（以下简称乙方）：用友新道科技有限公司黑龙江分公司

根据《中华人民共和国合同法》及相关法律法规的规定，甲、乙双方在平等、自愿的基础上，甲方将房屋出租给乙单位使用，乙方承租甲方房屋，为明确双方权利义务，经协商一致订立本合同。

第一条　甲方保证所出租的房屋符合国家对租赁房屋的有关规定。

第二条　甲方提供租赁房屋的相关情况说明：

1. 甲方出租给乙方的房屋位于哈尔滨冰花啤酒有限责任公司办公楼一层的101~110号办公室，使用面积共计300 m^2，出租给乙方做培训学校使用。

2. 该房屋的装修、设施及设备情况见合同附件。合同附件是双方交付房子的依据。

3. 甲方应提供房产证、营业执照、总经理和经办人的身份证、房屋租赁批复相关文件。乙方提供总经理和经办人的身份证及承租房屋的批复相关文件。双方验证后并将复印件留存对方备案。

第三条　房屋租赁期限及用途：

1. 该房屋的租赁期3年，期限自2020年12月6日至2023年12月5日止。

2. 乙方承租的房屋只能用于培训，其结构只能围绕培训的用途做简单的改动或装修，并于租赁期满时恢复原装修。

3. 租赁期满时，若续租需提前两个月书面通知甲方，经甲方同意后，就有关事宜达成一致重新签订合同。

第四条　租金及支付方式。该房屋的月租金是100 000.00元，年租金是1 200 000.00元（大写人民币壹佰贰拾万圆整）。租金按月支付，于每年月租赁开始时支付。

第五条　合同生效时间。本合同自双方签章后生效，合同共两份，双方各持一份，具有同等法律效力。

第六条　其他。除上述合同条款外，如有未尽事宜，需双方在遵守合同法的基础上，相互协商解决，如未能解决，通过仲裁程序解决。

甲方：哈尔滨冰花啤酒有限责任公司	乙方：用友新道科技有限公司黑龙江分公司
签约代表：孙伟	签约代表：李英奇
签约日期：2020年12月6日	签约日期：2020年12月5日
签约地点：哈尔滨冰花啤酒有限责任公司	签约地点：哈尔滨冰花啤酒有限责任公司

（印章：哈尔滨冰花啤酒有限责任公司 合同专用章）（印章：用友新道科技黑龙江分公司 合同专用章）

凭证5-24（1）

2300203258　　黑龙江增值税专用发票　　№ 02551358

2300203258
02551358

此联不作报销、扣税凭证使用　　开票日期：2020年12月05日

购买方	名称：用友新道股份有限公司黑龙江分公司 纳税人识别号：231103748242021 地址、电话：哈尔滨松北区学海街21号 0451-85524410 开户行及账号：中国工商银行哈尔滨市松北 043147369369075	密码区	033+*7-*73*>2170608870>2/>09-7/3/+/86<9><>990498/72132*7+<>931329*894++897/8>+570*5->>6<589/47*019>/306>26+006<89

货物或应税劳务、服务名称	规格型号	单位	数量	单价	金额	税率	税额
房屋租金					91743.12	9%	8256.88
合计					¥91743.12	9%	¥8256.88
价税合计（大写）	⊗拾万圆整				（小写）¥100000.00		

销售方	名称：哈尔滨冰花啤酒有限责任公司 纳税人识别号：237458159378789 地址、电话：哈尔滨南岗区人和路789号 0451-55667799 开户行及账号：工商银行南岗支行 012314725836907	备注	

收款人：李梅　　复核：赵雪娇　　开票人：赵立兰　　销售方：（章）

第一联：记账联 销售方记账凭证

税总函[2020]217号哈尔滨印刷厂有限公司

凭证5-24（2）

黑龙江增值税普通发票

2300205212　№ 96625417　2300205212 96625417

发票联

开票日期：2020年11月22日

购买方　名称：哈尔滨冰花啤酒有限责任公司
纳税人识别号：237458159378789
地址、电话：哈尔滨南岗区人和路789号 0451-55667799
开户行及账号：工商银行南岗支行 012314725836907

密码区　033+*7-*73*>2170608870>2/>09-7/3/+/86<9><>990498/72132*7+<>931329*894++897/8>+570*5->6<589/47*019>/306>26+006<89

货物或应税劳务、服务名称	规格型号	单位	数量	单价	金额	税率	税额
餐饮费				601.94	601.94	3%	18.06
合计					¥601.94	3%	¥18.06

价税合计（大写）⊗陆佰贰拾圆整　（小写）¥620.00

销售方　名称：哈尔滨菲力达食品有限公司
纳税人识别号：231103748162829
地址、电话：哈尔滨市道外区承德街9号 0451-85563332
开户行及账号：工商银行承德支行 6222501474402526357

备注

收款人：陈旭　复核：侯杰　开票人：童林　销售方：（章）

凭证5-24（3）

招待费报销说明

单据编号：20201203

时　间	2020-11-02	2020-11-10	2020-11-15	2020-11-20	2020-11-22	合计金额
用餐地点	菲力达食品	菲力达食品	菲力达食品	菲力达食品	菲力达食品	现金付讫
宴请事由	招待佳木斯客户	招待大兴安岭客户	招待佳木斯客户	招待大庆客户	招待佳木斯客户	
被宴请部门及主要人姓名	佳木斯客户	大兴安岭客户	佳木斯客户	大庆客户	佳木斯客户	
我方主要参加人	李玉刚	刘兰兰	李玉刚	赵雪娇	李玉刚	
金　额	690.00	530.00	560.00	400.00	620.00	2 800.00

部门负责人：赵雪娇　　财务审核：周瑞雪　　经办人：孙大可

凭证5-24（4）

黑龙江增值税普通发票

2300205212　　№ 96625420　　2300205212 96625420

发票联

开票日期：2020年11月20日

购买方	名　　称：哈尔滨冰花啤酒有限责任公司 纳税人识别号：237458159378789 地 址、电 话：哈尔滨南岗区人和路789号 0451-55667799 开户行及账号：工商银行南岗支行 012314725836907	密码区	033+*7-*73*>2170608870>2/>09- 7/3/+/86<9><>990498/72132*7+ <>931329*894++897/8>+570*5-> >6<589/47*019>/306>26+006<89

货物或应税劳务、服务名称	规格型号	单位	数量	单价	金额	税率	税额
餐饮费				388.35	388.35	3%	11.65
合　计					¥388.35	3%	¥11.65
价税合计（大写）	⊗肆佰圆整				（小写）¥400.00		

销售方	名　　称：哈尔滨菲力达食品有限公司 纳税人识别号：231103748162829 地 址、电 话：哈尔滨市道外区承德街9号 0451-85563332 开户行及账号：工商银行承德支行 6222501474402526357	备注	

收款人：陈旭　　复核：侯杰　　开票人：童林　　销售方：（章）

税总函[2020]217号哈环教印刷厂有限公司

第二联：发票联 购买方记账凭证

凭证5-24（5）

黑龙江增值税普通发票

2300205212　　№ 96625405　　2300205212 96625405

发票联

开票日期：2020年11月15日

购买方	名　　称：哈尔滨冰花啤酒有限责任公司 纳税人识别号：237458159378789 地 址、电 话：哈尔滨南岗区人和路789号 0451-55667799 开户行及账号：工商银行南岗支行 012314725836907	密码区	033+*7-*73*>2170608870>2/>09- 7/3/+/86<9><>990498/72132*7+ <>931329*894++897/8>+570*5-> >6<589/47*019>/306>26+006<89

货物或应税劳务、服务名称	规格型号	单位	数量	单价	金额	税率	税额
餐饮费				543.69	543.69	3%	16.31
合　计					¥543.69	3%	¥16.31
价税合计（大写）	⊗伍佰陆拾圆整				（小写）¥560.00		

销售方	名　　称：哈尔滨菲力达食品有限公司 纳税人识别号：231103748162829 地 址、电 话：哈尔滨市道外区承德街9号 0451-85563332 开户行及账号：工商银行承德支行 6222501474402526357	备注	

收款人：陈旭　　复核：侯杰　　开票人：童林　　销售方：（章）

税总函[2020]217号哈环教印刷厂有限公司

第二联：发票联 购买方记账凭证

凭证5-24（6）

黑龙江增值税普通发票

2300205212　　№ 96625402　　2300205212 96625402

发票联

开票日期：2020年11月10日

购买方　名　称：哈尔滨冰花啤酒有限责任公司
纳税人识别号：237458159378789
地址、电话：哈尔滨南岗区人和路789号 0451-55667799
开户行及账号：工商银行南岗支行 012314725836907

密码区　033+*7-*73*>2170608870>2/>09-7/3/+/86<9><>990498/72132*7+<>931329*894++897/8>+570*5->>6<589/47*019>/306>26+006<89

货物或应税劳务、服务名称	规格型号	单位	数量	单价	金额	税率	税额
餐饮费				514.56	514.56	3%	15.44
合　计					¥514.56	3%	¥15.44

价税合计（大写）⊗伍佰叁圆整　（小写）¥530.00

销售方　名　称：哈尔滨菲力达食品有限公司
纳税人识别号：231103748162829
地址、电话：哈尔滨市道外区承德街9号 0451-85563332
开户行及账号：工商银行承德支行 6222501474402526357

备注

收款人：陈旭　复核：侯杰　开票人：童林　销售方：（章）

税总函[2020]217号哈职教印刷厂有限公司

第二联：发票联　购买方记账凭证

凭证5-24（7）

黑龙江增值税普通发票

2300205212　　№ 96625253　　2300205212 96625253

发票联

开票日期：2020年11月02日

购买方　名　称：哈尔滨冰花啤酒有限责任公司
纳税人识别号：237458159378789
地址、电话：哈尔滨南岗区人和路789号 0451-55667799
开户行及账号：工商银行南岗支行 012314725836907

密码区　033+*7-*73*>2170608870>2/>09-7/3/+/86<9><>990498/72132*7+<>931329*894++897/8>+570*5->>6<589/47*019>/306>26+006<89

货物或应税劳务、服务名称	规格型号	单位	数量	单价	金额	税率	税额
餐饮费				669.90	669.90	3%	20.10
合　计					¥669.90	3%	¥20.10

价税合计（大写）⊗陆佰玖拾圆整　（小写）¥690.00

销售方　名　称：哈尔滨菲力达食品有限公司
纳税人识别号：231103748162829
地址、电话：哈尔滨市道外区承德街9号 0451-85563332
开户行及账号：工商银行承德支行 6222501474402526357

备注

收款人：陈旭　复核：侯杰　开票人：童林　销售方：（章）

税总函[2020]217号哈职教印刷厂有限公司

第二联：发票联　购买方记账凭证

凭证5-25

产品入库单

2020 年 12 月 07 日　　　　入库编号：20201201

仓库	产品名称	单位	入库数量（吨）	单位成本（元）	总成本（元）	备注
2 号库	纯生瓶装啤酒	吨	3 000			
2 号库	普通瓶装啤酒	吨	2 000			
合　计			5 000			

库管员：赵立兰　　　　销售员：李小伟　　　　部门负责人：赵立春

凭证5-26（1）

付款报告书

部门：销售部　　2020年12月07日　　付款编号：20201208

开支内容	结算金额	结算方式
垫付牡丹江啤酒批发公司运费	10 000.00	转账支票1208
		转账付讫
合计金额（大写）	壹万圆整	

主管会计：周瑞雪　　单位负责人：张立军　　出纳：李梅　　经办人：赵雪娇

凭证5-26（2）

产品出库单

购货单位：牡丹江啤酒批发公司　　2020年12月07日　　出库编号：20201202

仓库	产品名称	单位	出库数量（吨）	单位成本（元）	总成本（元）	备注
2号库	纯生瓶装啤酒	吨	600			
2号库	普通瓶装啤酒	吨	500			
合　计			1 100			

库管员：赵立兰　　销售员：李江　　部门负责人：赵雪娇

凭证5-26（3）

黑龙江增值税专用发票　№ 02011212

2300203130　　2300203130 02011212

此联不作报销、扣税凭证使用　　开票日期：2020年12月07日

购买方	名称：牡丹江啤酒批发公司 纳税人识别号：235678159378456 地址、电话：牡丹江市阳明街33号 0453-65657711 开户行及账号：工商银行牡丹江阳明支行 043147258362553	密码区	033+*7-*73*>2170608870>2/>09-7/3/+/86<9><>990498/72132*7+<>931329*894++897/8>+570*5->>6<589/47*019>/306>26+006<89

货物或应税劳务、服务名称	规格型号	单位	数量	单价	金额	税率	税额
纯生瓶装啤酒		吨	600	5000.00	3000000.00	13%	390000.00
普通瓶装啤酒		吨	500	4000.00	2000000.00	13%	260000.00
合　计					¥5000000.00	13%	¥650000.00
价税合计（大写）	⊗伍佰陆拾伍万圆整				（小写）¥5650000.00		

销售方	名称：哈尔滨冰花啤酒有限责任公司 纳税人识别号：237458159378789 地址、电话：哈尔滨南岗区人和路789号 0451-55667799 开户行及账号：工商银行南岗支行 012314725836907	备注	哈尔滨冰花啤酒有限责任公司 237458159378789 发票专用章

收款人：李梅　　复核：赵雪娇　　开票人：赵立兰　　销售方：（章）

税总函[2020]217号哈职教印刷厂有限公司

第一联：记账联　销售方记账凭证

凭证5-26（4）

哈尔滨冰花啤酒有限责任公司
销 售 单（代合同）

NO.20201202

地　　址：哈尔滨南岗区人和路789号
电　　话：0451-55667799
客户名称：牡丹江啤酒批发公司
地址电话：牡丹江市阳明街33号　　0453-65657711

日期：2020年12月07日

产品名称	单位	单价	数量	金额	税率	税额	价税合计
纯生瓶装啤酒	吨	5 000.00	600	3 000 000.00	13%	390 000.00	3 390 000.00
普通瓶装啤酒	吨	4 000.00	500	2 000 000.00	13%	260 000.00	2 260 000.00
合计	人民币大写	伍佰陆拾伍万圆整		5 000 000.00		650 000.00	5 650 000.00

会计：赵雪娇　　经办人：李江　　库管：赵立兰　　签收人：姜启明

凭证5-26（5）

商业承兑汇票

2

地HH　00661122

出票日期（大写）　贰零贰零年壹拾贰月零柒日

名01　22334466

出票人全称	牡丹江啤酒批发公司	收款人	全　称	哈尔滨冰花啤酒有限责任公司
出票人账号	043147258362553		账　号	012314725836907
付款行全称	中国工商银行牡丹江阳明支行		开户银行	中国工商银行哈尔滨市南岗支行
汇票金额	人民币（大写） 伍佰陆拾陆万圆整		仟 佰 十 万 仟 佰 十 元 角 分	¥ 5 6 6 0 0 0 0 0 0
汇票到期日（大写）	贰零贰壹年零贰月零柒日	付款行	行号	0453
承兑协议编号	20202002		地址	牡丹江阳明区33号

本汇票请你承兑，到期无条件付票款。

（印章：辉赵印立；哈尔滨冰花啤酒有限责任公司财务专用章）

出票人签章

本汇票已经承兑，到期日由本行付款

（印章：河赵印春；牡丹江啤酒批发公司财务专用章）

承兑行签章

承兑日期　　年　月　日

复核：

记账：

备　注：

凭证5-26（6）

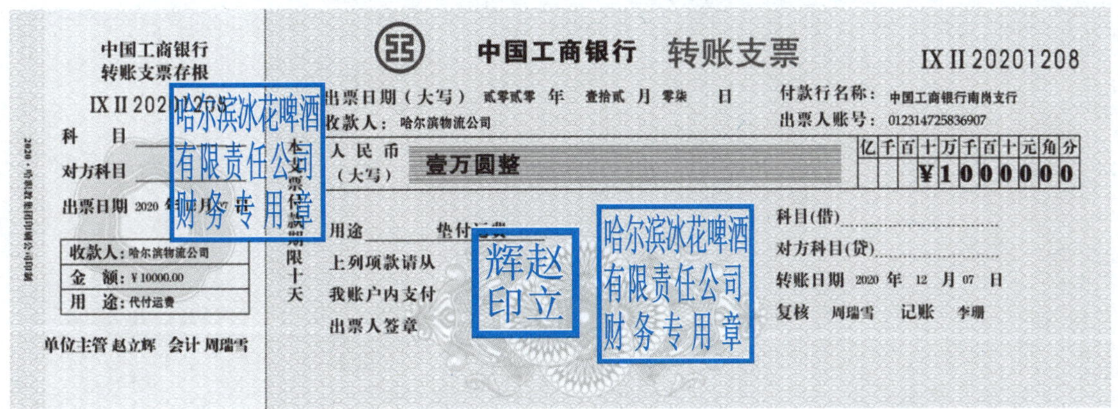

中国工商银行
转账支票存根
IX II 20201208
科　目
对方科目
出票日期 2020 年 12 月 07 日

收款人：哈尔滨物流公司
金　额：¥10000.00
用　途：代付运费

单位主管 赵立辉　会计 周瑞雪

中国工商银行　转账支票　IX II 20201208

出票日期（大写）贰零贰零 年 壹拾贰 月 零柒 日　付款行名称：中国工商银行南岗支行
收款人：哈尔滨物流公司　出票人账号：012314725836907

本支票付款期限十天

人民币（大写）	壹万圆整	亿	千	百	十	万	千	百	十	元	角	分
					¥	1	0	0	0	0	0	0

用途 垫付运费
上列款项请从
我账户内支付
出票人签章

科目(借)
对方科目(贷)
转账日期 2020 年 12 月 07 日
复核 周瑞雪　记账 李珊

哈尔滨冰花啤酒有限责任公司财务专用章
赵立辉印
哈尔滨冰花啤酒有限责任公司财务专用章

莱织华印刷有限公司 2011 年印制

附加信息：	被背书人	被背书人
	背书人签章 年　月　日	背书人签章 年　月　日

贴粘单处

根据《中华人民共和国票据法》等法律法规的规定，签发空头支票由中国人民银行处以票面金额 5% 但不低于 1 000 元的罚款。

凭证5-26（7）

运费垫支凭证

2020 年 12 月 07 日

收货单位	运单号	货物名称	发运数量（吨）	运费	保险费	其他	金额合计（元）	经办人
牡丹江啤酒批发公司	202012256	纯生瓶装啤酒 普通瓶装啤酒	1 100	8 000.00	1 500.00	500.00	10 000.00	李江
合计金额（大写）	壹万圆整							

制单人：赵大伟

凭证5-27

贴现凭证（收账通知）

2

2020 年 12 月 07 日　　第 1201 号

<table>
<tr><td rowspan="4">申请人</td><td>全　称</td><td>哈尔滨冰花啤酒有限责任公司</td><td rowspan="4">贴现汇票</td><td>种类及号码</td><td colspan="12">商业汇票　22334466</td></tr>
<tr><td>账　号</td><td>012314725836907</td><td>出票日期</td><td colspan="12">2020 年 12 月 7 日</td></tr>
<tr><td>申请地点</td><td>黑龙江 省 哈尔滨 市 / 县</td><td>到期日期</td><td colspan="12">2021 年 3 月 7 日</td></tr>
<tr><td>开户银行</td><td>中国工商银行哈尔滨南岗支行</td><td>贴现率</td><td colspan="12">12%</td></tr>
<tr><td colspan="2">汇票承兑人</td><td>牡丹江啤酒批发公司</td><td>账号</td><td>043147258360000</td><td colspan="2">开户行</td><td colspan="10">工商银行牡丹江市阳明支行</td></tr>
<tr><td colspan="2" rowspan="2">贴现金额</td><td rowspan="2">人民币（大写）</td><td colspan="2" rowspan="2">伍佰陆拾陆万圆整</td><td>亿</td><td>仟</td><td>佰</td><td>十</td><td>万</td><td>仟</td><td>佰</td><td>十</td><td>元</td><td>角</td><td>分</td></tr>
<tr><td></td><td>¥</td><td>5</td><td>6</td><td>6</td><td>0</td><td>0</td><td>0</td><td>0</td><td>0</td><td>0</td></tr>
<tr><td colspan="2" rowspan="2">贴现利息</td><td rowspan="2">人民币（大写）</td><td colspan="2" rowspan="2">壹拾陆万玖仟捌佰圆整</td><td>亿</td><td>仟</td><td>佰</td><td>十</td><td>万</td><td>仟</td><td>佰</td><td>十</td><td>元</td><td>角</td><td>分</td></tr>
<tr><td></td><td></td><td>¥</td><td>1</td><td>6</td><td>9</td><td>8</td><td>0</td><td>0</td><td>0</td><td>0</td></tr>
<tr><td colspan="2" rowspan="2">实付金额</td><td rowspan="2">人民币（大写）</td><td colspan="2" rowspan="2">伍佰肆拾玖万零贰佰圆整</td><td>亿</td><td>仟</td><td>佰</td><td>十</td><td>万</td><td>仟</td><td>佰</td><td>十</td><td>元</td><td>角</td><td>分</td></tr>
<tr><td></td><td>¥</td><td>5</td><td>4</td><td>9</td><td>0</td><td>2</td><td>0</td><td>0</td><td>0</td><td>0</td></tr>
<tr><td colspan="4">上述款项已存入你单位账户
银行盖章：</td><td colspan="13">备　注
中国工商银行 2020.12.07 南岗支行 转讫</td></tr>
</table>

此联贴现申请人的收账通知

凭证5-28（1）

生产领料单

领料用途：生产用　　　　　　　　　　　　　　出库编号：20201201
领料部门：酿造车间　　　　2020 年 12 月 08 日　　　　发料仓库：1 号库

材料编号	材料名称	规格	计量单位	数量		实际成本	
				请领	实领	单价	金额
0401	工作服		套	20	20	98.00	1 960.00
0402	工作鞋		双	20	20	75.00	1 500.00
0403	手套		付	20	20	2.00	40.00
合　计						—	3 500.00

部门负责人：张立军　　发料人：李东　　车间负责人：赵雪　　领料人：李伟

凭证5-28（2）

生产领料单

领料用途：生产用　　　　　　　　　　　　　　出库编号：20201202
领料部门：包装车间　　　　2020 年 12 月 08 日　　　　发料仓库：1 号库

材料编号	材料名称	规格	计量单位	数量		实际成本	
				请领	实领	单价	金额
0401	工作服		套	20	20	98.00	1 960.00
0402	工作鞋		双	20	20	75.00	1 500.00
0403	手套		付	20	20	2.00	40.00
合　计						—	3 500.00

部门负责人：张立军　　发料人：李东　　车间负责人：赵立春　　领料人：李伟

凭证5-28（3）

生产领料单

领料用途：生产用　　　　　　　　　　　　　　出库编号：20201203
领料部门：机修车间　　　　2020 年 12 月 08 日　　　　发料仓库：1 号库

材料编号	材料名称	规格	计量单位	数量		实际成本	
				请领	实领	单价	金额
0404	润滑油		千克	10	10	75.00	750.00
合　计						—	750.00

部门负责人：张立军　　发料人：李东　　车间负责人：钱生财　　领料人：刘运才

凭证5-28（4）

材料费用分配表

2020 年 12 月 08 日　　　　单位：元

应借科目	工作服	工作鞋	手套	润滑油	合计
制造费用——酿造车间	1 960.00	1 500.00	40.00		3 500.00
制造费用——包装车间	1 960.00	1 500.00	40.00		3 500.00
生产成本——辅助生产成本				750.00	750.00
合　计	3 920.00	3 000.00	80.00	750.00	7 750.00

财务主管：孙大可　　　　复核：周瑞雪　　　　制单：赵大伟

凭证5-29（1）

2300203130　　黑龙江增值税专用发票　　№ 02011213　　2300203130 02011213

此联不作报销、扣税凭证使用　　开票日期：2020年12月08日

购买方	名　　称：大庆啤酒批发公司 纳税人识别号：235678159379871 地址、电话：大庆市文华路33号 0459-65657712 开户行及账号：工商银行大庆文化支行 045947258365229	密码区	033+*7-*73*>2170608870>2/>09- 7/3/+/86<9><>990498/72132*7+ <>931329*894++897/8>+570*5-> >6<589/47*019>/306>26+006<89

货物或应税劳务、服务名称	规格型号	单位	数量	单价	金额	税率	税额
纯生瓶装啤酒		吨	400	5000.00	2000000.00	13%	260000.00
普通瓶装啤酒		吨	500	4000.00	2000000.00	13%	260000.00
合　计					¥4000000.00	13%	¥520000.00
价税合计（大写）	⊗ 肆佰伍拾贰万圆整				（小写）¥4520000.00		

销售方	名　　称：哈尔滨冰花啤酒有限责任公司 纳税人识别号：237458159378789 地址、电话：哈尔滨南岗区人和路789号 0451-55667799 开户行及账号：工商银行南岗支行 012314725836907	备注	

收款人：李梅　　复核：赵雪娇　　开票人：赵立兰　　销售方：（章）

第一联：记账联　销售方记账凭证

税总函〔2020〕217号哈尔滨印刷厂有限公司

凭证5-29（2）

哈尔滨冰花啤酒有限责任公司

销售单（代合同）

NO.20201203

地　　址：哈尔滨南岗区人和路 789 号

电　　话：0451-55667799

客户名称：大庆啤酒批发公司

地址电话：大庆市文化路 33 号　　　　0459-65657712　　　　日期：2020 年 12 月 08 日

产品名称	单位	单价	数量	金额	税率	税额	价税合计
纯生瓶装啤酒	吨	5 000.00	400	2 000 000.00	13%	260 000.00	2 260 000.00
普通瓶装啤酒	吨	4 000.00	500	2 000 000.00	13%	260 000.00	2 260 000.00
合计　人民币大写		肆佰伍拾贰万圆整		4 000 000.00		520 000.00	4 520 000.00

会计：赵雪娇　　经办人：李齐　　库管：赵立兰　　签收人：吴思达

凭证5-29（3）

中国工商银行 转账支票存根 IX II 20201209
科　目
对方科目
出票日期 2020 年 12 月 08 日
收款人：哈尔滨物流公司
金　额：¥25000.00
用　途：代付运费
单位主管 赵立辉　会计 周瑞雪

中国工商银行　转账支票　IX II 20201209

出票日期（大写）贰零贰零 年 壹拾贰 月 零捌 日　付款行名称：中国工商银行南岗支行

收款人：哈尔滨物流公司　出票人账号：012314725836907

人民币（大写）贰万伍仟圆整

亿	千	百	十	万	千	百	十	元	角	分
			¥	2	5	0	0	0	0	0

本支票付款期限十天

用途　垫付运费

上列项款请从

我账户内支付

出票人签章

哈尔滨冰花啤酒有限责任公司财务专用章

赵立辉印

科目(借)

对方科目(贷)

转账日期 2020 年 12 月 08 日

复核 周瑞雪　记账 李珊

2020 · 哈尔滨华印刷有限公司印制

附加信息：	被背书人	被背书人
	背书人签章 年　月　日	背书人签章 年　月　日

贴粘单处

根据《中华人民共和国票据法》等法律法规的规定，签发空头支票由中国人民银行处以票面金额5%但不低于1 000元的罚款。

莱织华印刷有限公司 2011 年印制

凭证5-29（4）

运费垫支凭证

2020 年 12 月 08 日

收货单位	运单号	货物名称	发运数量（吨）	运费	保险费	其他	金额合计（元）	经办人
大庆啤酒批发公司	202012257	纯生瓶装啤酒 普通瓶装啤酒	900	20 000.00	4 000.00	1 000.00	25 000.00	李齐
合计金额（大写）	贰万伍仟圆整							

制单人：赵大伟

凭证5-29（5）

付款报告书

部门：销售部　　　　2020 年 12 月 08 日　　　　付款编号：20201209

开支内容	结算金额	结算方式
垫付大庆啤酒批发公司运费	25 000.00	转账支票 1209
		转账付讫
合计金额（大写）	贰万伍仟圆整	

主管会计：周瑞雪　　单位负责人：李莉　　出纳：李梅　　经办人：赵雪娇

凭证5-29（6）

托收凭证（受理回单）

委托日期：2020 年 12 月 08 日

业务类型　委托收款（☐邮划、☐电划）　　托收承付（☐邮划、☑电划）

付款人 全称	大庆啤酒批发公司			收款人 全称	哈尔滨冰花啤酒有限责任公司		
账号	045947258365229			账号	012314725836907		
地址	黑龙江省大庆市	开户行	工商银行文化支行	地址	哈尔滨南岗区人和路 789 号	开户行	工商银行南岗支行

金额	千	百	十	万	千	百	十	元	角	分
人民币（大写）　肆佰伍拾肆万伍仟圆整	¥	4	5	4	5	0	0	0	0	0

款项内容	货款及运费货号 202012257	托收凭据名称	专用发票	附寄单证张数	4 张
商品发运情况	货物已发	合同名称号码	3665421		

备注： 复核　　记账	款项收妥日期 年　月　日	收款人开户银行签章 2020 年 12 月 08 日

中国工商银行哈尔滨南岗支行 汇票专用章 1234567.oom

中国工商银行 2020.12.08 南岗支行 转讫

此联作为收款人开户银行给收款人的受理回单

凭证5-29（7）

产品出库单

购货单位：大庆啤酒批发公司　　2020年12月08日　　出库编号：20201203

仓库	产品名称	单位	出库数量（吨）	单位成本（元）	总成本（元）	备注
2号库	纯生瓶装啤酒	吨	400			
2号库	普通瓶装啤酒	吨	500			
合　计			900			

库管员：赵丽兰　　销售员：李齐　　部门负责人：赵雪娇

课程思政

学习税收征管法，做好税款缴纳和宣传工作

凭证5-30（1）

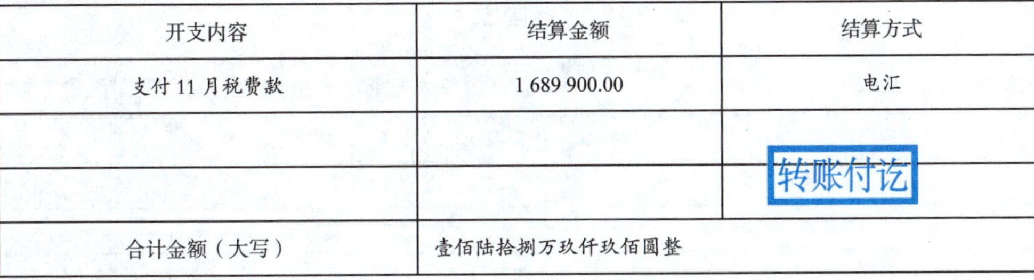

付款报告书

部门：销售部　　2020 年 12 月 09 日　　付款编号：20201210

开支内容	结算金额	结算方式
支付 11 月税费款	1 689 900.00	电汇
		转账付讫
合计金额（大写）	壹佰陆拾捌万玖仟玖佰圆整	

主管会计：周瑞雪　　单位负责人：孙大可　　出纳：李梅　　经办人：赵大伟

凭证5-30（2）

税务档案号码 0456078

中华人民共和国
税收通用缴款书
（202012）哈国缴

隶属关系：区　　注册类型：其他有限责任公司
填发日期：2020 年 12 月 09 日　　征收机关：国家税务总局哈尔滨市南岗区税务局

缴款单位			预算科目		
	代　码	237458159378789		编　码	101043901
	全　称	哈尔滨冰花啤酒有限责任公司		名　称	个人所得税
	开户银行	中国工商银行哈市南岗支行		级　次	中央 60% 省 40%
	账　号	012314725836907	收缴国库		国家金库哈尔滨南岗区支库
税款所属时期　2020 年 11 月 01 日至 11 月 30 日			税款限缴日期　2020 年 12 月 27 日		

品目名称	课税数量	计税金额或销售收入	税率或单位税额	已缴或扣除额	实缴金额：亿	千	百	十	万	千	百	十	元	角	分
个人所得税	195	1 685 000.00								3	5	0	0	0	0
金额合计	（大写）叁仟伍佰圆整								¥	3	5	0	0	0	0

缴款单位（人）（盖章）	税务机关（盖章）	上列款项已收妥并划转收款单位账户	备注：一般申报，正常缴纳
哈尔滨冰花啤酒有限责任公司财务专用章 经办人（章）李梅	国家税务总局哈尔滨市南岗区税务局征税专用章 填票人（章）	中国工商银行 2020.12.09 南岗支行 转讫 国库（银行）盖章　年　月　日	

国家税务局票据监制章

凭证5-30（3）

税务档案号码 0456078

中华人民共和国
税收通用缴款书
（202012）哈国缴

隶属关系：区　　注册类型：其他有限责任公司
填发日期：2020 年 12 月 09 日　　征收机关：国家税务总局哈尔滨市南岗区税务局

缴款单位	代码	237458159378789	预算科目	编码	101043901
	全称	哈尔滨冰花啤酒有限责任公司		名称	所得税
	开户银行	中国工商银行哈市南岗支行		级次	中央 60% 省 20% 市 20%
	账号	012314725836907	收缴国库		国家金库哈尔滨南岗区支库
税款所属时期	2020 年 11 月 01 日至 11 月 30 日		税款限缴日期	2020 年 12 月 10 日	

品目名称	课税数量	计税金额或销售收入	税率或单位税额	已缴或扣除额	实缴金额：亿	千	百	十	万	千	百	十	元	角	分
企业所得税	所得额	2 400 000.00	25%					6	0	0	0	0	0	0	0
金额合计	（大写）陆拾万圆整						¥	6	0	0	0	0	0	0	0

缴款单位（人）（盖章）	税务机关（盖章）	上列款项已收妥并划转收款单位账户	备注：一般申报，正常缴纳
哈尔滨冰花啤酒有限责任公司财务专用章 经办人（章）李梅	国家税务总局哈尔滨市南岗区税务局征税专用章 填票人（章）李可	中国工商银行 2020.12.09 南岗支行 转讫 国库（银行）盖章　年　月　日	

凭证5-30（4）

税务档案号码 0456078

中华人民共和国
税收通用缴款书
（202012）哈国缴

隶属关系：区　　　　注册类型：其他有限责任公司
填发日期：2020 年 12 月 09 日　　　　征收机关：国家税务总局哈尔滨市南岗区税务局

<table>
<tr><td rowspan="4">缴款单位</td><td>代　码</td><td colspan="3">237458159378789</td><td rowspan="3">预算科目</td><td colspan="2">编　码</td><td colspan="7">101043901</td></tr>
<tr><td>全　称</td><td colspan="3">哈尔滨冰花啤酒有限责任公司</td><td colspan="2">名　称</td><td colspan="7">城市维护建设税及教育费附加</td></tr>
<tr><td>开户银行</td><td colspan="3">中国工商银行哈市南岗支行</td><td colspan="2">级　次</td><td colspan="7">市 60% 区 40%</td></tr>
<tr><td>账　号</td><td colspan="3">012314725836907</td><td colspan="3">收缴国库</td><td colspan="7">国家金库哈尔滨南岗区支库</td></tr>
<tr><td colspan="5">税款所属时期　2020 年 11 月 01 日至 11 月 30 日</td><td colspan="10">税款限缴日期　2020 年 12 月 10 日</td></tr>
<tr><td rowspan="2">品目名称</td><td rowspan="2">课税数量</td><td rowspan="2">计税金额或销售收入</td><td rowspan="2">税率或单位税额</td><td rowspan="2">已缴或扣除额</td><td colspan="11">实缴金额</td></tr>
<tr><td>亿</td><td>千</td><td>百</td><td>十</td><td>万</td><td>千</td><td>百</td><td>十</td><td>元</td><td>角</td><td>分</td></tr>
<tr><td>教育费附加</td><td>增值税</td><td>970 000.00</td><td>3%</td><td></td><td></td><td></td><td></td><td></td><td>2</td><td>9</td><td>1</td><td>0</td><td>0</td><td>0</td><td>0</td></tr>
<tr><td>地方教育费附加</td><td>增值税</td><td>970 000.00</td><td>2%</td><td></td><td></td><td></td><td></td><td></td><td>1</td><td>9</td><td>4</td><td>0</td><td>0</td><td>0</td><td>0</td></tr>
<tr><td>金额合计</td><td colspan="4">（大写）肆万捌仟伍佰圆整</td><td></td><td></td><td></td><td>¥</td><td>4</td><td>8</td><td>5</td><td>0</td><td>0</td><td>0</td><td>0</td></tr>
<tr><td colspan="2">缴款单位（人）（盖章）
哈尔滨冰花啤酒有限责任公司财务专用章
经办人（章）李梅</td><td colspan="2">税务机关（盖章）
国家税务总局哈尔滨市南岗区税务局 征税专用章
填票人（章）李丁</td><td colspan="6">上列款项已收妥并划转收款单位账户
中国工商银行 2020.12.09 南岗支行 转讫
国库（银行）盖章　年　月　日</td><td colspan="6">备注：一般申报，正常缴纳</td></tr>
</table>

凭证5-30（5）

税务档案号码 0456078

中华人民共和国
税收通用缴款书

（202012）哈国缴

隶属关系：区　　　　注册类型：其他有限责任公司

填发日期：2020 年 12 月 09 日　　　　征收机关：国家税务总局哈尔滨市南岗区税务局

缴款单位	代码	237458159378789	预算科目	编码	101043901
	全称	哈尔滨冰花啤酒有限责任公司		名称	城市维护建设税及教育费附加
	开户银行	中国工商银行哈市南岗支行		级次	市 60% 区 40%
	账号	012314725836907		收缴国库	国家金库哈尔滨南岗区支库
税款所属时期 2020 年 11 月 01 日至 11 月 30 日			税款限缴日期 2020 年 12 月 10 日		

品目名称	课税数量	计税金额或销售收入	税率或单位税额	已缴或扣除额	实缴金额 亿	千	百	十	万	千	百	十	元	角	分
城建	增值税	970 000.00	7%						6	7	9	0	0	0	0
金额合计	（大写）陆万柒仟玖佰圆整							¥	6	7	9	0	0	0	0

缴款单位（人）（盖章）	税务机关（盖章）	上列款项已收妥并划转收款单位账户	备注：一般申报，正常缴纳
哈尔滨冰花啤酒有限责任公司财务专用章 经办人（章）李梅	国家税务总局哈尔滨市南岗区税务局 征税专用章 填票人（章）李可	中国工商银行 2020.12.09 南岗支行 转讫 国库（银行）盖章　年　月　日	

凭证5-30（6）

税务档案号码 0456078

中华人民共和国
税收通用缴款书

（202012）哈国缴

隶属关系：区　　　　　　　　　　　　　　注册类型：其他有限责任公司

填发日期：2020 年 12 月 09 日　　　　　征收机关：国家税务总局哈尔滨市南岗区税务局

缴款单位	代码	237458159378789	预算科目	编码	101043901
	全称	哈尔滨冰花啤酒有限责任公司		名称	消费税
	开户银行	中国工商银行哈市南岗支行		级次	中央 100%
	账号	012314725836907	收缴国库		国家金库哈尔滨南岗区支库
税款所属时期　2020 年 11 月 01 日至 11 月 30 日			税款限缴日期　2020 年 12 月 10 日		

品目名称	课税数量	计税金额或销售收入	税率或单位税额	已缴或扣除额	实缴金额 亿	千	百	十	万	千	百	十	元	角	分
消费税	销售量	1 000 吨	250					2	5	0	0	0	0	0	0
		1 000 吨	220					2	2	0	0	0	0	0	0
金额合计	（大写）肆拾柒万圆整						¥	4	7	0	0	0	0	0	0

缴款单位（人）（盖章）	税务机关（盖章）	上列款项已收妥并划转收款单位账户	备注：一般申报，正常缴纳
哈尔滨冰花啤酒有限责任公司财务专用章	国家税务总局哈尔滨市南岗区税务局 征税专用章	中国工商银行 2020.12.09 南岗支行 转讫	
经办人（章）李梅	填票人（章）李丁	国库（银行）盖章　年　月　日	

凭证5-30（7）

税务档案号码 0456078

中华人民共和国
税收通用缴款书
（202012）哈国缴

隶属关系：区　　　　　　　　　　　　　　　　注册类型：其他有限责任公司
填发日期：2020 年 12 月 09 日　　　　　　　　　征收机关：国家税务总局哈尔滨市南岗区税务局

缴款单位	代码	237458159378789	预算科目	编码	101043901
	全称	哈尔滨冰花啤酒有限责任公司		名称	增值税
	开户银行	中国工商银行哈市南岗支行		级次	中央 75% 省 12.5% 市 12.5%
	账号	012314725836907	收缴国库		国家金库哈尔滨南岗区支库
税款所属时期	2020 年 11 月 01 日至 11 月 30 日		税款限缴日期		2020 年 12 月 10 日

品目名称	课税数量	计税金额或销售收入	税率或单位税额	已缴或扣除额	实缴金额										
					亿	千	百	十	万	千	百	十	元	角	分
增值税	销售额	5 000 000.00	13%					5	0	0	0	0	0	0	0
金额合计	（大写）伍拾万圆整						¥	5	0	0	0	0	0	0	0

缴款单位（人）（盖章）	税务机关（盖章）	上列款项已收妥并划转收款单位账户	备注：一般申报，正常缴纳
哈尔滨冰花啤酒有限责任公司财务专用章	国家税务总局哈尔滨市南岗区税务局 征税专用章	中国工商银行 2020.12.09 南岗支行 转讫	
经办人（章）李梅	填票人（章）李可	国库（银行）盖章　年　月　日	

凭证5-31（1）

2020 年 11 月职工工资发放明细表

部门	职工编号	职工姓名	实发工资
董事会	0101	赵立辉	12 000.00
经理室	0201	孙伟	10 000.00
经理室	0202	陈强	9 000.00
财务部	0301	孙大可	8 000.00
财务部	0302	李梅	6 000.00
销售部	0701	赵雪娇	8 000.00
销售部	0702	赵立兰	6 000.00
行政部	1001	王一春	8 000.00
行政部	1002	王开放	6 000.00
	……		
合　计			1 550 000.00

哈尔滨冰花啤酒有限责任公司财务专用章

制表人：赵大伟　　部门负责人：孙大可　　经办人：李梅

凭证5-31（2）

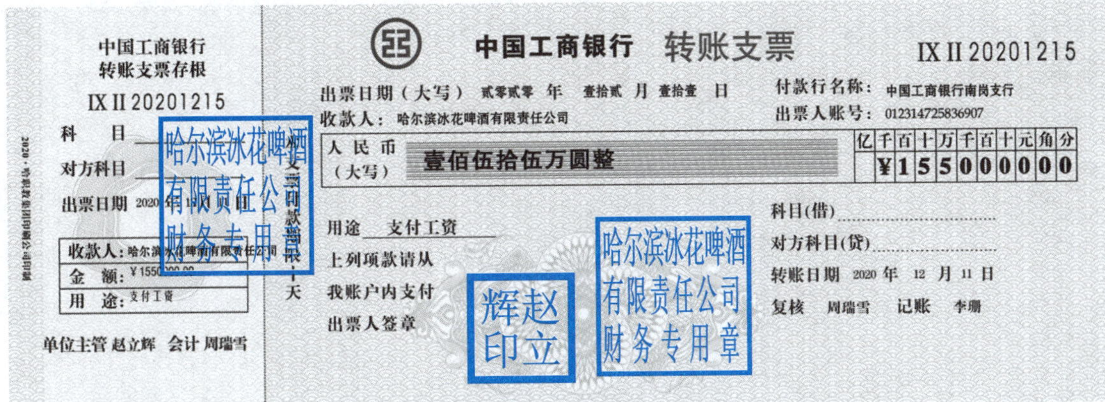

中国工商银行
转账支票存根
IX II 20201215
科　目
对方科目
出票日期 2020 年 12 月 11 日
收款人：哈尔滨冰花啤酒有限责任公司
金　额：¥1550000.00
用　途：支付工资
单位主管 赵立辉　会计 周瑞雪

中国工商银行　转账支票　IX II 20201215
出票日期（大写）贰零贰零 年 壹拾贰 月 壹拾壹 日　付款行名称：中国工商银行南岗支行
收款人：哈尔滨冰花啤酒有限责任公司　出票人账号：012314725836907
人民币（大写）壹佰伍拾伍万圆整　¥155000000
用途 支付工资
上列款项请从
我账户内支付
出票人签章
科目(借)
对方科目(贷)
转账日期 2020 年 12 月 11 日
复核 周瑞雪　记账 李珊

哈尔滨冰花啤酒有限责任公司财务专用章　赵立辉印

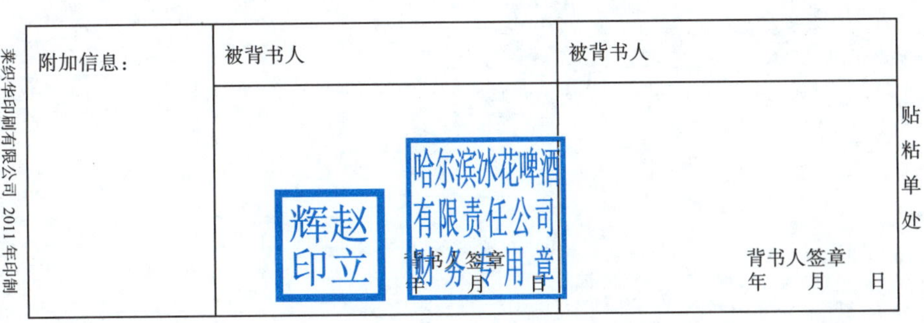

附加信息：
被背书人　　被背书人
背书人签章　年　月　日
背书人签章　年　月　日
贴粘单处

哈尔滨冰花啤酒有限责任公司财务专用章　赵立辉印

根据《中华人民共和国票据法》等法律法规的规定，签发空头支票由中国人民银行处以票面金额 5% 但不低于 1 000 元的罚款。

凭证5-31（3）

付款报告书

部门：财务部　　　　2020 年 12 月 11 日　　　　付款编号：20201211

开支内容	结算金额	结算方式
支付 11 月份工资	1 550 000.00	转账支票 1210
		转账付讫
合计金额（大写）	壹佰伍拾伍万圆整	

主管会计：周瑞雪　　单位负责人：孙伟　　出纳：李梅　　经办人：李美

凭证5-32（1）

住房公积金缴存回单

哈尔滨住房公积金管理中心　　2020 年 12 月 11 日　　No 0011093 分 0011

缴存单位	单位全称	哈尔滨冰花啤酒有限责任公司	收款单位	单位全称	哈尔滨市住房公积金管理中心
	付款账号	012314725836907		收款账号	601902017009666
	开户银行	中国工商银行哈市南岗支行		经办银行	中国建设银行哈尔滨南岗支行

汇（补）缴金额 大写 贰拾肆万捌仟圆整	千	百	十	万	千	百	十	元	角	分
		¥	2	4	8	0	0	0	0	0

汇（补）缴凭证号	本月实缴金额	上月暂存款金额	本月实缴金额	本月暂存款金额
委托收款结算凭证 202011	248 000.00	0.00	248 000.00	0.00
单位公积金账号	2056800007000			

摘要：汇缴 2020 年 11 月份，人数 400 人 单位汇缴款：124 000.00 元 个人汇缴款：124 000.00 元	上述款项已转入你单位个人公积金账户。 （印章：哈尔滨市住房公积金管理中心 2020.12.1 特约委托业务专用章）

凭证5-32（2）

住房公积金补缴清册

单位账号： 2056800007000

单位全称： 公章　　补缴 2020 年 11 月至 2020 年 11 月　　共 8 页　　第 8 页

序号	姓名	个人账号												金额	备注
301	张[illegible]	8	0	1	0	7	0	0	0	1	1			1 350.00	单位和个人缴存比例各为 50%
302	李东	8	0	1	0	7	0	0	0	1	2			1 200.00	
303	李荣	8	0	1	0	7	0	0	0	1	3			1 100.00	
304	王海	8	0	1	0	7	0	0	0	1	4			1 000.00	
305	朱能	8	0	1	0	7	0	0	0	1	5			950.00	
306	刘权	8	0	1	0	7	0	0	0	1	6			950.00	
小计														50 000.00	
合计														248 000.00	

（印章：哈尔滨冰花啤酒有限公司 财务专用章）

注：其余三张住房公积金补缴清册略。

凭证5-32（3）

付款报告书

部门：财务部　　2020 年 12 月 11 日　　付款编号：20201212

开支内容	结算金额	结算方式
支付 11 月份住房公积金	248 000.00	划转
		转账付讫
合计金额（大写）	贰拾肆万捌仟圆整	

主管会计：周瑞雪　　单位负责人：孙伟　　出纳：李梅　　经办人：赵大伟

凭证5-33（1）

黑龙江省社会保险费票据

2020 年 12 月 11 日　　　　NO331801768155

缴费单位或缴费人	全 称	哈尔滨冰花啤酒有限责任公司	单位代码	237458159378789
	开户行	中国工商银行哈尔滨市南岗支行	行 号	04511
	账 号	012314725836907		
缴费金额		人民币（大写）壹拾捌万陆仟贰佰伍拾圆整　　¥186 250.00		
缴费日期		2020 年 11 月 至 2020 年 11 月		
缴费项目 险种：医疗保险　　滞纳金：0.00 元 单位缴纳：147 250.00 元 个人缴纳：31 000.00 元 大病保险：8 000.00 元			备注 补打：中间业务流水号 765540 打印日期 2020.12.11	

第一联 收据

收款单位（盖章）：　　收款人：　　（微机专用手写无效）

凭证5-33（2）

黑龙江省社会保险费票据

2020 年 12 月 11 日　　　　NO331801768154

缴费单位或缴费人	全 称	哈尔滨冰花啤酒有限责任公司	单位代码	237458159378789
	开户行	中国工商银行哈尔滨市南岗支行	行 号	04511
	账 号	012314725836907		
缴费金额		人民币（大写）柒仟柒佰伍拾圆整　　¥7 750.00		
缴费日期		2020 年 11 月 至 2020 年 11 月		
缴费项目 险种：工伤保险　　滞纳金：0.00 元 单位缴纳：7 750.00 元 个人缴纳：0.00			备注 补打：中间业务流水号 765540 打印日期 2020.12.11	

第一联 收据

收款单位（盖章）：　　收款人：　　（微机专用手写无效）

凭证5-33（3）

黑龙江省社会保险费票据

2020 年 12 月 11 日　　　　NO331801768154

缴费单位或缴费人	全 称	哈尔滨冰花啤酒有限责任公司	单位代码	237458159378789
	开户行	中国工商银行哈尔滨市南岗支行	行 号	04511
	账 号	012314725836907		
缴费金额		人民币（大写）肆万陆仟伍佰圆整　　¥46 500.00		
缴费日期		2020 年 11 月 至 2020 年 11 月		
缴费项目 险种：失业保险　　滞纳金：0.00 元 单位缴纳：31 000.00 元 个人缴纳：15 500.00			备注 补打：中间业务流水号 765540 打印日期 2020.12.11	

第一联 收据

收款单位（盖章）：　　收款人：　　（微机专用手写无效）

凭证5-33（4）

黑龙江省社会保险费票据

2020年12月11日　　NO331801768154

缴费单位或缴费人	全　称	哈尔滨冰花啤酒有限责任公司	单位代码	237458159378789
	开户行	中国工商银行哈尔滨市南岗支行	行　号	04511
	账　号	012314725836907		
缴费金额		人民币（大写）肆拾肆万玖仟伍佰圆整		￥449 500.00
缴费日期		2020年11月　至　2020年11月		
缴费项目 险种：养老保险　　滞纳金：0.00元 单位缴纳：325 500.00元 个人缴纳：124 000.00			备注 补打：中间业务流水号765540 打印日期2020.12.11	

第一联　收据

收款单位（盖章）：　　收款人：　　（微机专用手写无效）

凭证5-33（5）

付款报告书

部门：财务部　　2020年12月11日　　付款编号：20201213

开支内容	结算金额	结算方式
支付11月份社会保险	690 000.00	划转
		转账付讫
合计金额（大写）	陆拾玖万圆整	

主管会计：周瑞雪　　单位负责人：孙伟　　出纳：李梅　　经办人：赵大伟

凭证5-34（1）

黑龙江省非税收入一般缴款书（收据）4

征收日期：2020年12月11日
执收单位名称：哈尔滨市社会保险基金管理中心　　　　N0 00691575
组织机构代码　202000101-7

付款人	全　称	哈尔滨冰花啤酒有限责任公司	收款人	全　称	哈市南岗区税务局
	开户行	中国工商银行哈尔滨市南岗支行		开户行	中国银行南岗支行
	账　号	012314725836907		账　号	012314725800900
金额（大写）叁万壹仟圆整			（小写）¥31 000.00		

项目编码	收入项目名称	单　位	数量	收费标准	金额
88060003	工会经费		1 550 000.00	2%	31 000.00
执收执罚单位（盖章）	经办人盖章		备注		

（印章：哈尔滨市社会保险基金管理中心 2020.12.11 授理凭证专用章）

第四联执收执罚单位给缴款人的收据

凭证5-34（2）

付款报告书

部门：财务部　　　　2020年12月11日　　　　付款编号：20201214

开支内容	结算金额	结算方式
支付11月份工会经费	31 000.00	划转
合计金额（大写）	叁万壹仟圆整	

（印章：转账付讫）

主管会计：周瑞雪　　单位负责人：孙伟　　出纳：李梅　　经办人：赵大伟

凭证5-35（1）

中国工商银行贷款申请书

申请人全称	哈尔滨冰花啤酒有限责任公司	法定代表人	赵立辉
住　所	哈尔滨市南岗区人和路 789 号	联系电话	0451-55667799
资产总额	208 888 700.00 元	所有者权益	164 297 950.00 元
资产负债率	21.39%	净利润	60 000 000.00 元
基本存款账户开户行及账号	中国工商银行哈尔滨市南岗支行 012314725836907		
在工商行开立何种账户和账号	无		
借款卡号	9558812345678900112	信用等级	A 级
借款用途	购原材料	信用期限	半年
借款金额	人民币（大写）壹佰万圆整		

还款资金来源		还款方式		
	销售收入		购贷销还	√
	/		一次性偿还	√
	/		分次性偿还	

用款计划	日　期	金　额	还款方式	日　期	金　额
	2020 年 12 月	1 000 000.00		2021 年 6 月	1 000 000.00
	年　月			年　月	
	年　月			年　月	
	年　月			年　月	

借款方式	信用	√	保证	/	抵押	/	质押	/

担保情况						
	法定代表人		担保人全称		联系电话	
	担保物名称		住　所			
	法定代表人		担保人全称		联系电话	
	担保物名称		住　所			
	法定代表人		担保人全称		联系电话	
	担保物名称		住　所			

申请人（公章）	担保人意见：	银行受理意见：
哈尔滨冰花啤酒有限公司 单位公章	同　意 哈尔滨信托总公司 合同专用章	同　意 工商银行哈尔滨南岗支行 贷款专用章
法定代表人（主要负责人） 或授权代理人　赵立辉印	担保人（公章） 法定代表人（主要负责人） 或授权代理人　李玉刚印	开户行负责人　王玉辉印
2020 年 12 月 8 日	2020 年 12 月 10 日	2020 年 12 月 12 日

凭证5-35（2）

流动资金借款合同

立合同单位：

中国工商银行哈尔滨南岗支行（以下称贷款方）

哈尔滨冰花啤酒有限责任公司（以下称借款方）

哈尔滨信托总公司（以称简称担保方）

为明确责任，恪守信用，特签订本合同，共同信守

一、贷款种类：流动资金周转贷款。

二、借款金额（大写）：壹佰万圆整。

三、借款用途：用于购买生产啤酒的原材料啤酒花（哈尔滨啤酒物资供应公司）。

四、借款利率：借款利率为月息5‰，按季收息，利随本清。如遇国家调整利率，按调整后的规定计算。

五、借款期限：借款时间自二〇二〇年十二月十二日，至二〇二一年六月十一日止。借款实际发放和期限以贷款收款凭证为据一次发放和收回。

六、还款资金来源及还款方式：

1. 还款资金来源：销售货款。

2. 还款方式：到期前一次偿还。

七、保证条款：

借款方请哈尔滨信托总公司作为自己的借款保证方，经贷款审查，证实保证方具有担保资格和足够代偿借款的能力。保证方有权检查和督促借款方履行合同。当借款方不履行合同时，由保证方连带承担偿还借款本息的责任。必要时，贷款方可以从保证方的存款账户内扣收贷款本息。

八、违约责任：

1. 签订本合同后，贷款方应在借款方提出借据10日内（假日顺延）将贷款放出，转入借款方账户。如贷款方未按期发放贷款，应按违约数额和延期天数的贷款利息的20%向借款方偿付违约金。

2. 借款方如不按合同规定的用途使用借款，贷款方有权收回部分或全部贷款。对违约使用部分，按银行规定加收罚息。借款方如在使用借款中造成物资积压或损失浪费，或进行非法经营，贷款方不负任何责任，并有权按银行规定加收罚息或从存款账户中扣收贷款本息。如借款方有意转移并违约使用资金，贷款方有权商请其他开户行代为扣款清偿。

3. 借款方应按合同规定的时间还款。如借款方需要将借款展期，应在借款到期前五日内向银行提出申请，有保证方的，还应由保证方签署同意延长担保期限，经贷款方审查同意后办理展期手续。如借款方不按期偿还借款，贷款方有权限期追回贷款，并按银行规定加收逾期利息和罚息。如企业经营不善发生亏损或虚盈实亏，危及贷款安全时，贷款方有权提前收回贷款。

九、其他：

除因《借款合同条例》规定允许变更或解除合同的情况外，任何一方当事人不得擅自变更或解除合同。当事人一方依据《借款合同条例》要求变更或解除合同时，应及时采用书面形式通知其他当事人，并达成书面协议。本合同变更或解除后，借款方占用的借款和应付的利息，仍应按本合同的规定偿付。

合同的附件：税务登记证、资产评估报告、报表等。

本合同经各方签字后生效，贷款本息全部清偿后自动失效。

本合同正本一式三份。贷款方、借款方、保证方各执一份；合同副本三份，报送中国工商银行哈尔滨分行、哈尔滨市工商局和公证处各留存一份。

贷款方：（公章）　　　　　　　　　　借款方：（公章）

法人代表：（盖章）　　　　　　　　　法人代表：（盖章）

辉赵
印立

刚李
印玉

保证方：（公章）

法人代表　　　（盖章）

开户银行和帐号：中国工商银行哈尔滨南岗支行 012314725877777

2020年12月12日

凭证5-35（3）

贷款凭证（收款通知）

3

2020 年 12 月 12 日

贷款单位	哈尔滨冰花啤酒有限责任公司	种类	短期	贷款账号	012314725836907									
金　额	人民币（大写）壹佰万圆整			千	百	十	万	千	百	十	元	角	分	分
					1	0	0	0	0	0	0	0	0	0
用　途	流动资金周转借款	单位申请期限		自 2020 年 12 月 12 日至 2021 年 6 月 11 日										
		银行核定期限		自 2020 年 12 月 12 日至 2021 年 6 月 11 日										
上述款项已核准发放，并划入你单位账号。年利率 6% 银行盖章 年　月　日				单位会计分录 收入 付出 复核　记账 主管　会计 （印章：中国工商银行 2020.12.12 南岗支行 转讫）										

凭证5-36（1）

付款报告书

部门：财务部　　　　2020 年 12 月 13 日　　　　付款编号：20201215

开支内容	结算金额	结算方式
偿还短期借款本金及利息	5 105 600.00	划转
		转账付讫
合计金额（大写）	伍佰壹拾万伍仟陆佰圆整	

主管会计：周瑞雪　　单位负责人：孙大可　　出纳：李梅　　经办人：赵大伟

凭证5-36（2）

短期借款利息费用计算表

2020 年 12 月 13 日　　　　单位：元

贷款银行	贷款种类	借款金额	年利率	本月应计利息额
中国工商银行哈尔滨南岗支行	流动资金周转借款	5 000 000.00	4.224%	17 600.00
备注：计息日自 2020.06.13 至 2020.12.13　　采用按月预提，半年支付方式。				

主管会计：周瑞雪　　制表：赵大伟

凭证5-36（3）

计收利息清单（付款通知）

2020 年 12 月 13 日

单位名称	哈尔滨冰花啤酒有限责任公司	账　号	012314725836907	
贷款金额	5 000 000.00	计息起讫日期	2020.06.13—2020.12.13	
计息总计数	—	利率（年）	4.224%	
利息金额	人民币（大写）壹拾万零伍仟陆佰圆整	￥105 600.00		

你单位上述应偿还利息已从你单位账户划出。
此致

中国工商银行 2020.12.13 南岗支行 转讫

借款单位　　（银行盖章）　　复核：　　记账：

凭证5-36（4）

中国工商银行 INDUSTRIAL AND COMMERCIAL BANK OF CHINA

流动资金还款凭证（回 单）

2020年12月12日

<table>
<tr><td rowspan="3">借款单位</td><td>全　称</td><td>哈尔滨冰花啤酒有限责任公司</td><td rowspan="3">收款单位</td><td>全　称</td><td colspan="10">中国工商银行哈尔滨南岗支行</td></tr>
<tr><td>账　号</td><td>012314725836907</td><td>账　号</td><td colspan="10">012314725811111</td></tr>
<tr><td>开户银行</td><td>中国工商银行哈尔滨南岗支行</td><td>开户银行</td><td colspan="10">中国工商银行哈尔滨南岗支行</td></tr>
<tr><td colspan="2">计划还款期限</td><td>2020年12月12日</td><td colspan="2">还款次序</td><td colspan="10">第　次还款</td></tr>
<tr><td colspan="2" rowspan="2">借款金额</td><td colspan="3" rowspan="2">人民币（大写）伍佰万圆整</td><td>千</td><td>百</td><td>十</td><td>万</td><td>千</td><td>百</td><td>十</td><td>元</td><td>角</td><td>分</td></tr>
<tr><td>¥</td><td>5</td><td>0</td><td>0</td><td>0</td><td>0</td><td>0</td><td>0</td><td>0</td><td>0</td></tr>
<tr><td colspan="2">还款内容</td><td colspan="13">归还六个月流动资金短期借款本金</td></tr>
<tr><td colspan="3">备注：
借款合同编号 9558812345678900 11201</td><td colspan="12">上述款项已从你单位往来账户内转还

中国工商银行 2020.12.12 南岗支行 转讫

银行盖章　2020年12月12日</td></tr>
</table>

凭证5-37（1）

计收利息清单（付款通知）

2020年12月13日

单位名称	哈尔滨冰花啤酒有限责任公司	账　号	012314725836907	
贷款金额	20 000 000.00	计息起讫日期	2019.12.13—2020.12.12	
计息总计数	—	利率（年）	5.4%	
利息金额	人民币（大写）壹佰零捌万圆整		¥1 080 000.00	

你单位上述应偿还利息已从你单位账户划出。
此致

借款单位　　（银行盖章）　　复核：　　记账：

（印章：中国工商银行 2020.12.13 南岗支行 转讫）

凭证5-37（2）

长期借款利息费用计算表

2020年12月13日　　单位：元

贷款银行	贷款种类	借款金额	年利率	本月应计利息额
中国工商银行哈尔滨南岗支行	厂房建设借款	20 000 000.00	5.4%	90 000.00
备注：计息日：2019.12.12 — 2020.12.11。采用按月预提，年末支付方式。厂房建造已完工。				

主管会计：周瑞雪　　制表：赵大伟

凭证5-37（3）

付款报告书

部门：财务部　　2020年12月13日　　付款编号：20201216

开支内容	结算金额	结算方式
偿还长期借款利息	1 080 000.00	划转
合计金额（大写）	壹佰零捌万圆整	

（印章：转账付讫）

主管会计：周瑞雪　　单位负责人：孙大可　　出纳：李梅　　经办人：赵大伟

凭证5-38（1）

借 款 合 同

立合同单位：

中国工商银行哈尔滨南岗支行（以下称贷款方）

哈尔滨冰花啤酒有限责任公司（以下称借款方）

哈尔滨信托总公司（以称简称担保方）

为明确责任，恪守信用，特签订本合同，共同信守

一、贷款种类：长期贷款。

二、借款金额（大写）：伍佰万圆整。

三、借款用途：用于厂房维修与改造。

四、借款利率：借款利率为月息 0.6% 按年收息。如遇国家调整利率，按调整后的规定计算。

五、借款期限：借款时间自二〇二〇年十二月十二日，至二〇二二年十二月十一日止。借款实际发放和期限以贷款收款凭证为据一次发放和收回。

六、还款资金来源及还款方式：

1. 还款资金来源：销售货款。

2. 还款方式：到期前一次偿还。

七、保证条款：

借款方请哈尔滨信托总公司作为自己的借款保证方，经贷款审查，证实保证方具有担保资格和足够代偿借款的能力。保证方有权检查和督促借款方履行合同。当借款方不履行合同时，由保证方连带承担偿还借款本息的责任。必要时，贷款方可以从保证方的存款账户内扣收贷款本息。

八、违约责任：

1. 签订本合同后，贷款方应在借款方提出借据 10 日内（假日顺延）将贷款放出，转入借款方账户。如贷款方未按期发放贷款，应按违约数额和延期天数的贷款利息的 20% 向借款方偿付违约金。

2. 借款方如不按合同规定的用途使用借款，贷款方有权收回部分或全部贷款。对违约使用部分，按银行规定加收罚息。借款方如在使用借款中造成物资积压或损失浪费，或进行非法经营，贷款方不负任何责任，并有权按银行规定加收罚息或从存款账户中扣收贷款本息。如借款方有意转移并违约使用资金，贷款方有权商请其他开户行代为扣款清偿。

3. 借款方应按合同规定的时间还款。如借款方需要将借款展期，应在借款到期前五日内向银行提出申请，有保证方的，还应由保证方签署同意延长担保期限，经贷款方审查同意后办理展期手续。如借款方不按期偿还借款，贷款方有权限期追回贷款，并按银行规定加收逾期利息和罚息。如企业经营不善发生亏损或虚盈实亏，危及贷款安全时，贷款方有权提前收回贷款。

九、其他：

除因《借款合同条例》规定允许变更或解除合同的情况外，任何一方当事人不得擅自变更或解除合同。当事人一方依据《借款合同条例》要求变更或解除合同时，应及时采用书面形式通知其他当事人，并达成书面协议。本合同变更或解除后，借款方占用的借款和应付的利息，仍应按本合同的规定偿付。

合同的附件：税务登记证、资产评估报告、报表等。

本合同经各方签字后生效，贷款本息全部清偿后自动失效。

本合同正本一式三份。贷款方、借款方、保证方各执一份；合同副本一份，报送中国工商银行哈尔滨分行、哈尔滨市工商局和公证处各留存一份。

贷款方：（公章） 借款方：（公章）

法人代表：（盖章） 法人代表：（盖章）

哈尔滨冰花啤酒有限责任公司 合同专用章　　赵立辉印　　中国工商银行哈尔滨南岗支行 贷款专用章

王玉辉印

哈尔滨信托总公司 合同专用章　　李玉刚印

保证方：（公章）

法人代表：（盖章）

开户银行和账号：中国工商银行哈尔滨南岗支行 012314725877777

2020 年 12 月 13 日

凭证5-38（2）

中国工商银行贷款申请书

<table>
<tr><td>申请人全称</td><td colspan="3">哈尔滨冰花啤酒有限责任公司</td><td colspan="2">法定代表人</td><td colspan="3">赵立辉</td></tr>
<tr><td>住　　所</td><td colspan="3">哈尔滨市南岗区人和路 789 号</td><td colspan="2">联系电话</td><td colspan="3">0451-55667799</td></tr>
<tr><td>资产总额</td><td colspan="3">208 888 700.00 元</td><td colspan="2">所有者权益</td><td colspan="3">164 297 950.00 元</td></tr>
<tr><td>资产负债率</td><td colspan="3">21.39%</td><td colspan="2">净利润</td><td colspan="3">60 000 000.00 元</td></tr>
<tr><td colspan="2">基本存款账户开户行及账号</td><td colspan="7">中国工商银行哈尔滨市南岗支行 012314725836907</td></tr>
<tr><td colspan="2">在工商行开立何种账户和账号</td><td colspan="7">无</td></tr>
<tr><td>借款卡号</td><td colspan="3">9558812345678900112</td><td colspan="2">信用等级</td><td colspan="3">A 级</td></tr>
<tr><td>借款用途</td><td colspan="3">厂房维修</td><td colspan="2">信用期限</td><td colspan="3">一年</td></tr>
<tr><td>借款金额</td><td colspan="8">人民币（大写）伍佰万圆整</td></tr>
<tr><td rowspan="3">还款资金来源</td><td colspan="3">销售收入</td><td rowspan="3">还款方式</td><td colspan="2">购货销还</td><td colspan="2">√</td></tr>
<tr><td colspan="3">/</td><td colspan="2">一次性偿还</td><td colspan="2">√</td></tr>
<tr><td colspan="3">/</td><td colspan="2">分次性偿还</td><td colspan="2"></td></tr>
<tr><td rowspan="4">用款计划</td><td colspan="2">日　期</td><td>金　额</td><td rowspan="4">还款方式</td><td colspan="2">日　期</td><td colspan="2">金　额</td></tr>
<tr><td colspan="2">2020 年 12 月</td><td>5 000 000.00</td><td colspan="2">2022 年 12 月</td><td colspan="2">5 000 000.00</td></tr>
<tr><td colspan="2">年　月</td><td></td><td colspan="2">年　月</td><td colspan="2"></td></tr>
<tr><td colspan="2">年　月</td><td></td><td colspan="2">年　月</td><td colspan="2"></td></tr>
<tr><td></td><td colspan="2">年　月</td><td></td><td></td><td colspan="2">年　月</td><td colspan="2"></td></tr>
<tr><td>借款方式</td><td>信用</td><td>√</td><td>保证</td><td>/</td><td>抵押</td><td>/</td><td>质押</td><td>/</td></tr>
<tr><td rowspan="6">担保情况</td><td>担保人全称</td><td></td><td>法定代表人</td><td></td><td>联系电话</td><td colspan="3"></td></tr>
<tr><td>住　　所</td><td></td><td>担保物名称</td><td colspan="5"></td></tr>
<tr><td>担保人全称</td><td></td><td>法定代表人</td><td></td><td>联系电话</td><td colspan="3"></td></tr>
<tr><td>住　　所</td><td></td><td>担保物名称</td><td colspan="5"></td></tr>
<tr><td>担保人全称</td><td></td><td>法定代表人</td><td></td><td>联系电话</td><td colspan="3"></td></tr>
<tr><td>住　　所</td><td></td><td>担保物名称</td><td colspan="5"></td></tr>
<tr><td colspan="2">申请人（公章）
哈尔滨冰花啤酒有限责任公司
法定代表人（主要负责人）
或授权代理人
赵立辉印
2020 年 12 月 8 日</td><td colspan="3">担保人意见：
同　意
哈尔滨信托总公司
担保人（公章）
法定代表人（主要负责人）
或授权代理人
合同专用章
李玉刚印
2020 年 12 月 8 日</td><td colspan="4">银行受理意见：
同　意
工商银行哈尔滨南岗支行
开户行负责人
贷款专用章
王玉辉印
2020 年 12 月 12 日</td></tr>
</table>

凭证5-38（3）

中国工商银行 INDUSTRIAL AND COMMERCIAL BANK OF CHINA

贷款凭证（收款通知）

3

2020 年 12 月 13 日

贷款单位	哈尔滨冰花啤酒有限责任公司	种类	短期	贷款账号	012314725836907
金　额	人民币（大写）伍佰万圆整				
用　途	厂房维修与改造借款	单位申请期限	自 2020 年 12 月 12 日至 2022 年 12 月 11 日		
		银行核定期限	自 2020 年 12 月 12 日至 2022 年 12 月 11 日		
上述款项已核准发放，并划入你单位账号。年利率 7.2% 银行盖章 年　月　日			单位会计分录 收入 付出 复核　记账 主管　会计		

金额：

万	千	百	十	万	千	百	十	元	角	分
		5	0	0	0	0	0	0	0	0

（印章：中国工商银行 2020.12.13 南岗支行 转讫）

凭证5-39

中国工商银行 INDUSTRIAL AND COMMERCIAL BANK OF CHINA

计算利息清单（收款通知）

单位名称：哈尔滨冰花啤酒有限责任公司　　2020 年 12 月 13 日　　账号：012314725836907

起息日期			结息日期			天数	积数	年利率	利息								
年	月	日	年	月	日				百	十	万	千	百	十	元	角	分
2020	9	13	2020	12	13	90	4 400 000.00	0.36%			¥	3	9	6	0	0	0
上列存款利息已存入单位 012314725836907 账户。 （银行盖章）							记账										

第一联　收入凭证

（印章：中国工商银行 2020.12.13 南岗支行 转讫）

凭证5-40（1）

1300093170　河北增值税专用发费　№ 00398488　1300093170 00398488

抵扣联

开票日期：2020年12月14日

购买方	名　　称：哈尔滨冰花啤酒有限责任公司 纳税人识别号：237458159378789 地址、电话：哈尔滨南岗区人和路789号 0451-55667799 开户行及账号：工商银行南岗支行 012314725836907	密码区	033+*7-*73*>2170608870>2/>09- 7/3/+/86<9><>990498/72132*7+ <>931329*894++897/8>+570*5-> >6<589/47*019>/306>26+006<89

货物或应税劳务、服务名称	规格型号	单位	数量	单价	金额	税率	税额
麦芽		吨	400	4200.00	1680000.00	13%	218400.00
合　计					￥1680000.00	13%	￥218400.00
价税合计（大写）	⊗壹佰捌拾玖万捌仟肆佰圆整				（小写）￥1898400.00		

销售方	名　　称：河北麦芽厂 纳税人识别号：330013748161718 地址、电话：河北省石家庄南维明南大街33号 0311-23254455 开户行及账号：中国工商银行石家庄维明支行 3301013339225990528	备注	河北麦芽厂 330013748161718 发票专用章

收款人：沈春阳　复核：崔芳　开票人：李思思　销售方：（章）

税总函[2020]217号哈职教印刷厂有限公司

第二联：抵扣联 购买方扣税凭证

凭证5-40（2）

1300093170　河北增值税专用发票　№ 00398488　1300093170 00398488

发票联

开票日期：2020年12月14日

购买方	名　　称：哈尔滨冰花啤酒有限责任公司 纳税人识别号：237458159378789 地址、电话：哈尔滨南岗区人和路789号 0451-55667799 开户行及账号：工商银行南岗支行 012314725836907	密码区	033+*7-*73*>2170608870>2/>09- 7/3/+/86<9><>990498/72132*7+ <>931329*894++897/8>+570*5-> >6<589/47*019>/306>26+006<89

货物或应税劳务、服务名称	规格型号	单位	数量	单价	金额	税率	税额
麦芽		吨	400	4200.00	1680000.00	13%	218400.00
合　计					￥1680000.00	13%	￥218400.00
价税合计（大写）	⊗壹佰捌拾玖万捌仟肆佰圆整				（小写）￥1898400..00		

销售方	名　　称：河北麦芽厂 纳税人识别号：330013748161718 地址、电话：河北省石家庄南维明南大街33号 0311-23254455 开户行及账号：中国工商银行石家庄维明支行 3301013339225990528	备注	河北麦芽厂 330013748161718 发票专用章

收款人：沈春阳　复核：崔芳　开票人：李思思　销售方：（章）

税总函[2020]217号哈职教印刷厂有限公司

第三联：发票联 购买方记账凭证

凭证5-40（3）

1300093152　　河北增值税专用发票　　№ 00301908　　1300093152 00301908

抵扣联　　开票日期：2020年12月14日

购买方	名称：哈尔滨冰花啤酒有限责任公司 纳税人识别号：237458159378789 地址、电话：哈尔滨南岗区人和路789号 0451-55667799 开户行及账号：工商银行南岗支行 012314725836907				密码区	033+*7-*73*>2170608870>2/>09-7/3/+/86<9><>990498/72132*7+<>931329*894++897/8>+570*5->>6<589/47*019>/306>26+006<89		
货物或应税劳务、服务名称	规格型号	单位	数量	单价	金额	税率	税额
国内运输服务				10000.00	10000.00	9%	900.00
合计					¥10000.00	9%	¥900.00
价税合计（大写）	⊗壹万零玖佰圆整				（小写）¥10900.00		
销售方	名称：河北仁德大型货物运输有限公司 纳税人识别号：33045612311223X 地址、电话：石家庄市桥西区振兴大道1131号 0311-55584141 开户行及账号：工商银行石家庄振兴支行 8555412202036695272				备注		

收款人：黄振　　复核：梁思思　　开票人：赵旺君　　销售方：（章）

第二联：抵扣联　购买方扣税凭证

凭证5-40（4）

1300093152　　河北增值税专用发票　　№ 00301908　　1300093152 00301908

发票联　　开票日期：2020年12月14日

购买方	名称：哈尔滨冰花啤酒有限责任公司 纳税人识别号：237458159378789 地址、电话：哈尔滨南岗区人和路789号 0451-55667799 开户行及账号：工商银行南岗支行 012314725836907				密码区	033+*7-*73*>2170608870>2/>09-7/3/+/86<9><>990498/72132*7+<>931329*894++897/8>+570*5->>6<589/47*019>/306>26+006<89		
货物或应税劳务、服务名称	规格型号	单位	数量	单价	金额	税率	税额
国内运输服务				10000.00	10000.00	9%	900.00
合计					¥10000.00	9%	¥900.00
价税合计（大写）	⊗壹万零玖佰圆整				（小写）¥10900.00		
销售方	名称：河北仁德大型货物运输有限公司 纳税人识别号：33045612311223X 地址、电话：石家庄市桥西区振兴大道1131号 0311-55584141 开户行及账号：工商银行石家庄振兴支行 8555412202036695272				备注		

收款人：黄振　　复核：梁思思　　开票人：赵旺君　　销售方：（章）

第三联：发票联　购买方记账凭证

凭证5-40（5）

付款期限 壹个月

工商银行
银行汇票　　2　　地 HH　000011　名 01

出票日期（大写）	贰零贰零年拾贰月零贰日	代理付款行：	中国工商银行哈尔滨市南岗支行	行号：	04511
收款人：	河北麦芽厂	账号：	3301013339225990528		
出票金额	人民币（大写）	贰佰万圆整			

实际结算金额	人民币（大写）壹佰玖拾万玖仟叁佰圆整	亿	仟	佰	十	万	仟	佰	十	元	角	分
			¥	1	9	0	9	3	0	0	0	0

申请人：哈尔滨冰花啤酒有限责任公司　　账号：012314725836907

出票行：中国工商银行哈尔滨南岗支行

密押：

多余金额：

亿	仟	佰	十	万	仟	佰	十	元	角	分
			¥	9	0	7	0	0	0	0

复核：

记账：

备　注：　　见票付款

代理付款行签章：

出票人签章：

中国工商银行哈尔滨南岗支行 汇票专用章 1234578.oom

由出票行做多余款贷方凭证

凭证5-40（6）

收料单

供应单位：河北麦芽厂　　**收料编号：**20201208

发票号码：00398488　　2020 年 12 月 15 日　　**仓　　库：**1

材料名称	计量单位	数量		实际价格				
		应收	实收	单价	发票金额	运杂费	合计	
							单位成本	总成本
麦芽	吨	400	400	42 000	16 800 000.00	100 000.00	42 250.00	16 900 000.00
验收结论：合格		合计		—	16 800 000.00	100 000.00	—	16 900 000.00
备注：								

第二联：记账联

验收员：李东　　收料员：吴尚　　采购员：李美　　部门负责人：张立军

课程思政

节约能源随手关灯，共建绿色大家园是我们的责任

凭证5-41（1）

2300203130　　黑龙江增值税专用发票　　№ 01301122　　2300203130　01301122

抵扣联　　开票日期：2020年12月15日

购买方	名　称：哈尔滨冰花啤酒有限责任公司 纳税人识别号：237458159378789 地址、电话：哈尔滨南岗区人和路789号 0451-55667799 开户行及账号：工商银行南岗支行 012314725836907	密码区	033+*7-*73*>2170608870>2/>09- 7/3/+/86<9><>990498/72132*7+ <>931329*894++897/8>+570*5-> >6<589/47*019>/306>26+006<89

货物或应税劳务、服务名称	规格型号	单位	数量	单价	金额	税率	税额
电费		度	2000000	0.90	1800000.00	13%	234000.00
合　计					¥1800000.00	13%	¥234000.00
价税合计（大写）	⊗贰佰零叁万肆仟圆整				（小写）¥2034000.00		

销售方	名　称：哈尔滨南岗区电业局 纳税人识别号：330013748165511 地址、电话：黑龙江省哈尔滨市南岗区西大直街88号 0451-23296232 开户行及账号：工商银行南岗西大直支行 330101339251110152	备注	哈尔滨南岗区电业局 330013748165511 发票专用章

收款人：刘瑞　　复核：张春龙　　开票人：岳峰　　销售方：（章）

税总函[2020]217号哈尔滨印刷厂有限公司

第二联：抵扣联 购买方扣税凭证

凭证5-41（2）

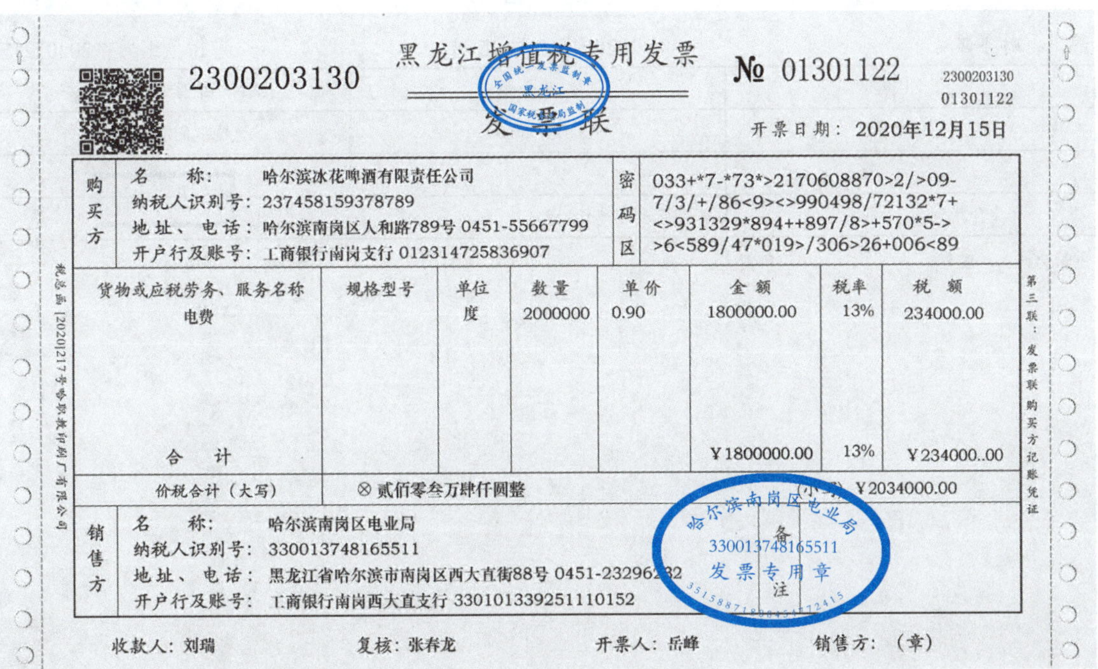

2300203130　　黑龙江增值税专用发票　　№ 01301122　　2300203130　01301122

发票联　　开票日期：2020年12月15日

购买方	名　称：哈尔滨冰花啤酒有限责任公司 纳税人识别号：237458159378789 地址、电话：哈尔滨南岗区人和路789号 0451-55667799 开户行及账号：工商银行南岗支行 012314725836907	密码区	033+*7-*73*>2170608870>2/>09- 7/3/+/86<9><>990498/72132*7+ <>931329*894++897/8>+570*5-> >6<589/47*019>/306>26+006<89

货物或应税劳务、服务名称	规格型号	单位	数量	单价	金额	税率	税额
电费		度	2000000	0.90	1800000.00	13%	234000.00
合　计					¥1800000.00	13%	¥234000..00
价税合计（大写）	⊗贰佰零叁万肆仟圆整				（小写）¥2034000.00		

销售方	名　称：哈尔滨南岗区电业局 纳税人识别号：330013748165511 地址、电话：黑龙江省哈尔滨市南岗区西大直街88号 0451-23296232 开户行及账号：工商银行南岗西大直支行 330101339251110152	备注	哈尔滨南岗区电业局 330013748165511 发票专用章

收款人：刘瑞　　复核：张春龙　　开票人：岳峰　　销售方：（章）

税总函[2020]217号哈尔滨印刷厂有限公司

第三联：发票联 购买方记账凭证

凭证5-41（3）

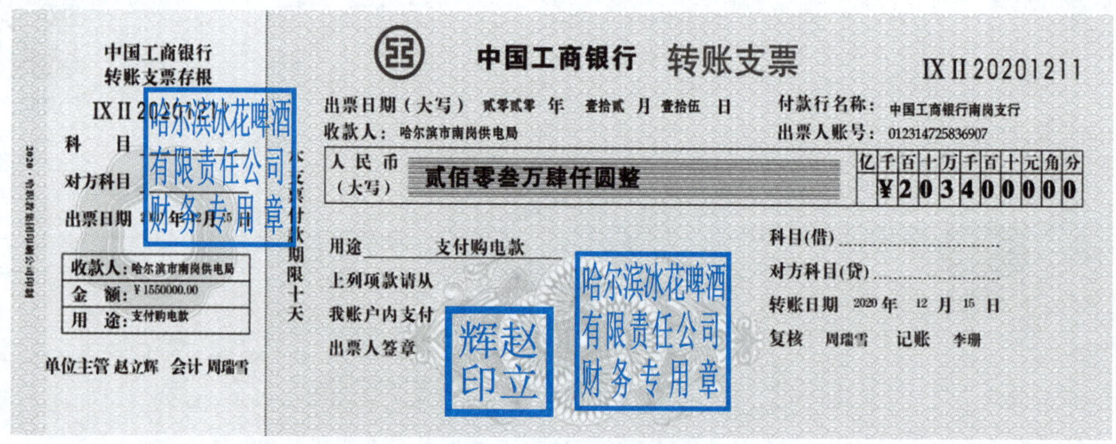

中国工商银行 转账支票存根

IX II 20201211

科 目

对方科目

出票日期 2020 年 12 月 15 日

收款人：哈尔滨市南岗供电局

金 额：¥1550000.00

用 途：支付购电款

单位主管 赵立辉 会计 周瑞雪

中国工商银行 转账支票 IX II 20201211

出票日期（大写） 贰零贰零 年 壹拾贰 月 壹拾伍 日 付款行名称：中国工商银行南岗支行

收款人：哈尔滨市南岗供电局 出票人账号：012314725836907

人民币（大写） 贰佰零叁万肆仟圆整 ¥203400000

本支票付款期限十天

用途 支付购电款

上列项款请从我账户内支付

出票人签章

科目(借)

对方科目(贷)

转账日期 2020 年 12 月 15 日

复核 周瑞雪 记账 李珊

哈尔滨冰花啤酒有限责任公司财务专用章

赵立辉印

附加信息：	被背书人	被背书人	
	背书人签章 年 月 日	背书人签章 年 月 日	贴粘单处

根据《中华人民共和国票据法》等法律法规的规定，签发空头支票由中国人民银行处以票面金额5%但不低于1 000元的罚款。

莱织华印刷有限公司 2011 年印制

凭证5-41（4）

付款报告书

部门：财务部　　2020 年 12 月 15 日　　付款编号：20201217

开支内容	结算金额	结算方式
支付电费	2 034 000.00	转账支票 1211
合计金额（大写）	贰佰零叁万肆仟圆整	转账付讫

主管会计：周瑞雪　　单位负责人：孙伟　　出纳：李梅　　经办人：李美

课程思政

节约用水
从我做起

凭证5-42（1）

2300203130　　黑龙江增值税专用发票　　№ 11301258　　2300203130 11301258

抵扣联

开票日期：2020年12月15日

购买方	名　　称：哈尔滨冰花啤酒有限责任公司 纳税人识别号：237458159378789 地址、电话：哈尔滨南岗区人和路789号 0451-55667799 开户行及账号：工商银行南岗支行 012314725836907	密码区	033+*7-*73*>2170608870>2/>09- 7/3/+/86<9><>990498/72132*7+ <>931329*894++897/8>+570*5-> >6<589/47*019>/306>26+006<89

货物或应税劳务、服务名称	规格型号	单位	数量	单价	金额	税率	税额
水费		吨	100000	6.00	600000.00	9%	54000.00
合　计					￥600000.00	9%	￥54000.00
价税合计（大写）	⊗陆拾伍万肆仟圆整				（小写）￥654000.00		

销售方	名　　称：哈尔滨市南岗区自来水公司 纳税人识别号：230013748160101 地址、电话：黑龙江省哈尔滨市通达街66号 0451-86255656 开户行及账号：工商银行南岗支行 2301013339225997878	备注	

收款人：陈宏伟　　复核：董宝龙　　开票人：张宇恒　　销售方：（章）

第二联：抵扣联　购买方扣税凭证

税总函[2020]217号哈尔滨印刷厂有限公司

凭证5-42（2）

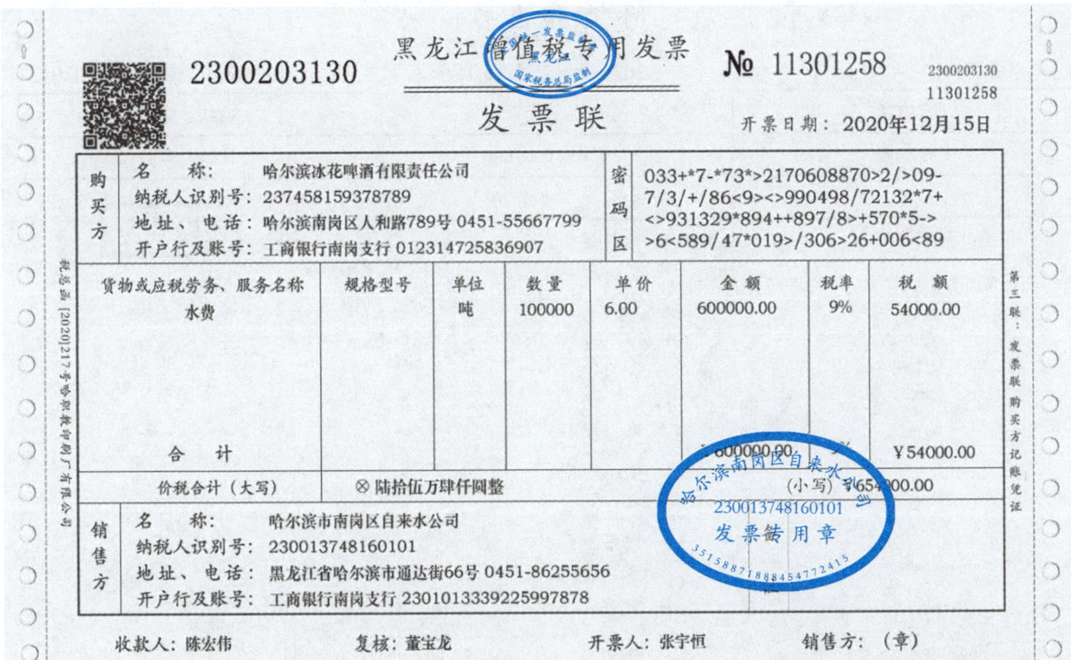

2300203130　　黑龙江增值税专用发票　　№ 11301258　　2300203130 11301258

发票联

开票日期：2020年12月15日

购买方	名　　称：哈尔滨冰花啤酒有限责任公司 纳税人识别号：237458159378789 地址、电话：哈尔滨南岗区人和路789号 0451-55667799 开户行及账号：工商银行南岗支行 012314725836907	密码区	033+*7-*73*>2170608870>2/>09- 7/3/+/86<9><>990498/72132*7+ <>931329*894++897/8>+570*5-> >6<589/47*019>/306>26+006<89

货物或应税劳务、服务名称	规格型号	单位	数量	单价	金额	税率	税额
水费		吨	100000	6.00	600000.00	9%	54000.00
合　计					￥600000.00		￥54000.00
价税合计（大写）	⊗陆拾伍万肆仟圆整				（小写）￥654000.00		

销售方	名　　称：哈尔滨市南岗区自来水公司 纳税人识别号：230013748160101 地址、电话：黑龙江省哈尔滨市通达街66号 0451-86255656 开户行及账号：工商银行南岗支行 2301013339225997878	备注	

收款人：陈宏伟　　复核：董宝龙　　开票人：张宇恒　　销售方：（章）

第三联：发票联　购买方记账凭证

税总函[2020]217号哈尔滨印刷厂有限公司

凭证5-42（3）

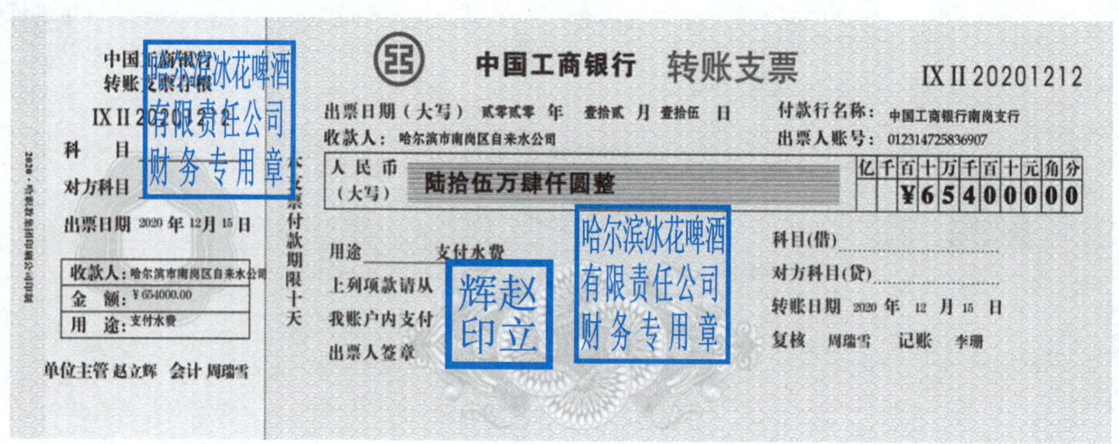

中国工商银行 转账支票 IX II 20201212

存根：中国工商银行 转账支票存根 IX II 20201212；科目；对方科目；出票日期 2020 年 12 月 15 日；收款人：哈尔滨市南岗区自来水公司；金额：¥654000.00；用途：支付水费；单位主管 赵立辉 会计 周瑞雪

出票日期（大写）贰零贰零 年 壹拾贰 月 壹拾伍 日　付款行名称：中国工商银行南岗支行

收款人：哈尔滨市南岗区自来水公司　出票人账号：012314725836907

人民币（大写）陆拾伍万肆仟圆整　¥65400000

本支票付款期限十天

用途 支付水费

上列款项请从我账户内支付

出票人签章（哈尔滨冰花啤酒有限责任公司财务专用章；赵立辉印）

科目(借)

对方科目(贷)

转账日期 2020 年 12 月 15 日

复核 周瑞雪　记账 李珊

附加信息：	被背书人	被背书人
	背书人签章 年　月　日	背书人签章 年　月　日

贴粘单处

根据《中华人民共和国票据法》等法律法规的规定，签发空头支票由中国人民银行处以票面金额5%但不低于1 000元的罚款。

莱织华印刷有限公司 2011 年印制

凭证5-42（4）

付款报告书

部门：财务部　　2020 年 12 月 15 日　　付款编号：20201218

开支内容	结算金额	结算方式
支付水费	654 000.00	转账支票 1212
合计金额（大写）	陆拾伍万肆仟圆整	转账付讫

主管会计：周瑞雪　　单位负责人：孙伟　　出纳：李梅　　经办人：李美

凭证5-43（1）

黑龙江增值税专用发票

2300205212　　№ 32254174　　2300205212 32254174

发票联　　开票日期：2020年12月15日

购买方	名　　称：哈尔滨冰花啤酒有限责任公司 纳税人识别号：237458159378789 地 址、电 话：哈尔滨南岗区人和路789号 0451-55667799 开户行及账号：工商银行南岗支行 012314725836907	密码区	033+*7-*73*>2170608870>2/>09- 7/3/+/86<9><>990498/72132*7+ <>931329*894++897/8>+570*5-> >6<589/47*019>/306>26+006<89

货物或应税劳务、服务名称	规格型号	单位	数量	单价	金额	税率	税额
广告费				38834.95	38834.95	3%	1165.05
合　计					¥38834.95	3%	¥1165.05
价税合计（大写）	⊗ 肆万圆整				（小写）¥40000.00		

销售方	名　　称：黑龙江电视传媒有限公司 纳税人识别号：230552147856659 地 址、电 话：哈尔滨市道里区红砖街79号 0451-59663587 开户行及账号：工商银行红砖支行 2554111147523695	备注	黑龙江电视传媒有限公司 230552147856659 发票专用章

收款人：吴冰　　复核：夏春杰　　开票人：司红艳　　销售方：（章）

税总函〔2020〕217号哈尔滨印刷厂有限公司

第二联：发票联 购买方记账凭证

凭证5-43（2）

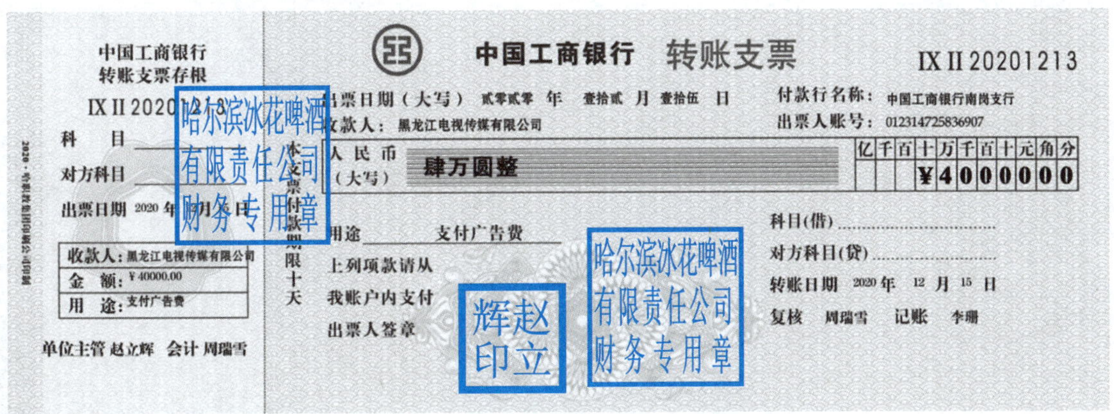

中国工商银行 转账支票存根

IX II 20201213

科　目

对方科目

出票日期 2020年12月15日

收款人：黑龙江电视传媒有限公司
金　额：¥40000.00
用　途：支付广告费

单位主管 赵立辉　会计 周瑞雪

中国工商银行 转账支票　　IX II 20201213

出票日期（大写）贰零贰零 年 壹拾贰 月 壹拾伍 日　　付款行名称：中国工商银行南岗支行

收款人：黑龙江电视传媒有限公司　　出票人账号：012314725836907

本支票付款期限十天

人民币（大写）	亿	千	百	十	万	千	百	十	元	角	分
肆万圆整				¥	4	0	0	0	0	0	0

用途　支付广告费

上列款项请从我账户内支付

出票人签章

哈尔滨冰花啤酒有限责任公司财务专用章　赵立辉印

科目(借)

对方科目(贷)

转账日期 2020年12月15日

复核 周瑞雪　记账 李珊

2020·哈尔滨印刷有限公司印制

附加信息：	被背书人	被背书人
	背书人签章 年　月　日	背书人签章 年　月　日

贴粘单处

根据《中华人民共和国票据法》等法律法规的规定，签发空头支票由中国人民银行处以票面金额5%但不低于1 000元的罚款。

莱织华印刷有限公司 2011年印制

凭证5-43（3）

付款报告书

部门：销售部　　　　2020年12月15日　　　　付款编号：20201219

开支内容	结算金额	结算方式
支付广告费	40 000.00	转账支票 1213
		转账付讫
合计金额（大写）	肆万圆整	

主管会计：周瑞雪　　单位负责人：孙伟　　出纳：李梅　　经办人：赵大伟

凭证5-44（1）

迎春啤酒节摊位租赁协议

出租方（甲方）：哈尔滨国际会展中心
承租方（乙方）：哈尔滨冰花啤酒有限责任公司

根据《中华人民共和国合同法》及哈尔滨迎春啤酒节的相关的规定，甲、乙双方在平等、自愿的基础上，就甲方在 2020 年迎春啤酒节期间将摊位出租给乙方事宜协商一致，订立本合同。

第一条 租赁摊位位于 A 区 33 号，使用面积约 300 平方米，用于啤酒参展。

第二条 租赁期从 2020 年 12 月 15 日至 2020 年 12 月 31 日，甲方将摊位交给乙方用于啤酒参展。迎春啤酒节结束收回。

第三条 出租摊位的租金 60 000.00 元（人民币大写陆万圆整），签约时一次性支付。

第四条 出租摊位只能于本单位啤酒参展，不能用于再出租或其他活动。

第五条 啤酒参展期间，必须严格遵守迎春啤酒节的相关规定，否则押金（大写人民币贰万圆）收没收不予退还。

……

出租方（章）：哈尔滨国际会展中心（印章：哈尔滨国际会展中心 合同专用章）

承租方（章）：哈尔滨冰花啤酒有限责任公司（印章：哈尔滨冰花啤酒有限责任公司 合同专用章）

签约人：赵雪娇
2020 年 12 月 10 日

凭证5-44（2）

黑龙江增值税普通发票

2300205212   № 11253364   2300205212 11253364

发票联

开票日期：2020年12月15日

购买方	名称：哈尔滨冰花啤酒有限责任公司 纳税人识别号：237458159378789 地址、电话：哈尔滨南岗区人和路789号 0451-55667799 开户行及账号：工商银行南岗支行 012314725836907	密码区	033+*7-*73*>2170608870>2/>09- 7/3/+/86<9><>990498/72132*7+ <>931329*894++897/8>+570*5-> >6<589/47*019>/306>26+006<89

货物或应税劳务、服务名称	规格型号	单位	数量	单价	金额	税率	税额
摊位费				56603.77	56603.77	6%	3396.23
合计					¥56603.77	6%	¥3396.23
价税合计（大写）	⊗陆万圆整				（小写）¥60000.00		

销售方	名称：哈尔滨市国际会展中心 纳税人识别号：230884252114538 地址、电话：哈尔滨市南岗区长江路100号 0451-89965417 开户行及账号：工商银行长江路支行 854411201215287	备注	（印章：哈尔滨市国际会展中心 230884252114538 发票专用章）

收款人：张聪   复核：刘莉莉   开票人：任春燕   销售方：（章）

第二联：发票联 购买方记账凭证

凭证5-44（3）

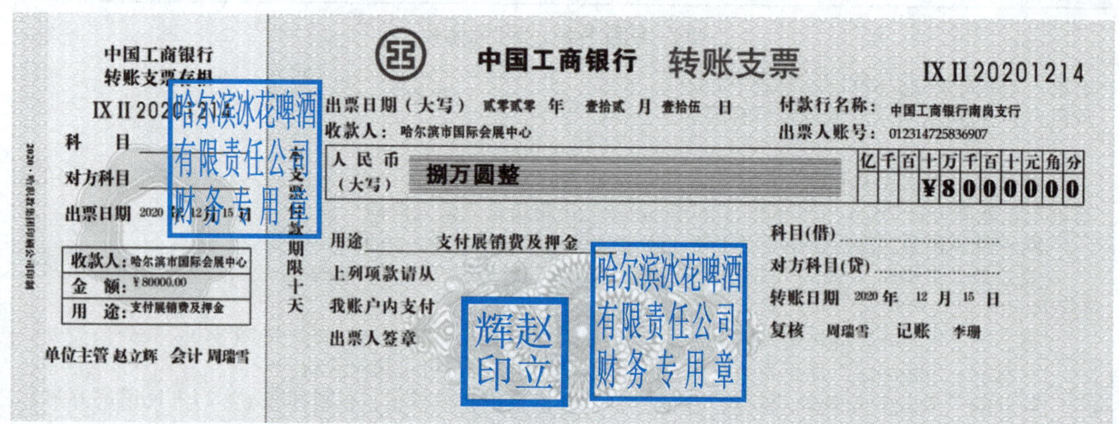

中国工商银行
转账支票存根
IX II 20201214
科目
对方科目
出票日期 2020年12月15日
收款人：哈尔滨市国际会展中心
金额：¥80000.00
用途：支付展销费及押金
单位主管 赵立辉 会计 周瑞雪

中国工商银行 转账支票 IX II 20201214

出票日期（大写） 贰零贰零 年 壹拾贰 月 壹拾伍 日 付款行名称：中国工商银行南岗支行
收款人：哈尔滨市国际会展中心 出票人账号：012314725836907
本支票付款期限十天

人民币（大写）	捌万圆整	亿	千	百	十	万	千	百	十	元	角	分
					¥	8	0	0	0	0	0	0

用途 支付展销费及押金
上列款项请从
我账户内支付
出票人签章

科目(借)
对方科目(贷)
转账日期 2020年12月15日
复核 周瑞雪 记账 李珊

哈尔滨冰花啤酒有限责任公司财务专用章
赵立辉印

莱织华印刷有限公司 2011年印制

附加信息：	被背书人	被背书人	贴粘单处
	背书人签章 年 月 日	背书人签章 年 月 日	

根据《中华人民共和国票据法》等法律法规的规定，签发空头支票由中国人民银行处以票面金额5%但不低于1 000元的罚款。

凭证5-44（4）

付款报告书

部门：销售部　　2020年12月15日　　付款编号：20201220

开支内容	结算金额	结算方式
支付展销费	60 000.00	转账支票 1214
支付啤酒节活动押金	20 000.00	转账支票 1214
转账支票 1214	捌万圆整	

转账收讫

主管会计：周瑞雪　　单位负责人：孙伟　　出纳：李梅　　经办人：赵大伟

凭证5-44（5）

收　据

NO.20201299

2020 年 12 月 05 日

今收到　哈尔滨冰花啤酒有限责任公司啤酒节活动押金 20 000 元

金额（大写）⊗佰⊗拾贰万零仟零佰零拾零圆零角零分

收款事由　啤酒节活动押金　　转账收讫

¥　20 000.00　　　　收款人（签字）　雷君

核准：赵子峰　　会计：陈龙　　记账：张超越　　出纳：刘菲

任务 6　完成上半月业务会计账簿的登记

一、登记上半月日记账

（一）登记现金日记账

根据上半月发生的交易或事项填制的记账凭证中涉及的库存现金业务，按现金日记账的登记规则，登记在任务二中期初建账完成的库存现金日记账（见表 6-1）中（按照日记账的登记规则，应该是逐日登记库存现金日记账，为了实训方便，我们采取了集中登记方式）。

表 6-1　现金日记账

2020 年		凭证		对方科目	摘要	√	收入（借方）金额										付出（贷方）金额										结余金额									
月	日	字	号				千	百	十	万	千	百	十	元	角	分	千	百	十	万	千	百	十	元	角	分	千	百	十	万	千	百	十	元	角	分
12	1				期初余额																										7	5	0	0	0	0
12	1			销售费用	报销差旅费																2	5	0	0	0	0					5	0	0	0	0	0

（二）登记银行存款日记账

根据上半月发生的交易或事项填制的记账凭证中涉及的银行存款业务，按现金日记账的登记规则，登记在任务二中期初建账完成的银行存款日记账（见表 6-2）中（按照银行存款日记账的登记规则，应该是逐日逐笔登记日记账，为了实训方便，我们采取了集中登记方式）。

表 6-2　银行存款日记账

开户银行：工商银行南岗支行　　账号：012314725836907　　第 1 页

2020 年		凭证		结算方式		摘要	对方科目	收入（借方）金额											核对号	付出（贷方）金额											结余金额										
月	日	字	号	名称	编号			亿	千	百	十	万	千	百	十	元	角	分		亿	千	百	十	万	千	百	十	元	角	分	亿	千	百	十	万	千	百	十	元	角	分
12	1					期初余额																										3	5	7	8	9	4	0	0	0	0
12	1	记	003			支付前欠货款																8	6	0	0	2	0	0	0	0		2	7	1	8	9	2	0	0	0	0

微课

登记明细账账

二、登记上半月明细账

（一）登记三栏明细账

根据上半月发生的交易或事项填制的记账凭证中涉及的应收账款、其他应收款、应付账款业务，按三栏明细账的登记规则，分别登记在任务二中期初建账完成的三栏明细账中（见表 6-3）。

编号：

表 6-3　明细分类账

科目：应付账款　　　　子目：集贤纸箱厂　　　　细目：

2020年		记账凭证号数	摘要	对方科目	借方										贷方										借或贷	余额									
月	日				千	百	十	万	千	百	十	元	角	分	千	百	十	万	千	百	十	元	角	分		千	百	十	万	千	百	十	元	角	分
12	1		期初余额																						贷			5	0	0	0	0	0	0	0
	3	记 003	支付前欠货款	银行存款			5	0	0	0	0	0	0	0											平								0		

（二）登记数量金额式明细账

根据上半月发生的交易或事项填制的记账凭证中涉及的原材料、周转材料、库存商品业务，按数量金额明细账的登记规则，分别登记在任务二中期初建账完成的数量金额明细账（见表 6-4）中。

最高储存量：

最低储存量：

本账页数	
本户页数	

表 6-4　原材料明细账

材料类别：原料及主要材料　　名称：大米　　单位：吨　　存放仓库：1号库

2020年		凭证		摘要	借方											贷方											结存										
月	日	种类	号数		数量	单价	百	十	万	千	百	十	元	角	分	数量	单价	百	十	万	千	百	十	元	角	分	数量	单价	百	十	万	千	百	十	元	角	分
12	1			期初余额																							100	4000.00		4	0	0	0	0	0	0	0
	4	记	015	采购大米	800	4500.00	3	6	0	0	0	0	0	0	0												900		4	0	0	0	0	0	0	0	0

（三）登记多栏式明细账

根据上半月发生的交易或事项填制的记账凭证中涉及的应交税费、应交增值税、应付职工薪酬、生产成本、制造费用、辅助生产成本、主营业务收入、主营业务成本等业务，按多栏式明细账的格式和登记规定，分别登记在任务二中期初建账完成的多栏明细账中。

三、登记上半月总分类账

（一）根据上半月业务的记账凭证登记 T 型账，汇总各账户上半月发生额

库存现金

借方	贷方
（13）10 000	（1）2 500
（20）7 000	（9）2 500
	（14）1 500
	（24）2 800
17 000	9 300

（二）根据 T 型账的汇总数据编制上半月业务的科目汇总表（见表 6-5）

表 6-5　总账科目汇总表

2020 年 12 月 15 日　　　　第 01 号

会计科目	借方金额										贷方金额										会计科目	借方金额										贷方金额									
	千	百	十	万	千	百	十	元	角	分	千	百	十	万	千	百	十	元	角	分		千	百	十	万	千	百	十	元	角	分	千	百	十	万	千	百	十	元	角	分
库存现金				1	1	7	0	0	0	0					9	3	0	0	0	0																					
合计																					合计																				

会计主管　　　　复核　　　　记账　　　　制票

（三）根据上半月业务的科目汇总表登记总账（见表 6-6）

表 6-6 总　　账

会计科目：库存现金　　　　　　　　　　　　　　　　　　　　　　第 1 页

2020 年		凭证册数	摘要	借方										贷方										借或贷	余额									
月	日			千	百	十	万	千	百	十	元	角	分	千	百	十	万	千	百	十	元	角	分		千	百	十	万	千	百	十	元	角	分
12	1		期初余额																					贷					7	5	0	0	0	0
	15		根据科目汇总表 01 号				1	1	7	0	0	0	0					9	3	0	0	0	0	借					9	9	0	0	0	0

四、检查上半月账簿登记的正确性

为了保证会计核算的质量和下半月会计工作的顺利进行，需对上半月登记的账簿正确性进行检查。

（一）检查总分类账登记的正确性

上半月总分类账记账完毕，结出所有账户的期末余额，并按“资产 = 负债 + 所有者权益”或“资产 = 负债 + 所有者权益 + 收入 − 费用”的记账原则进行试算平衡检查。如果试算平衡，说明总分类账的登记基本没问题。如果不平衡，在期初建账正确、本期总分类账的借贷方发生额平衡的情况下，则说明在计算期末余额时出现了计算上的错误。检查总分类账登记的正确性，请填列表 6-7。

表 6-7　冰花啤酒公司上半月总账账簿记录检查表

资产类账户	上半月账户余额	负债和所有者权益账户	上半月账户余额
流动资产账户		负债账户	
非流动资产账户		所有者权益账户	
合　　计		合　　计	

(二)检查总分类账与所属明细分类账登记的一致性

为保证账簿登记的质量，需从两方面对本期登记的总分类账与明细分类账的一致性进行检查。一是本期发生额检查，二是期末余额检查。由于有些实物类财产物资既需反映其实物数量，又需反映其货币结存，而其他一些明细账只需反映货币结存，因此其一致性检查所采用的表格有所不同。具体需填写表 6-8 和表 6-9。

表 6-8　实物类财产物资总分类账与明细分类账核对试算衡表

明细分类账户	计量单位	月初余额		本期发生额				月末余额	
				收　入		发　出			
		数量	金额	数量	金额	数量	金额	数量	金额
……									
合计									
分类账户									

表 6-9　其他总分类账与明细分类账核对试算平衡表

明细分类账户	月初余额		本期发生额		月末余额	
	借方	贷方	借方	贷方	借方	贷方
……						
合计						
总分类账户						

(三)检查总分类账与所属日记账登记的一致性

由于总分类账是会计人员登记的，而现金日记账和银行存款日记账是出纳人员登记的，因此需对两者登记结果的一致性进行检查，查看登记结果是否一致。检查时应首先检查银行存款总分类账余额、库存现金总分类账余额，分别与银行存款日记账余额、库存现金日记账余额核对，检查是否一致。如不一致，根据差额数据的特征，分析错误的性质进行查找，直至平衡为止。

项目3 完成下半月交易事项的会计处理

知识目标

1. 掌握原材料发出单价和成本的计算方法。
2. 掌握综合费用的归集和分配方法。
3. 掌握产品成本核算中成本计算单的填制方法。
4. 掌握产品生产成本和销售成本的计算方法及账务处理。
5. 掌握各项税费的计算及会计处理。
6. 掌握利润形成及分配方法。
7. 掌握各种报表的填列方法。

能力目标

1. 能根据企业的客观实际，完成职工薪酬的计算及会计处理。
2. 能根据企业的客观实际，完成材料费用的归集、分配及会计处理。
3. 能根据企业的客观实际，完成综合费用的归集与分配。
4. 能根据企业的客观实际，完成产品生产成本和销售成本的计算及账务处理。
5. 能根据企业的客观实际，完成企业税费的计算及账务处理。
6. 能根据企业的客观实际，完成利润形成及分配的账务处理。
7. 能根据企业的客观实际，完成报表的编制。

素质目标

1. 培养学生的爱岗敬业精神。
2. 培养学生的合作意识和团队精神。
3. 培养学生的成本节约意识和会计职业道德意识以及精益求精的工匠精神。

任务 7　完成下半月业务凭证的填制与审核

课程思政

学习劳模
从爱岗敬
业开始

一、根据下半月发生的交易事项，完成常规业务原始凭证和记账凭证的填制与审核

记账凭证见凭证 7-1～凭证 7-43，按上半月发生的交易事项编制的记账凭证编号依次顺序编号。12 月份的所有交易事项都按月初至月末依次编号。

凭证7-1（1）

黑龙江增值税专用发票　№ 96620122

2300205212

2300205212
96620122

发票联

开票日期：2020年12月15日

购买方	名称：哈尔滨冰花啤酒有限责任公司 纳税人识别号：237458159378789 地址、电话：哈尔滨南岗区人和路789号 0451-55667799 开户行及账号：工商银行南岗支行 012314725836907	密码区	033+*7-*73*>2170608870>2/>09- 7/3/+/86<9><>990498/72132*7+ <>931329*894++897/8>+570*5-> >6<589/47*019>/306>26+006<89

货物或应税劳务、服务名称	规格型号	单位	数量	单价	金额	税率	税额
邮寄费				288.68	288.68	6%	17.32
合　计					¥288.68	6%	¥17.32
价税合计（大写）	⊗叁佰零陆圆整				（小写）¥306.00		

销售方	名称：哈尔滨顺峰快递公司 纳税人识别号：330452412852336 地址、电话：哈尔滨市南岗区闽江路100号 0451-89212217 开户行及账号：工商银行闽江路支行 2555452530048536647	备注	

收款人：周迪　　复核：韩诗琪　　开票人：谢长山　　销售方：（章）

税总函[2020]217号哈尔滨印制厂有限公司

第二联：发票联　购买方记账凭证

凭证7-1（2）

费用报销明细

部门：财务部　　2020 年 12 月 16 日

项目	金额	附件	备注
文件邮寄费	306.00	1	财务文件邮寄费
合计	306.00	叁佰零陆圆整	现金付讫

审批：赵立军　　财务审核：周瑞雪　　经办人：赵大伟

凭证7-2（1）

黑龙江增值税专用发票

2230013060　　№ 00058222　　2230013060 00058222

发票联

开票日期：2020年12月17日

购买方	名　　称：哈尔滨冰花啤酒有限责任公司 纳税人识别号：237458159378789 地址、电话：哈尔滨南岗区人和路789号 0451-55667799 开户行及账号：工商银行南岗支行 012314725836907	密码区	033+*7-*73*>2170608870>2/>09- 7/3/+/86<9><>990498/72132*7+ <>931329*894++897/8>+570*5-> >6<589/47*019>/306>26+006<89

货物或应税劳务、服务名称	规格型号	单位	数量	单价	金额	税率	税额
机动车辆保险		份	1	6509.43	6509.43	6%	390.57
机动车辆强制保险		份	1	1320.75	1320.75	6%	79.25
合　计					¥7830.19	6%	¥469.81
价税合计（大写）	⊗捌仟叁佰圆整				（小写）¥8300.00		

销售方	名　　称：中国平安财产保险有限公司 纳税人识别号：91230102578096810A 地址、电话：哈尔滨经开区南岗集中区赣水路21号 0451-22254172 开户行及账号：平安银行股份有限公司哈尔滨分行 19415520144851215	备注	车牌号黑A K2 1等，保单号2215014 5011 1 1 2 5 8 1001 ，税款所属期2020年1月-12月，车 税800.00元，滞纳金0.00元，合计 额9100.00元

收款人：唐骏　　复核：宋万里　　开票人：高恒　　销售方：（章）

税总函[2017]888号某某某印制厂有限公司

第二联：发票联　购买方记账凭证

注：此类发票共10张，总金额120 000元，其中车船税为10 000.00元，保险费为110 000元，其余均为车辆保险费。

（其余9章发票略）

凭证7-2（2）

黑龙江省地方税务局通用机打发票

发票发码 223001306033
发票号码 00058222

开票日期：2020 年 12 月 17 日

行业分类：保险业

付款人：哈尔滨冰花啤酒有限责任公司
Payer

承担险种：机动车辆强制保险　车牌号码：黑 ※ — ※　　期别：1
Coverage

保险单号：1192700100098009698　　批单号：
Policy No.　　End No.

保险费金额（大写）：人民币壹仟圆整　　（小写）RMB 1 000.00 元
Premium Amount（In Words）　　（In Figures）

代收车船税（小写）RMB 400.00 元　　滞纳金（小写）
Vehicle & Vessel Tax(In Figures)　　Over duefine（In Figures）

合计（大写）人民币壹仟肆佰圆整　　（小写）RMB 1 400.00 元
Consist（In Words）　　（In Figures）

附注：银行名称：银行账号：户名：
Remarks　意外保险单号：1192700190000098010061

保险公司名称：中国平安财产保险股份有限公司黑龙江分公司车行业务部　　复核：史宇航　　经手：史宇航
InsuranceCompany　　Checked by　　Handler

保险公司签章　　地址：哈尔滨南岗区先锋路平安大厦　　电话：0451-55566677
Stamped by Insurance Company　　Add　　Tel

保险公司纳税人识别号　　230198702836655
Taxpayear Identification No.

（印章：中国平安保险股份有限公司黑龙江分公司 发票专用章 522141441257…）

第一联　发票联（付款方付款凭证）（手写无效）

凭证7-2（3）

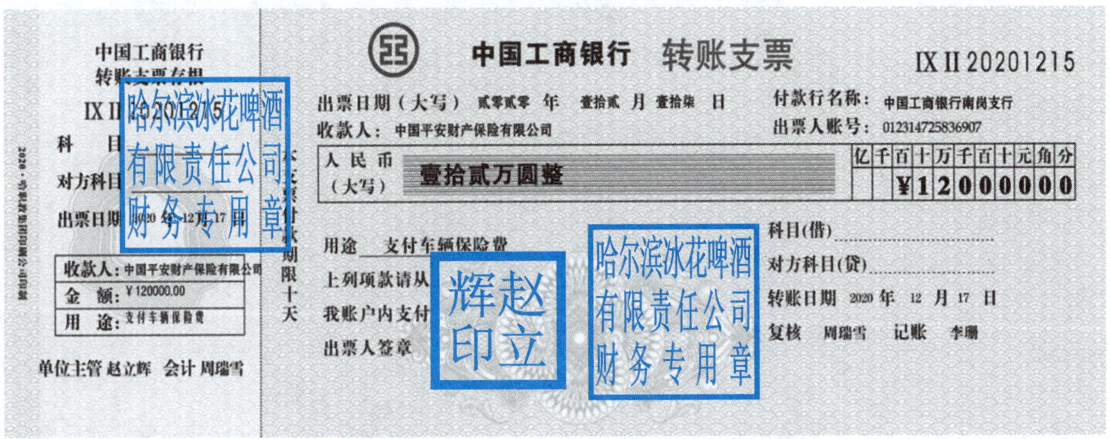
中国工商银行 转账支票 IX II 20201215

中国工商银行 转账支票存根 IX II 20201215

出票日期（大写） 贰零贰零 年 壹拾贰 月 壹拾柒 日 付款行名称：中国工商银行南岗支行

收款人：中国平安财产保险有限公司 出票人账号：01231472583690７

人民币（大写） 壹拾贰万圆整 ￥12000000

用途 支付车辆保险费

上列项款请从我账户内支付

出票人签章

科目(借)

对方科目(贷)

转账日期 2020 年 12 月 17 日

复核 周瑞雪 记账 李珊

存根：收款人：中国平安财产保险有限公司 金额：￥120000.00 用途：支付车辆保险费

出票日期 2020 年 12 月 17 日

单位主管 赵立辉 会计 周瑞雪

本支票付款期限十天

哈尔滨冰花啤酒有限责任公司财务专用章

赵立辉印

附加信息：	被背书人	被背书人	
	背书人签章 年 月 日	背书人签章 年 月 日	贴粘单处

根据《中华人民共和国票据法》等法律法规的规定，签发空头支票由中国人民银行处以票面金额5%但不低于1 000元的罚款。

莱织华印刷有限公司 2011 年印制

凭证7-2（4）

付款报告书

部门：行政部 2020 年 12 月 17 日 付款编号：20201221

开支内容	结算金额	结算方式
支付车辆保险费	110 000.00	转账支票 1215
支付车船使用税	10 000.00	转账支票 1215
合计金额（大写）	壹拾贰万圆整	

转账付讫

主管会计：周瑞雪 单位负责人：孙伟 出纳：李梅 经办人：孙华

凭证7-3（1）

2300203130　黑龙江增值税专用发票　№ 02011214　2300203130 02011214

此联不作报销、扣税凭证使用　开票日期：2020年12月17日

购买方	名　　称：伊春啤酒批发公司 纳税人识别号：235678159379872 地 址、电 话：伊春市人民路55号 0458-65657713 开户行及账号：工商银行伊春市人民支行 045847258360001	密码区	033+*7-*73*>2170608870>2/>09- 7/3/+/86<9><>990498/72132*7+ <>931329*894++897/8>+570*5-> >6<589/47*019>/306>26+006<89

货物或应税劳务、服务名称	规格型号	单位	数量	单价	金额	税率	税额
纯生瓶装啤酒		吨	600	5000.00	3000000.00	13%	390000.00
普通瓶装啤酒		吨	500	4000.00	2000000.00	13%	260000.00
合　计					¥5000000.00	13%	¥650000.00
价税合计（大写）	⊗伍佰陆拾伍万圆整				（小写）¥5650000.00		

销售方	名　　称：哈尔滨冰花啤酒有限责任公司 纳税人识别号：237458159378789 地 址、电 话：哈尔滨南岗区人和路789号 0451-55667799 开户行及账号：工商银行南岗支行 012314725836907	备注	

收款人：李梅　　复核：赵雪娇　　开票人：赵立兰　　销售方：（章）

税总函［2020］217号哈职教印刷厂有限公司

第一联：记账联 销售方记账凭证

凭证7-3（2）

哈尔滨冰花啤酒有限责任公司　　NO.20201204

销售单（代合同）

地址：哈尔滨南岗区人和路 789 号
电话：0451-55667799
客户名称：伊春啤酒批发公司
地址电话：伊春市人民路 55 号　　0458-65657713　　2020 年 12 月 17 日

产品名称	单位	单价	数量	金额	税率	税额	价税合计
纯生瓶装啤酒	吨	5 000.00	600.00	3 000 000.00	13%	390 000.00	3 390 000.00
普通瓶装啤酒	吨	4 000.00	500.00	2 000 000.00	13%	260 000.00	2 260 000.00
合计 人民币大写		伍佰陆拾伍万圆整		5 000 000.00		650 000.00	5 650 000.00

会计：赵雪娇　　经办人：刘兰兰　　库管：赵立兰　　签收人：李红

凭证7-3（3）

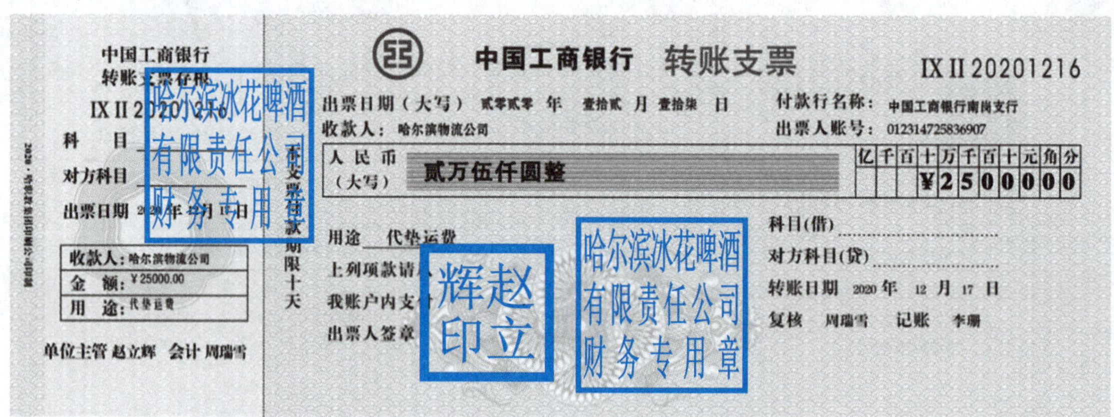

中国工商银行 转账支票存根

IX II 20201216

科 目

对方科目

出票日期 2020年12月17日

收款人：哈尔滨物流公司

金 额：¥25000.00

用 途：代垫运费

单位主管 赵立辉 会计 周瑞雪

中国工商银行 转账支票 IX II 20201216

出票日期（大写） 贰零贰零 年 壹拾贰 月 壹拾柒 日 付款行名称：中国工商银行南岗支行

收款人：哈尔滨物流公司 出票人账号：012314725836907

人民币（大写） 贰万伍仟圆整 ¥2500000

本支票付款期限十天

用途 代垫运费

上列款项请从

我账户内支付

出票人签章

科目(借)

对方科目(贷)

转账日期 2020年 12月 17日

复核 周瑞雪 记账 李珊

附加信息：	被背书人	被背书人	
	背书人签章 年 月 日	背书人签章 年 月 日	贴粘单处

根据《中华人民共和国票据法》等法律法规的规定，签发空头支票由中国人民银行处以票面金额5%但不低于1 000元的罚款。

凭证7-3（4）

产品出库单

购货单位：伊春啤酒批发公司　　2020年12月17日　　出库编号：20201204

仓库	产品名称	单位	出库数量（吨）	单位成本（元）	总成本（元）	备注
2号库	纯生瓶装啤酒	吨	600			
2号库	普通瓶装啤酒	吨	500			
合　计			1 100			

库管员：赵丽兰　　销售员：刘兰兰　　部门负责人：赵雪娇

凭证7-3（5）

付款报告书

部门：销售部　　　　2020年12月17日　　　　付款编号：20201222

开支内容	结算金额	结算方式
垫付伊春啤酒批发公司运费	25 000.00	转账支票 1216
		转账付讫
合计金额（大写）	贰万伍仟圆整	

主管会计：周瑞雪　　单位负责人：孙伟　　出纳：李梅　　经办人：孙华

凭证7-3（6）

运费垫支凭证

2020年12月17日

收货单位	运单号	货物名称	发运数量（吨）	运费	保险费	其他	金额合计（元）	经办人
伊春啤酒批发公司	202012266	纯生瓶装啤酒 普通瓶装啤酒	1 100.00	20 000.00	4 000.00	1 000.00	25 000.00	刘兰兰

制单人：赵大伟

凭证7-3（7）

中国工商银行 INDUSTRIAL AND COMMERCIAL BANK OF CHINA

托收凭证（受理回单）

委托日期：2020年12月17日

业务类型　委托收款（□邮划、□电划）　　托收承付（□邮划、√电划）

<table>
<tr><td rowspan="3">付款人</td><td>全称</td><td colspan="3">伊春啤酒批发公司</td><td rowspan="3">收款人</td><td>全称</td><td colspan="3">哈尔滨冰花啤酒有限责任公司</td></tr>
<tr><td>账号</td><td colspan="3">045847258360001</td><td>账号</td><td colspan="3">012314725836907</td></tr>
<tr><td>地址</td><td>伊春市</td><td>开户行</td><td>工商银行人民支行</td><td>地址</td><td>哈南岗区人和路789号</td><td>开户行</td><td>工商银行南岗支行</td></tr>
</table>

<table>
<tr><td rowspan="2">金额</td><td rowspan="2">人民币（大写）伍佰陆拾柒万伍仟圆整</td><td>千</td><td>百</td><td>十</td><td>万</td><td>千</td><td>百</td><td>十</td><td>元</td><td>角</td><td>分</td></tr>
<tr><td>¥</td><td>5</td><td>6</td><td>7</td><td>5</td><td>0</td><td>0</td><td>0</td><td>0</td><td>0</td></tr>
</table>

<table>
<tr><td>款项内容</td><td>货款及运费
货号202012266</td><td>托收凭据名称</td><td>专用发票</td><td>附寄单证张数</td><td>4张</td></tr>
<tr><td>商品发运情况</td><td>货物已发</td><td colspan="2">合同名称号码</td><td colspan="2">2665421</td></tr>
<tr><td colspan="2">备注：

复核　　记账</td><td colspan="2">款项收妥日期

年　月　日</td><td colspan="2">中国工商银行 2020.12.17 南岗支行 转讫
收款人开户银行签章
2020年12月8日</td></tr>
</table>

此联作收款人开户银行给收款人的受理回单

凭证7-4（1）

2300203130　　黑龙江增值税专用发票　　№ 02011215

2300203130
02011215

此联不作报销、扣税凭证使用　　开票日期：2020年12月18日

购买方	名称：大兴安岭啤酒批发公司 纳税人识别号：523678152035991 地址、电话：大兴安岭解放路22号 0457-65657700 开户行及账号：工商银行大兴安岭解放支行 045747258360606	密码区	033+*7-*73*>2170608870>2/>09- 7/3/+/86<9><>990498/72132*7+ <>931329*894++897/8>+570*5-> >6<589/47*019>/306>26+006<89

货物或应税劳务、服务名称	规格型号	单位	数量	单价	金额	税率	税额
纯生瓶装啤酒		吨	1000	5000.00	5000000.00	13%	650000.00
普通瓶装啤酒		吨	500	4000.00	2000000.00	13%	260000.00
合计					¥7000000.00	13%	¥910000.00
价税合计（大写）	⊗柒佰玖拾壹万圆整				（小写）¥7910000.00		

销售方	名称：哈尔滨冰花啤酒有限责任公司 纳税人识别号：237458159378789 地址、电话：哈尔滨南岗区人和路789号 0451-55667799 开户行及账号：工商银行南岗支行 012314725836907	备注	

收款人：李梅　　复核：赵雪娇　　开票人：赵立兰　　销售方：（章）

税总函[2020]217号哈职教印刷厂有限公司

第一联：记账联　销售方记账凭证

凭证7-4（2）

哈尔滨冰花啤酒有限责任公司

销售单（代合同）　　NO.20201205

地址：哈尔滨南岗区人和路 789 号

电话：0451-55667799

客户名称：大兴安岭啤酒批发公司

地址电话：大兴安岭解放路 22 号　　0457-65657700　　日期：2020 年 12 月 18 日

产品名称	单位	单价	数量	金额	税率	税额	价税合计
纯生瓶装啤酒	吨	5 000	1 000	5 000 000.00	13%	650 000.00	5 650 000.00
普通瓶装啤酒	吨	4 000	500	2 000 000.00	13%	260 000.00	2 260 000.00
合计	人民币大写	柒佰玖拾壹万圆整		7 000 000.00		910 000.00	7 910 000.00

会计：赵雪娇　　经办人：刘兰兰　　库管：赵立兰　　签收人：张江

凭证7-4（3）

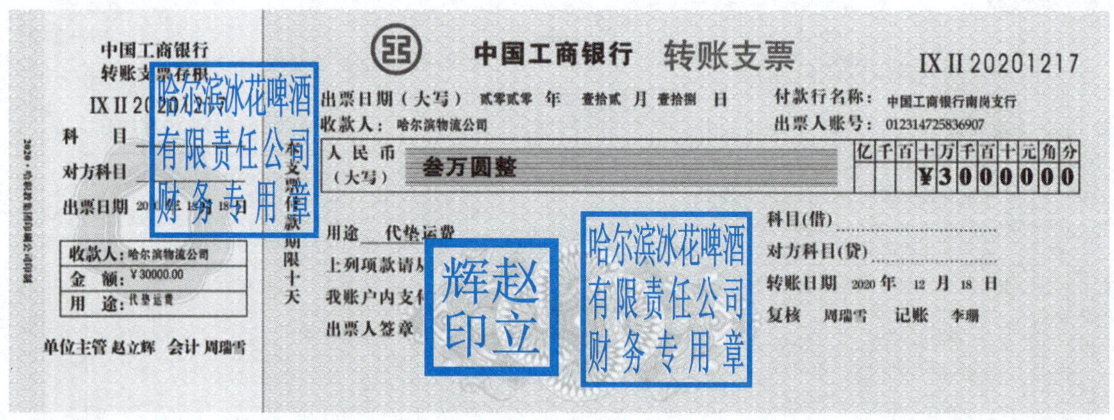

中国工商银行
转账支票存根
IX II 20201217
科 目
对方科目
出票日期 2020年12月18日

收款人：哈尔滨物流公司
金 额：¥30000.00
用 途：代垫运费

单位主管 赵立辉 会计 周瑞雪

中国工商银行 转账支票 IX II 20201217

出票日期（大写）贰零贰零 年 壹拾贰 月 壹拾捌 日 付款行名称：中国工商银行南岗支行
收款人：哈尔滨物流公司 出票人账号：01231472583 6907

本支票付款期限十天

人民币（大写）	亿	千	百	十	万	千	百	十	元	角	分
叁万圆整				¥	3	0	0	0	0	0	0

用途 代垫运费
上列款项请从
我账户内支付
出票人签章

科目(借)
对方科目(贷)
转账日期 2020年12月18日
复核 周瑞雪 记账 李珊

附加信息：	被背书人	被背书人
	背书人签章 年 月 日	背书人签章 年 月 日

贴粘单处

根据《中华人民共和国票据法》等法律法规的规定，签发空头支票由中国人民银行处以票面金额5%但不低于1 000元的罚款。

莱织华印刷有限公司 2011年印制

凭证7-4（4）

运费垫支凭证

2020年12月18日

收货单位	运单号	货物名称	发运数量（吨）	运费	保险费	其他	金额合计（元）	经办人
大兴安岭啤酒批发公司	202012267	纯生瓶装啤酒 普通瓶装啤酒	2 000	25 000.00	4 000.00	1 000.00	30 000.00	刘兰兰
合计金额（大写）	叁万圆整							

制单人：赵大伟

凭证7-4（5）

产品出库单

购货单位：大兴安岭啤酒批发公司　　2020年12月18日　　出库编号：20201205

仓库	产品名称	单位	出库数量（吨）	单位成本（元）	总成本（元）	备注
2号库	纯生瓶装啤酒	吨	1 000			
2号库	普通瓶装啤酒	吨	500			
合　计			1 500			

库管员：赵丽兰　　销售员：刘兰兰　　部门负责人：赵雪娇

凭证7-4（6）

付款报告书

部门：销售部　　2020年12月18日　　付款编号：20201223

开支内容	结算金额	结算方式
代垫大兴安岭啤酒批发部运费	30 000.00	转账支票 1217
合计金额（大写）	叁万圆整	转账付讫

主管会计：周瑞雪　　单位负责人：孙伟　　出纳：李梅　　经办人：刘兰兰

凭证7-4（7）

商业承兑汇票

2　地HH　00661122
名01　22335656

出票日期（大写）　贰零贰零年壹拾贰月壹拾捌日

出票人全称	大兴安岭啤酒批发公司	收款人	全　称	哈尔滨冰花啤酒有限责任公司
出票人账号	045747258360606		账　号	012314725836907
付款行全称	中国工商银行大兴安岭解放支行		开户银行	中国工商银行哈尔滨市南岗支行
汇票金额	人民币（大写）柒佰玖拾肆万圆整		千 佰 十 万 千 佰 十 元 角 分	¥ 7 9 4 0 0 0 0 0 0
汇票到期日（大写）	贰零贰壹年零贰月贰拾捌日	付款行	行　号	0457
承兑协议编号	20202003		地　址	大兴安岭解放路33号

本汇票请你承兑，到期无条件付票款。

河赵印伟　大兴安岭啤酒批发有限公司财务专用章

出票人签章

本汇票已经承兑，到期日由本行付款

哈尔滨冰花啤酒有限责任公司财务专用章　辉赵印立

承兑行签章

承兑日期　　年　　月　　日

备　注：

复核：

记账：

凭证7-5（1）

通行费

机器编号：275324424225

发票代码：2300203130
发票号码：02001205
开票日期：2020年12月18日
校验码：09326 27532 44242 28841

购买方	名称：哈尔滨冰花啤酒有限责任公司 纳税人识别号：237458159378789 地址、电话：哈尔滨南岗区人和路789号 0451-55667799 开户行及账号：工商银行南岗支行 012314725836907	密码区	036>8+0837883/2+++7*17/892>6 >/17>112086>8+0837883/2+6*5+ ++6>8+0837883/2++95/165794< 2632123---0189<<19/9<1200864

货物或应税劳务、服务名称	车牌号	类型	通行日期起	通行日期止	金额	税率	税额
ETC	黑A2599D	轿车	20201215	20201215	17796.12	3%	533.88
合计					¥17796.12		533.88
价税合计（大写）	壹万捌仟叁佰叁拾圆整				（小写）¥18330.00		

销售方	名称：哈尔滨市贷款建设路桥收费管理所 纳税人识别号：330013748165853 地址、电话：哈尔滨道里区机场路1118号 0451-88523365 开户行及账号：中国工商银行哈尔滨市机场路支行 190101100922855121786	备注	哈尔滨市贷款建设路桥收费管理所 330013748165853 发票专用章

收款人：刘晓明　　复核：张爽　　开票人：梁云飞　　销售方（章）

凭证7-5（2）

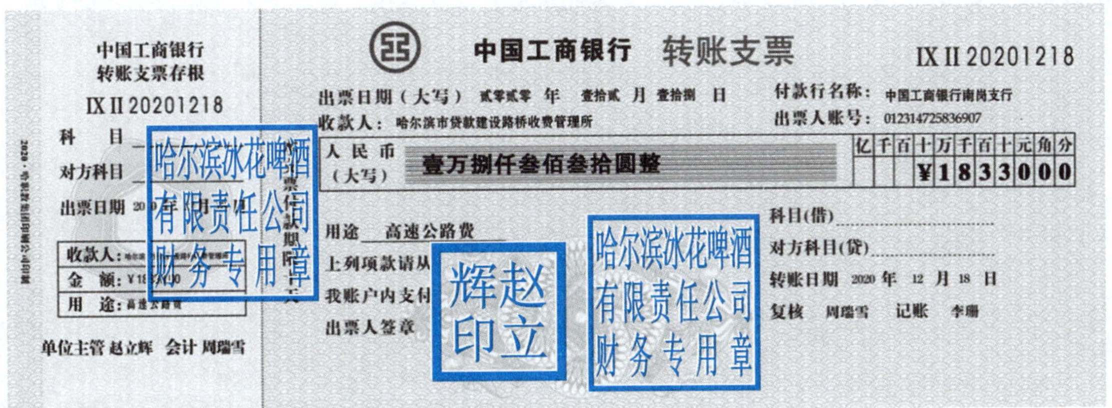

中国工商银行
转账支票存根
IX II 20201218
科目
对方科目
出票日期 2020年12月18日
收款人：哈尔滨市贷款建设路桥收费管理所
金额：¥18330.00
用途：高速公路费
单位主管 赵立辉　会计 周瑞雪

中国工商银行　转账支票　IX II 20201218

出票日期（大写）贰零贰零 年 壹拾贰 月 壹拾捌 日　付款行名称：中国工商银行南岗支行
收款人：哈尔滨市贷款建设路桥收费管理所　出票人账号：012314725836907

人民币（大写）	壹万捌仟叁佰叁拾圆整	亿	千	百	十	万	千	百	十	元	角	分
					¥	1	8	3	3	0	0	0

本支票付款期限十天

用途 高速公路费
上列款项请从
我账户内支付
出票人签章

哈尔滨冰花啤酒有限责任公司财务专用章
赵立辉印

科目(借)
对方科目(贷)
转账日期 2020年12月18日
复核 周瑞雪　记账 李珊

附加信息：	被背书人	被背书人
	背书人签章 年　月　日	背书人签章 年　月　日

贴粘单处

根据《中华人民共和国票据法》等法律法规的规定，签发空头支票由中国人民银行处以票面金额5%但不低于1 000元的罚款。

莱织华印刷有限公司　2011年印制

凭证7-5（3）

付款报告书

部门：行政部　　　　2020 年 12 月 18 日　　　　付款编号：20201224

开支内容	结算金额	结算方式
支付高速公路 ETC 费	18 330.00	转账支票 1218
合计金额（大写）	壹万捌仟叁佰叁拾圆整	

转账付讫

主管会计：周瑞雪　　单位负责人：王一春　　出纳：李梅　　经办人：陈华

凭证7-6（1）

黑龙江增值税电子普通发票

通行费

机器编号：275324424225

发票代码：2300200519
发票号码：00102554
开票日期：2020年12月15日
校验码：09326 27532 44242 25902

购买方	名称：哈尔滨冰花啤酒有限责任公司 纳税人识别号：237458159378789 地址、电话：哈尔滨南岗区人和路789号 0451-55667799 开户行及账号：工商银行南岗支行 012314725836907	密码区	036>8+0837883/2+++7*17/892>6 >/17>112086>8+0837883/2+6*5+ ++6>8+0837883/2+++95/165794< 2632123---0189<<19/9<1200864

货物或应税劳务、服务名称	车牌号	类型	通行日期起	通行日期止	金额	税率	税额
车辆高速公路通行费	黑AL397D	轿车	20201205	20201205	291.26	3%	8.74
合计					¥291.26		8.74
价税合计（大写）	叁佰圆整				（小写）¥300.00		

销售方	名称：哈尔滨市贷款建设路桥收费管理所 纳税人识别号：330013748165853 地址、电话：哈尔滨道里区机场路1118号 0451-88523365 开户行及账号：中国工商银行哈尔滨市机场路支行 19010110092285512186	备注	哈尔滨市贷款建设路桥收费管理所 330013748165853 发票专用章

收款人：刘晓明　　复核：张爽　　开票人：梁云飞　　销售方（章）

凭证7-6（2）

费用报销明细

部门：行政部　　2020年12月19日

项　目	金　额	附　件	备　注
支付高速公路通行费	300.00	1	12月份行政用车
		现金付讫	
合　计	300.00	叁佰圆整	

审批：赵立军　　财务审核：周瑞雪　　经办人：赵大伟

凭证7-7（1）

付款报告书

部门：财务部　　2020 年 12 月 19 日　　编号：20201225

开支内容	结算金额	结算方式
购支票	30.00	转账
合计金额（大写）	叁拾圆整	

转账付讫

主管会计：周瑞雪　　单位负责人：孙大可　　出纳：李梅　　经办人：李美

凭证7-7（2）

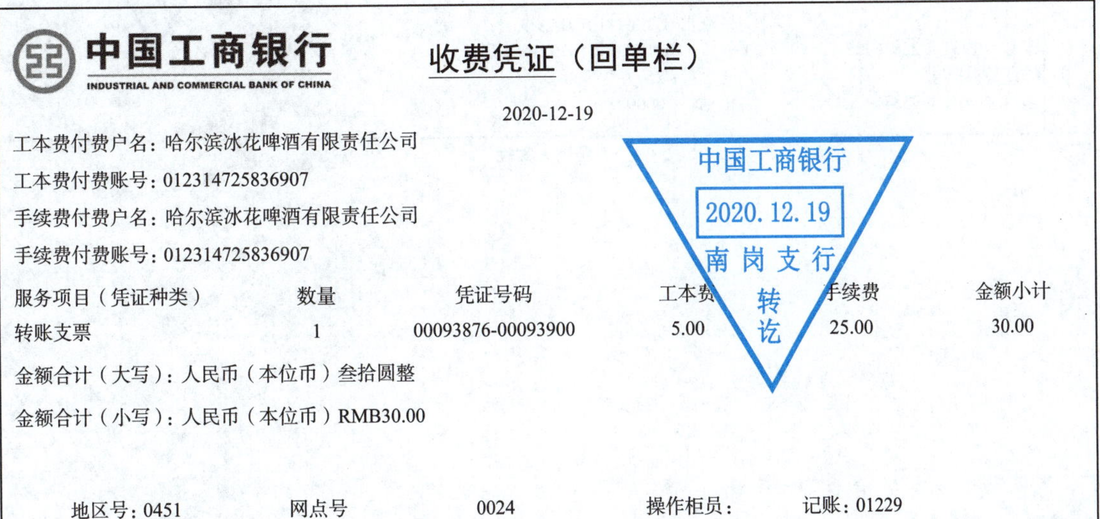

中国工商银行 INDUSTRIAL AND COMMERCIAL BANK OF CHINA

收费凭证（回单栏）

2020-12-19

工本费付费户名：哈尔滨冰花啤酒有限责任公司

工本费付费账号：012314725836907

手续费付费户名：哈尔滨冰花啤酒有限责任公司

手续费付费账号：012314725836907

服务项目（凭证种类）	数量	凭证号码	工本费	手续费	金额小计
转账支票	1	00093876-00093900	5.00	25.00	30.00

金额合计（大写）：人民币（本位币）叁拾圆整

金额合计（小写）：人民币（本位币）RMB30.00

地区号：0451　　网点号　　0024　　操作柜员：　　记账：01229

凭证7-7（3）

票据及结算凭证申购单

客户名称：哈尔滨冰花啤酒有限责任公司　　2020 年 12 月 19 日　　账号：012314725836907

票据和结算凭证名称	单位	数量	号码		
			起	止	
现金支票	本	1			

银行专用栏：
交易码：0605　售出支票　　交易日期 20201219
交易流水号 72611101915273
账号：012314725836907　　任务号 1402187261110191106655
凭证种类：04　　凭证数量：25
起始号码：00093876　　终止号码：00093876

中国工商银行 2020.12.19 南岗支行 转讫

复核　　记账　　领用人签收

凭证7-8（1）

中华人民共和国
税收通用缴款书

隶属关系：区　　　　（202012）哈国缴

注册类型：其他有限责任公司　　填发日期：2020年12月9日

征收机关：国家税务总局哈尔滨市南岗区税务局

缴款单位	代码	237458159378789	预算科目	编码	101043900
	全称	哈尔滨冰花啤酒有限责任公司		名称	税收罚款
	开户银行	工商银行哈尔滨市南岗支行		级次	中央100%
	账号	012314725836907	收缴国库		国家金库哈尔滨南岗区支库
税款所属时期 2020年11月1日至11月30日			税款限缴日期 2020年12月10日		

品目名称	课税数量	计税金额或销售收入	税率或单位税额	已缴或扣除额	实缴金额 亿	千	百	十	万	千	百	十	元	角	分
税收罚款											5	0	0	0	0
金额合计	（大写）伍佰圆整									¥	5	0	0	0	0

缴款单位（人）	税务机关	上列款项已收妥并划转收款单位账户	备注：未按规定办理纳税申报
哈尔滨冰花啤酒有限责任公司财务专用章 （盖章） 经办人（章） 李梅	国家税务总局哈尔滨市南岗区税务局 征税专用章 （盖章） 填票人（章） 李梅	国库（银行）盖章　年　月　日	中国工商银行 2020.12.09 南岗支行 转讫

第一联（收据）国库（经收处）收款盖章后退缴款单位（个人）作完税凭证

凭证7-8（2）

付款报告书

部门：财务部　　2020年12月19日　　付款编号：20201226

开支内容	结算金额	结算方式
支付税收罚款	500.00	转账
合计金额（大写）	伍佰圆整	

转账付讫

主管会计：周瑞雪　　单位负责人：孙大可　　出纳：李梅　　经办人：李美

凭证7-8（3）

国家税务总局哈尔滨市南岗区税务局
税务行政处罚决定书

哈南税简罚〔2020〕号 15 号

<table>
<tr><td>被处罚人名称</td><td colspan="3">哈尔滨冰花啤酒有限责任公司</td></tr>
<tr><td>被处罚人证件名称</td><td>税务登记证</td><td>证件号码</td><td>237458159378789</td></tr>
<tr><td>处罚地点</td><td>哈尔滨市财南岗区国家税局税源管理三科</td><td>处罚时间</td><td>2020.12.19</td></tr>
<tr><td>违法事实及
处罚依据</td><td colspan="3">未按照规定期限申报办理纳税申报</td></tr>
<tr><td>缴纳方式</td><td colspan="3">√ 1. 当场缴纳；
□ 2. 限 15 日内到______________________缴纳。</td></tr>
<tr><td>罚款金额</td><td colspan="3">（大写）伍佰圆整　　　　¥ 500.00</td></tr>
<tr><td>告知
事项</td><td colspan="3">1. 当事人应终止违法行为并予以纠正；
2. 如对本决定不服，可以自收到本决定书之日起 60 日内可以依法向国家税务总局黑龙江省税务局申请行政复议，或者自收到本决定书之日起 3 个月内依法向人民法院起诉；
3. 到期不缴纳罚款的，可自缴款期限届满次日起每日按罚款数额的 3% 加处罚款；
4. 对处罚决定逾期不申请行政复议也不向人民法院起诉、又不履行的，税务机关将依法采取强制执行措施或者申请人民法院强制执行。</td></tr>
<tr><td colspan="4">税务机关

经办人：王镏金　　　　负责人：　　　　税务机关（签章）
2020 年 12 月 19 日　　2020 年 12 月 19 日　　2020 年 12 月 19 日
（印章：国家税务总局哈尔滨市南岗区税务局 处罚专用章）</td></tr>
</table>

凭证7-9（1）

2300201127　　黑龙江增值税专用发票　　№ 88231102　　2300201127 88231102

此联不作报销、扣税凭证使用　　开票日期：2020年12月20日

购买方	名　　称：个人 纳税人识别号： 地 址、电 话： 开户行及账号：	密码区	033+*7-*73*>2170608870>2/>09- 7/3/+/86<9><>990498/72132*7+ <>931329*894++897/8>+570*5-> >6<589/47*019>/306>26+006<89

货物或应税劳务、服务名称	规格型号	单位	数量	单价	金额	税率	税额
纯生瓶装啤酒		吨	400	5000.00	2000000.00	13%	260000.00
普通瓶装啤酒		吨	500	4000.00	2000000.00	13%	260000.00
合　计					¥4000000.00	13%	¥520000.00
价税合计（大写）	⊗肆佰伍拾贰万圆整				（小写）¥4520000.00		

销售方	名　　称：哈尔滨冰花啤酒有限责任公司 纳税人识别号：237458159378789 地 址、电 话：哈尔滨南岗区人和路789号 0451-55667799 开户行及账号：工商银行南岗支行 012314725836907	备注	

收款人：李梅　　复核：赵雪娇　　开票人：赵立兰　　销售方：（章）

税总函[2020]217号哈职教印刷厂有限公司

第一联：记账联　销售方记账凭证

凭证7-9（2）

哈尔滨冰花啤酒有限责任公司

销售单（代合同）　　NO.2021206

地址：哈尔滨南岗区人和路 789 号

电话：0451-55667799

客户名称：个人

地址电话：　　日期：2020 年 12 月 20 日

产品名称		单位	单价	数量	金额	税率	税额	价税合计
纯生瓶装啤酒		吨	5 000.00	400	2 000 000.00	13%	260 000.00	2 260 000.00
普通瓶装啤酒		吨	4 000.00	500	2 000 000.00	13%	260 000.00	2 260 000.00
合计	人民币大写		肆佰伍拾贰万圆整		4 000 000.00		520 000.00	4 520 000.00

会计：赵雪娇　　经办人：朱海峰　　库管：赵立兰　　签收人：刘胜利

凭证7-9（3）

黑龙江增值税专用发票　№ 00241225

2300093590　抵扣联　2300093590 00241225

开票日期：2020年12月20日

购买方	名称：哈尔滨冰花啤酒有限责任公司 纳税人识别号：237458159378789 地址、电话：哈尔滨南岗区人和路789号 0451-55667799 开户行及账号：工商银行南岗支行 012314725836907				密码区	033+*7-*73*>2170608870>2/>09- 7/3/+/86<9><>990498/72132*7+ <>931329*894++897/8>+570*5-> >6<589/47*019>/306>26+006<89		
货物或应税劳务、服务名称	规格型号	单位	数量	单价	金额	税率	税额	
国内运输服务					1834.86	9%	165.14	
合计					¥1834.86	9%	¥165.14	
价税合计（大写）	⊗贰仟圆整				（小写）¥2000.00			
销售方	名称：哈尔滨红叶型货物运输有限公司 纳税人识别号：24045612352231X 地址、电话：哈尔滨市平房区渤海路555号 0451-52236963 开户行及账号：工商银行哈尔滨渤海支行 63384025866658885525				备注			

收款人：孙大可　复核：王莉　开票人：赵海玉　销售方：（章）

第二联：抵扣联 购买方扣税凭证

税总函[2020]217号哈尔滨印刷厂有限公司

凭证7-9（4）

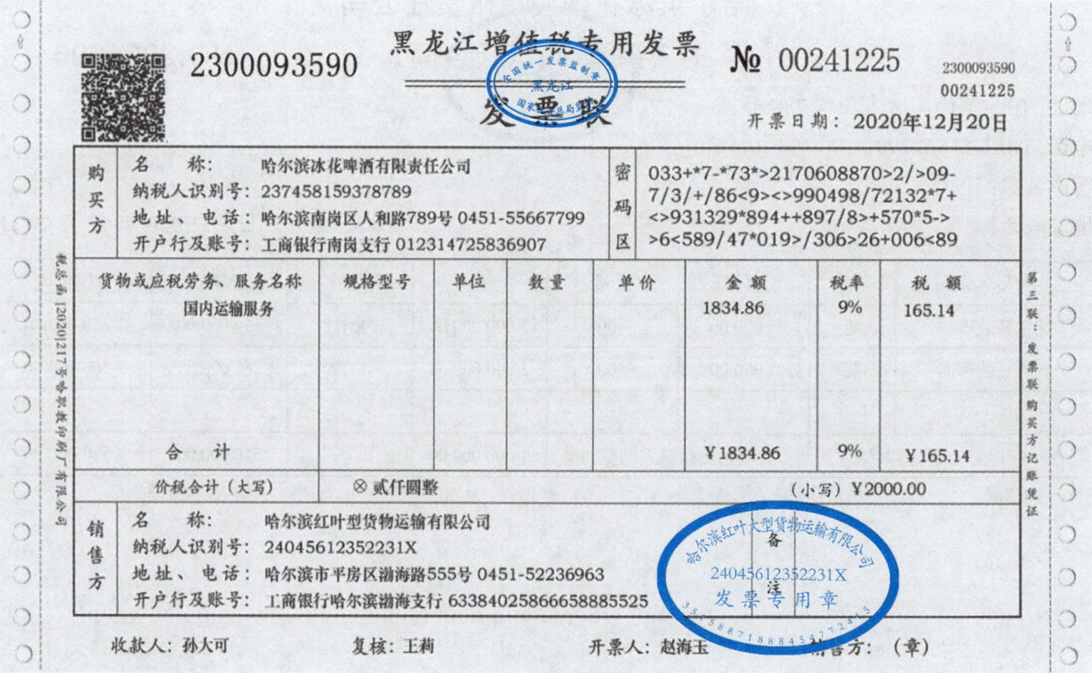

黑龙江增值税专用发票　№ 00241225

2300093590　发票联　2300093590 00241225

开票日期：2020年12月20日

购买方	名称：哈尔滨冰花啤酒有限责任公司 纳税人识别号：237458159378789 地址、电话：哈尔滨南岗区人和路789号 0451-55667799 开户行及账号：工商银行南岗支行 012314725836907				密码区	033+*7-*73*>2170608870>2/>09- 7/3/+/86<9><>990498/72132*7+ <>931329*894++897/8>+570*5-> >6<589/47*019>/306>26+006<89		
货物或应税劳务、服务名称	规格型号	单位	数量	单价	金额	税率	税额	
国内运输服务					1834.86	9%	165.14	
合计					¥1834.86	9%	¥165.14	
价税合计（大写）	⊗贰仟圆整				（小写）¥2000.00			
销售方	名称：哈尔滨红叶型货物运输有限公司 纳税人识别号：24045612352231X 地址、电话：哈尔滨市平房区渤海路555号 0451-52236963 开户行及账号：工商银行哈尔滨渤海支行 63384025866658885525				备注			

收款人：孙大可　复核：王莉　开票人：赵海玉　销售方：（章）

第三联：发票联 购买方记账凭证

税总函[2020]217号哈尔滨印刷厂有限公司

凭证7-9（5）

运费垫支凭证

2020 年 12 月 18 日

收货单位	运单号	货物名称	发运数量（吨）	运费	保险费	其他	金额合计（元）	经办人
个人	202012268	纯生瓶装啤酒 普通瓶装啤酒	900	2 000.00	0.00	0.00	2 000.00	刘兰兰
						现金付讫		
合计金额（大写）：	贰仟圆整							

制单人：赵大伟

凭证7-9（6）

POS 签购单
POS SALES SLIP
UnionPay
银联

商户名称（中英文）：哈尔滨冰花啤酒有限责任公司
MERCHAN TNAME：
商户编号：012314725836907
MERCHANT NO：
终端编号：14010888　操作员　01
TERMINAL
卡号：622909********24717/S
CARD NO

发卡行号：中国银行 收单行号：工商银行
ISS NO　ACQ NO
交易类型：购货　有效期：25/3
TXN TYPE　EXP DATE
批次号：000007　凭证号：
BATCH NO：　000470
授权码：814615　日期 / 时间：
AUTH NO：　2020/12/20 14:45:50
参考码：31100202
REE NO：
金额：RMB 870 000.00
AMOUNT

备注：预授权码 /AUTH NO：
REFERECE

持卡人签名　CARD HOLDER SIGNATURE
崔伟伟
本人确认以上交易，同意将其记入本卡账户
I ACKNOWLEDGE SATISFACTORY RECEIPT OF RELATIVE GOODS、SERVICES

收款凭证

凭证7-9（7）

POS 签购单
POS SALES SLIP
UnionPay
银联

商户名称（中英文）：哈尔滨冰花啤酒有限责任公司
MERCHAN TNAME：
商户编号：012314725836907
MERCHANT NO：
终端编号：14010888　操作员　01
TERMINAL
卡号：622909********24717/S
CARD NO

发卡行号：中国银行 收单行号：工商银行
ISS NO　ACQ NO
交易类型：购货　有效期：25/3
TXN TYPE　EXP DATE
批次号：000007　凭证号：
BATCH NO：　000470
授权码：814615　日期 / 时间：
AUTH NO：　2020/12/20 14:45:50
参考码：31100202
REE NO：
金额：RMB 1 200 000.00
AMOUNT

备注：预授权码 /AUTH NO：
REFERECE

持卡人签名　CARD HOLDER SIGNATURE
崔伟伟
本人确认以上交易，同意将其记入本卡账户
I ACKNOWLEDGE SATISFACTORY RECEIPT OF RELATIVE GOODS、SERVICES

收款凭证

凭证7-9（8）

POS 签购单

POS SALES SLIP

UnionPay
银联

商户名称（中英文）：哈尔滨冰花啤酒有限责任公司
MERCHANT NAME：
商户编号：012314725836907
MERCHANT NO：
终端编号：14010888　　操作员　01
TERMINAL
卡号：622909********24717/S
CARD NO

发卡行号：中国银行 收单行号：工商银行
ISS NO　　　　　ACQ NO
交易类型：购货　　有效期：25/3
TXN TYPE　　　　EXP DATE
批次号：000007　　凭证号：
BATCH NO：　　　000470
授权码：814615　　日期 / 时间：
AUTH NO：　　　　2020/12/20 14:45:50
参考码：31100202
REE NO：
金额：RMB 904 000.00
AMOUNT

备注：预授权码 /AUTH NO：
REFERECE

持卡人签名　CARD HOLDER SIGNATURE
崔伟伟
本人确认以上交易，同意将其记入本卡账户
I ACKNOWLEDGE SATISFACTORY RECEIPT OF RELATIVE GOODS、SERVICES

收款凭证

凭证7-9（9）

POS 签购单

POS SALES SLIP

UnionPay
银联

商户名称（中英文）：哈尔滨冰花啤酒有限责任公司
MERCHANT NAME：
商户编号：012314725836907
MERCHANT NO：
终端编号：14010888　　操作员　01
TERMINAL
卡号：622909********24717/S
CARD NO

发卡行号：中国银行 收单行号：工商银行
ISS NO　　　　　ACQ NO
交易类型：购货　　有效期：15/3
TXN TYPE　　　　EXP DATE
批次号：000007　　凭证号：
BATCH NO：　　　000470
授权码：814615　　日期 / 时间：
AUTH NO：　　　　2013/12/20 14:45:50
参考码：31100202
REE NO：
金额：RMB 1 150 000.00
AMOUNT

备注：预授权码 /AUTH NO：
REFERECE

持卡人签名　CARD HOLDER SIGNATURE
崔伟伟
本人确认以上交易，同意将其记入本卡账户
I ACKNOWLEDGE SATISFACTORY RECEIPT OF RELATIVE GOODS、SERVICES

收款凭证

凭证7-9（10）

POS 签购单

POS SALES SLIP

UnionPay
银联

商户名称（中英文）：哈尔滨冰花啤酒有限责任公司
MERCHANT NAME：
商户编号：012314725836907
MERCHANT NO：
终端编号：14010888　　操作员　01
TERMINAL
卡号：622909********24717/S
CARD NO

发卡行号：中国银行 收单行号：工商银行
ISS NO　　　　　　ACQ NO
交易类型：购货　　　有效期：15/3
TXN TYPE　　　　　EXP DATE
批次号：000007　　　凭证号：
BATCH NO：　　　　000470
授权码：814615　　　日期 / 时间：
AUTH NO：　　　　　2020/12/20 14:45:50
参考码：31100202
REE NO：
金额：RMB 396 000.00
AMOUNT

备注：预授权码 /AUTH NO：
REFERECE

持卡人签名　CARD HOLDER SIGNATURE
崔伟伟
本人确认以上交易，同意将其记入本卡账户
I ACKNOWLEDGE SATISFACTORY RECEIPT OF RELATIVE GOODS、SERVICES

收款凭证

凭证7-9（11）

产品出库单

购货单位：个人　　2020年12月20日　　出库编号：20201206

仓　库	产品名称	单　位	出库数量（吨）	单位成本（元）	总成本（元）	备　注
2号库	纯生瓶装啤酒	吨	400			
2号库	普通瓶装啤酒	吨	500			
合　计			900			

库管员：赵丽兰　　销售员：朱海峰　　部门负责人：赵雪娇

凭证7-10（1）

黑龙江增值税专用发票

2300207712　№ 00108841　2300207712 00108841

发票联

开票日期：2020年12月20日

购买方　名称：哈尔滨冰花啤酒有限责任公司
纳税人识别号：237458159378789
地址、电话：哈尔滨南岗区人和路789号 0451-55667799
开户行及账号：工商银行南岗支行 012314725836907

密码区　033+*7-*73*>2170608870>2/>09-7/3/+/86<9><>990498/72132*7+<>931329*894++897/8>+570*5->>6<589/47*019>/306>26+006<89

货物或应税劳务、服务名称	规格型号	单位	数量	单价	金额	税率	税额
文教用品				7087.38	7087.38	3%	212.62
合　计					¥7087.38	3%	¥212.62
价税合计（大写）	⊗柒仟叁佰圆整				（小写）¥7300.00		

销售方　名称：哈尔滨南极文化用品批发公司
纳税人识别号：330441741365122
地址、电话：哈尔滨市道外区南极街23号 0451-96622514
开户行及账号：工商银行南极街支行 8851002514485525239

备注

收款人：吴曼丽　复核：彭东东　开票人：蒋大凯　销售方：（章）

第二联：发票联 购买方记账凭证

税总函[2020]217号哈尔滨印刷厂有限公司

凭证7-10（2）

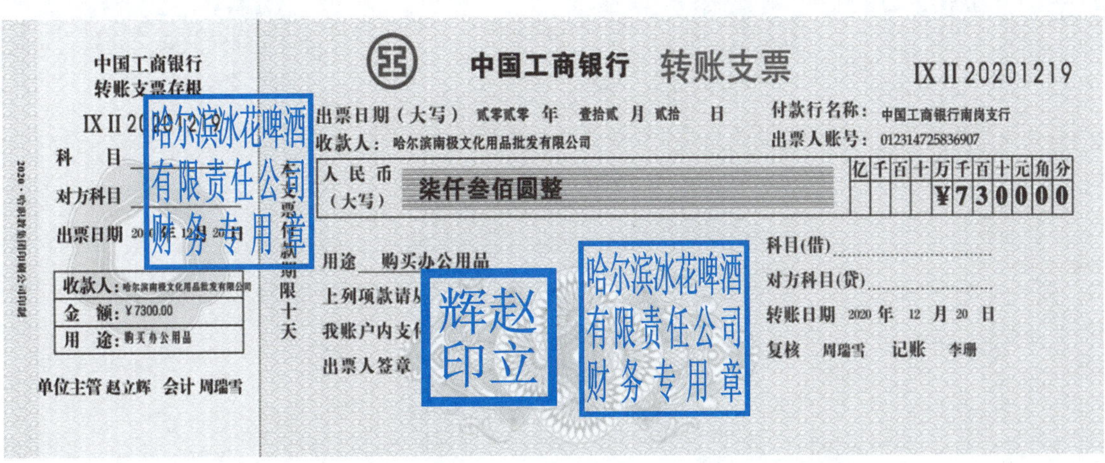

中国工商银行　转账支票　IX II 20201219

中国工商银行 转账支票存根
IX II 20201219
科目
对方科目
出票日期 2020年12月20日
收款人：哈尔滨南极文化用品批发有限公司
金额：¥7300.00
用途：购买办公用品
单位主管 赵立辉　会计 周瑞雪

出票日期（大写）贰零贰零 年 壹拾贰 月 贰拾 日　付款行名称：中国工商银行南岗支行
收款人：哈尔滨南极文化用品批发有限公司　出票人账号：012314725836907

人民币（大写）柒仟叁佰圆整　¥730000

本支票付款期限十天

用途 购买办公用品
上列款项请从
我账户内支付
出票人签章

科目(借)
对方科目(贷)
转账日期 2020 年 12 月 20 日
复核 周瑞雪　记账 李珊

附加信息：	被背书人	被背书人	
	背书人签章 年　月　日	背书人签章 年　月　日	贴粘单处

莱织华印制有限公司　2011年印制

根据《中华人民共和国票据法》等法律法规的规定，签发空头支票由中国人民银行处以票面金额5%但不低于1 000元的罚款。

凭证7-10（3）

付款报告书

部门：采购部　　2020 年 12 月 20 日　　付款编号：20201227

开支内容	结算金额	结算方式
购买办公用品	3 400.00	转账支票 1219
元旦活动奖品	3 900.00	转账支票 1219
合计金额（大写）	柒仟叁佰圆整	

转账付讫

主管会计：周瑞雪　　单位负责人：张立军　　出纳：李梅　　经办人：李荣

凭证7-11

产品入库单

2020年12月20日　　　　出库编号：20201202

仓　库	产品名称	单　位	入库数量（吨）	单位成本（元）	总成本（元）	备　注
2号库	纯生瓶装啤酒	吨	2 000			
2号库	普通瓶装啤酒	吨	2 000			
合　计			4 000			

库管员：赵立兰　　　　采购员：李小伟　　　　部门负责人：赵立春

凭证7-12（1）

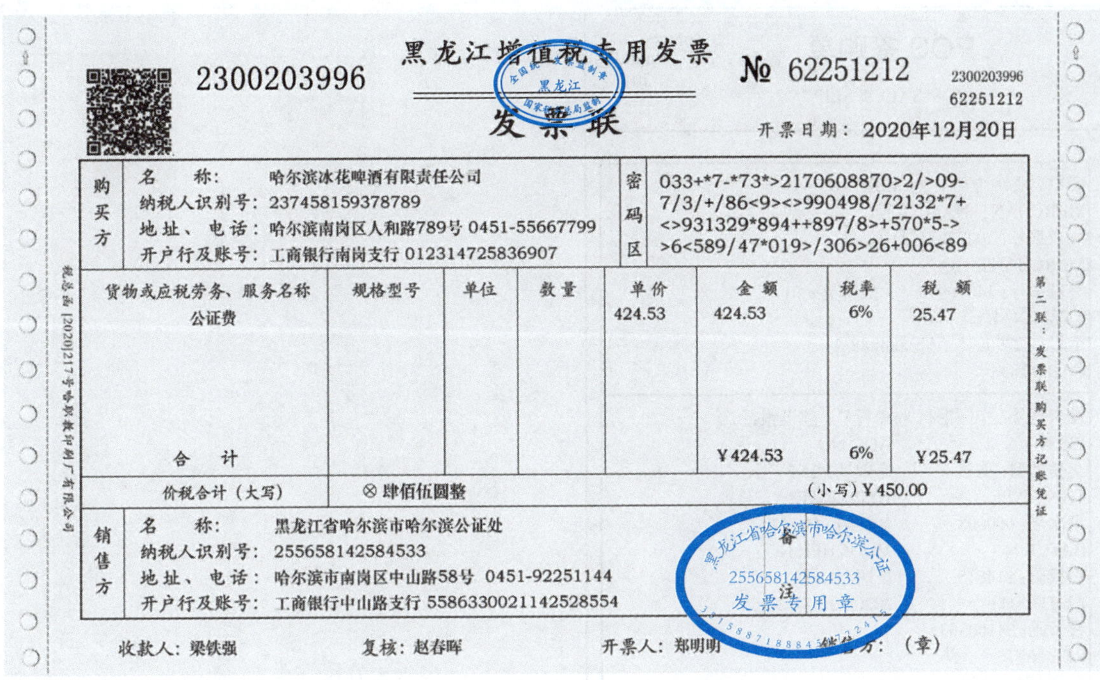

黑龙江增值税专用发票

发票联

2300203996　　№ 62251212　　2300203996 62251212

开票日期：2020年12月20日

购买方	名　　称：哈尔滨冰花啤酒有限责任公司 纳税人识别号：237458159378789 地 址、电 话：哈尔滨南岗区人和路789号 0451-55667799 开户行及账号：工商银行南岗支行 012314725836907	密码区	033+*7-*73*>2170608870>2/>09- 7/3/+/86<9><>990498/72132*7+ <>931329*894++897/8>+570*5-> >6<589/47*019>/306>26+006<89

货物或应税劳务、服务名称	规格型号	单位	数量	单价	金额	税率	税额
公证费				424.53	424.53	6%	25.47
合　计					¥424.53	6%	¥25.47
价税合计（大写）	⊗肆佰伍圆整				（小写）¥450.00		

销售方	名　　称：黑龙江省哈尔滨市哈尔滨公证处 纳税人识别号：255658142584533 地 址、电 话：哈尔滨市南岗区中山路58号 0451-92251144 开户行及账号：工商银行中山路支行 5586330021142528554	备注	

收款人：梁铁强　　复核：赵春晖　　开票人：郑明明　　销售方：（章）

税总函[2020]217号哈尔滨印刷厂有限公司

第二联：发票联　购买方记账凭证

凭证7-12（2）

付款报告书

部门：采购部　　　　2020年12月21日　　　　编号：20201228

开支内容	结算金额	结算方式
支付陈强业务委托公证费	450.00	陈强公务卡
合计金额（大写）	肆佰伍拾圆整	

转账付讫

主管会计：周瑞雪　　单位负责人：孙伟　　出纳：李梅　　经办人：陈强

凭证7-12（3）

POS 签购单

POS SALES SLIP

UnionPay
银联

商户名称（中英文）：陈强
MERCHANT NAME：
商户编号：10423015411
MERCHANT NO：
终端编号：14010999　　操作员　01
TERMINAL
卡号：622909********24888/S
CARD NO

发卡行号：中国银行 收单行号：建设银行
ISS NO　　ACQ NO
交易类型：购货　　有效期：15/3
TXN TYPE　　EXP DATE
批次号：000008　　凭证号：000470
BATCH NO：　　VOUCHER NO：
授权码：814615　　日期 / 时间：
AUTH NO：　　2020/12/21 13:45:50
参考码：31100303
REE NO：
金额：RMB 450.00
AMOUNT

备注：预授权码 /AUTH NO：
REFERECE

持卡人签名　CARD HOLDER SIGNATURE
陈强
本人确认以上交易，同意将其记入本卡账户
I ACKNOWLEDGE SATISFACTORY RECEIPT OF RELATIVE GOODS、SERVICES

持卡人存根

凭证7-13

关于解除劳动合同给予职工补偿款的请示

企业董事会：

根据董事会第30次会议研究决定，给予自2021年1月1日起解除采部购吴尚、行政部金浩的劳动用工合同，并以12月份应付工资标准给予一年的工资补偿。具体情况如下表：

姓　　名	单　　位	12月份应付职工薪酬	补偿时间	补偿金额	备　　注
采购部	吴　尚	3 050.00	12个月	36 600.00	
行政部	金　浩	3 200.00	12个月	38 400.00	
合计（大写人民币）柒万伍仟圆整				¥75 000.00	

请审核批准。

部门领导审批意见：

王开放

2020年12月20日

企业领导审批意见：

赵立辉印

2020年12月20日

经办人：李美生

2020年12月20日

凭证7-14（1）

付款报告书

部门：行政部　　2020 年 12 月 21 日　　付款编号：20201229

开支内容	结算金额	结算方式
支付职工体检费	160 000.00	转账支票 1220
合计金额（大写）	壹拾陆万圆整	转账付讫

主管会计：周瑞雪　　单位负责人：孙伟　　出纳：李梅　　经办人：陈强

凭证7-14（2）

黑龙江省医疗门诊费收据

（财政部票据监制章：财政部监制）

就诊号：　　日期：2020/12/21　　No0013114042000

保险编号		姓　　名	哈尔滨冰花啤酒有限责任公司	性　　别	
就诊科室	体　　检	人员类别	职　　工	医保类别	
体验套餐 400 × 400 = 160 000 元					
金额合计（大写）壹拾陆万圆整		￥160 000.00			

第二联　收据

（印章：哈尔滨医科大学第二附属医院 转讫 门诊专用）

收款单位盖章：　　收款人：张波　　（微机专用　手写无效）

凭证7-14（3）

职工体验明细表

2020 年 12 月 21 日

部　　门	职工姓名	部　　门	职工姓名
董事会	赵立辉	采购部	张立军
经理室	孙　伟		李　东
	陈　强		李　美
	李　莉		吴　尚
	齐　心	销售部	赵雪娇
	朱美娜		赵　贺
质检部	赵　博		孙　华
	李长文		金　浩
人数合计	80	人数合计	80

制表人：孙华　　审批人：赵贺

注：此明细表共计 5 张，其余 4 张略。

凭证7-14（4）

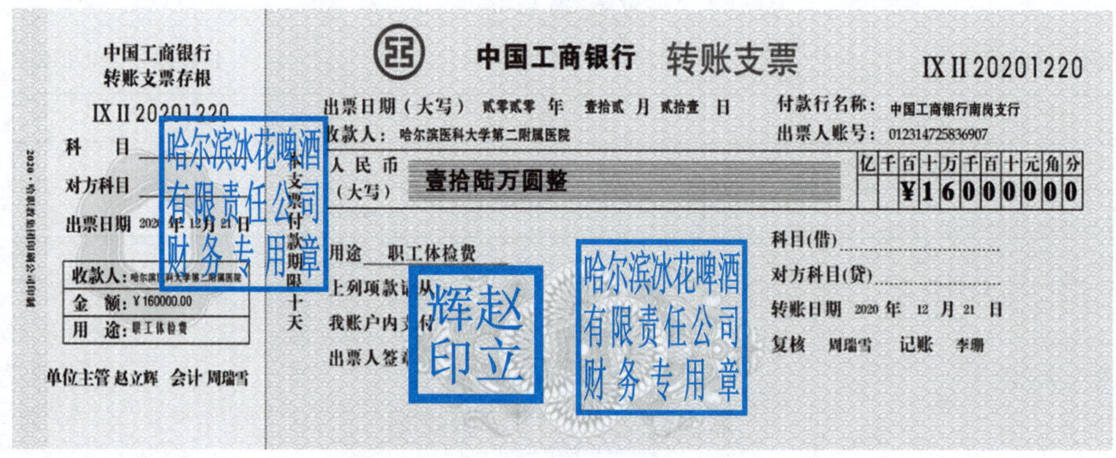

中国工商银行
转账支票存根
IX II 20201220
科 目
对方科目
出票日期 2020 年 12 月 21 日
收款人：哈尔滨医科大学第二附属医院
金 额：¥160000.00
用 途：职工体检费
单位主管 赵立辉 会计 周瑞雪

中国工商银行 转账支票 IX II 20201220
出票日期（大写） 贰零贰零 年 壹拾贰 月 贰拾壹 日 付款行名称：中国工商银行南岗支行
收款人：哈尔滨医科大学第二附属医院 出票人账号：01231472583690 7
人民币（大写） 壹拾陆万圆整 ¥16000000
本支票付款期限十天
用途 职工体检费
上列款项请从我账户内支付
出票人签章
科目(借)
对方科目(贷)
转账日期 2020 年 12 月 21 日
复核 周瑞雪 记账 李珊

附加信息：	被背书人	被背书人
	背书人签章 年 月 日	背书人签章 年 月 日

贴粘单处

根据《中华人民共和国票据法》等法律法规的规定，签发空头支票由中国人民银行处以票面金额5%但不低于1 000元的罚款。

凭证7-15（1）

生产车间生产工人啤酒分配表

<table>
<tr><th rowspan="2">产品名称</th><th colspan="3">包装车间</th><th colspan="3">酿造车间</th><th rowspan="2">合　计</th></tr>
<tr><th>生产工时</th><th>分配率</th><th>福利金额</th><th>生产工时</th><th>分配率</th><th>福利金额</th></tr>
<tr><td>普通啤酒</td><td></td><td></td><td></td><td></td><td></td><td></td><td></td></tr>
<tr><td>纯生啤酒</td><td></td><td></td><td></td><td></td><td></td><td></td><td></td></tr>
<tr><td>合　计</td><td></td><td></td><td></td><td></td><td></td><td></td><td></td></tr>
</table>

凭证7-15（2）

元旦春节啤酒发放明细表

2020年12月22日　　　　单位：箱

<table>
<tr><th rowspan="2">类　别</th><th rowspan="2" colspan="2">部门或性质</th><th colspan="2">发放数量</th><th rowspan="2">领取人签字</th></tr>
<tr><th>纯生啤酒</th><th>普通啤酒</th></tr>
<tr><td rowspan="6">管理部门</td><td colspan="2">董事会及总经理室</td><td>10</td><td>10</td><td>齐　心</td></tr>
<tr><td colspan="2">财务部</td><td>10</td><td>10</td><td>赵大伟</td></tr>
<tr><td colspan="2">质检部</td><td>5</td><td>5</td><td>李长文</td></tr>
<tr><td colspan="2">采购部</td><td>10</td><td>10</td><td>李　美</td></tr>
<tr><td colspan="2">行政部</td><td>20</td><td>20</td><td>孙　华</td></tr>
<tr><td colspan="2">小　计</td><td>55</td><td>55</td><td></td></tr>
<tr><td rowspan="5">生产部门</td><td rowspan="2">包装车间</td><td>车间管理人员</td><td>10</td><td>10</td><td>李小伟</td></tr>
<tr><td>生产工人</td><td>70</td><td>70</td><td>李小伟</td></tr>
<tr><td rowspan="2">酿造车间</td><td>车间管理人员</td><td>25</td><td>25</td><td>李　伟</td></tr>
<tr><td>生产工人</td><td>180</td><td>180</td><td>李　伟</td></tr>
<tr><td colspan="2">小　计</td><td>285</td><td>285</td><td></td></tr>
<tr><td colspan="3">销售部门</td><td>40</td><td>40</td><td>赵立兰</td></tr>
<tr><td>辅助生产部门</td><td colspan="2">机修车间</td><td>20</td><td>20</td><td>王一春</td></tr>
<tr><td colspan="3">合　计</td><td>400</td><td>400</td><td></td></tr>
</table>

制表：赵贺　　　　主管领导：齐心　　　　企业领导：孙伟

凭证7-15（3）

产品出库单

购货单位：福利　　2020年12月22日　　出库编号：20201207

仓　库	产品名称	单　位	出库数量（吨）	单位成本（元）	总成本（元）	备　注
2号库	纯生瓶装啤酒	吨	4			
2号库	普通瓶装啤酒	吨	4			
合　计			8			

库管员：赵丽兰　　销售员：朱海峰　　部门负责人：赵贺

凭证7-16（1）

元旦春节豆油发放明细表

2020年12月22日　　单位：箱

类　别	部门或性质		发放数量	领取人签字
管理部门	董事会及总经理室		10	齐　心
	财务部		10	赵大伟
	质检部		5	李长文
	采购部		10	李　美
	行政部		20	孙　华
	小　计		55	
生产部门	包装车间	车间管理人员	10	李小伟
		生产工人	70	李小伟
	酿造车间	车间管理人员	25	李　伟
		生产工人	180	李　伟
	小　计		285	
销售部门			40	赵立兰
辅助生产部门	机修车间		20	王一春
合　计			400	

制表：赵贺　　主管领导：齐心　　企业领导：孙伟

凭证7-16（2）

生产车间生产工人豆油分配表

产品名称	包装车间			酿造车间			合　计
	生产工时	分配率	福利金额	生产工时	分配率	福利金额	
普通啤酒							
纯生啤酒							
合　计							

凭证7-16（3）

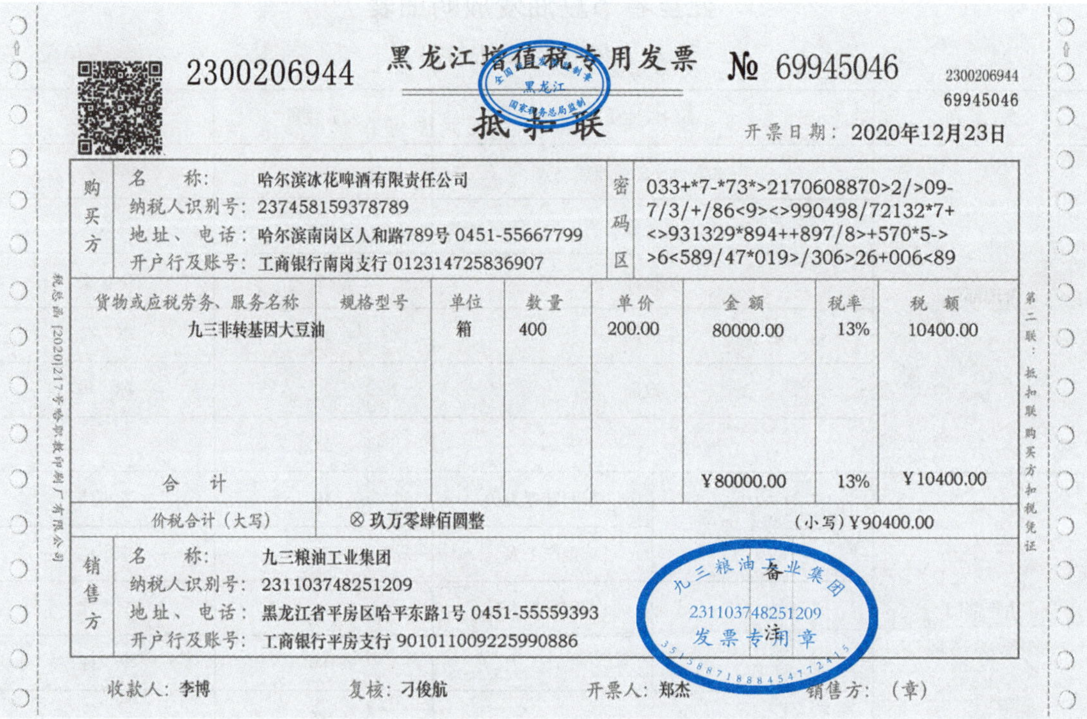

2300206944　黑龙江增值税专用发票　№ 69945046　2300206944　69945046

抵扣联

开票日期：2020年12月23日

购买方	名　　称：哈尔滨冰花啤酒有限责任公司 纳税人识别号：237458159378789 地址、电话：哈尔滨南岗区人和路789号 0451-55667799 开户行及账号：工商银行南岗支行 012314725836907	密码区	033+*7-*73*>2170608870>2/>09- 7/3/+/86<9><>990498/72132*7+ <>931329*894++897/8>+570*5-> >6<589/47*019>/306>26+006<89

货物或应税劳务、服务名称	规格型号	单位	数量	单价	金额	税率	税额
九三非转基因大豆油		箱	400	200.00	80000.00	13%	10400.00
合　计					¥80000.00	13%	¥10400.00
价税合计（大写）	⊗玖万零肆佰圆整				（小写）¥90400.00		

销售方	名　　称：九三粮油工业集团 纳税人识别号：231103748251209 地址、电话：黑龙江省平房区哈平东路1号 0451-55559393 开户行及账号：工商银行平房支行 901011009225990886	备注	

收款人：李博　复核：刁俊航　开票人：郑杰　销售方：（章）

税总函［2020］217号哈职教印刷厂有限公司

第二联：抵扣联 购买方扣税凭证

凭证7-16（4）

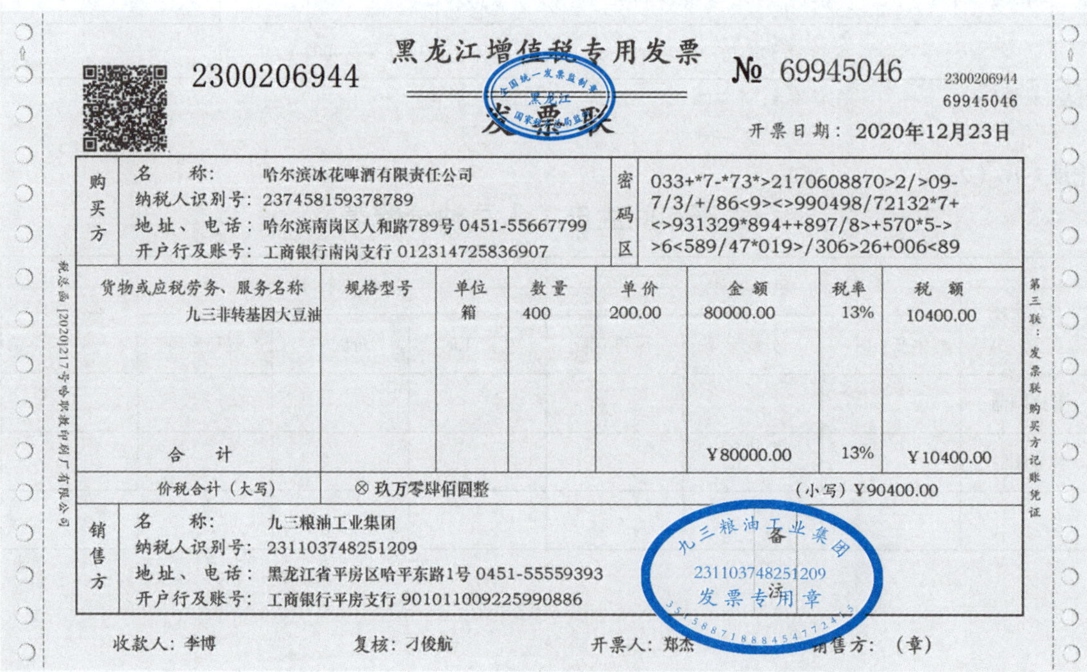

2300206944　黑龙江增值税专用发票　№ 69945046　2300206944　69945046

发票联

开票日期：2020年12月23日

购买方	名　　称：哈尔滨冰花啤酒有限责任公司 纳税人识别号：237458159378789 地址、电话：哈尔滨南岗区人和路789号 0451-55667799 开户行及账号：工商银行南岗支行 012314725836907	密码区	033+*7-*73*>2170608870>2/>09- 7/3/+/86<9><>990498/72132*7+ <>931329*894++897/8>+570*5-> >6<589/47*019>/306>26+006<89

货物或应税劳务、服务名称	规格型号	单位	数量	单价	金额	税率	税额
九三非转基因大豆油		箱	400	200.00	80000.00	13%	10400.00
合　计					¥80000.00	13%	¥10400.00
价税合计（大写）	⊗玖万零肆佰圆整				（小写）¥90400.00		

销售方	名　　称：九三粮油工业集团 纳税人识别号：231103748251209 地址、电话：黑龙江省平房区哈平东路1号 0451-55559393 开户行及账号：工商银行平房支行 901011009225990886	备注	

收款人：李博　复核：刁俊航　开票人：郑杰　销售方：（章）

税总函［2020］217号哈职教印刷厂有限公司

第三联：发票联 购买方记账凭证

凭证7-16（5）

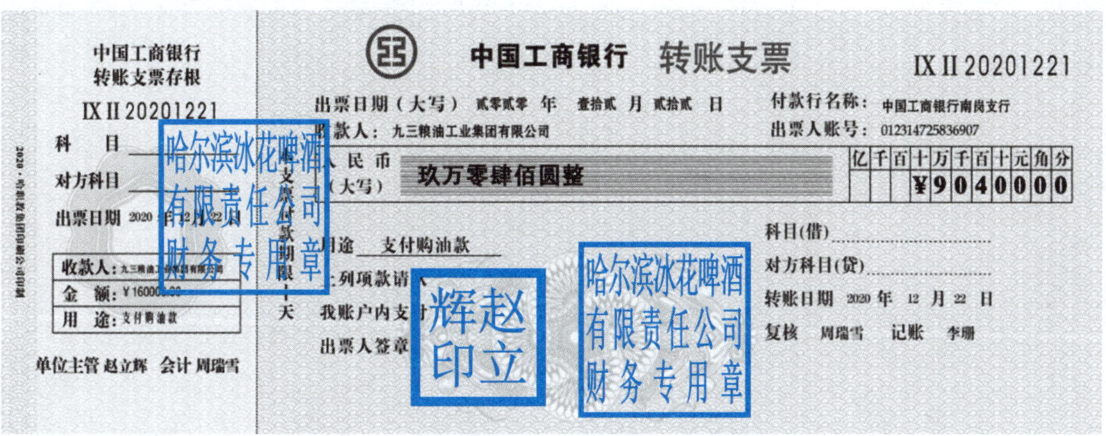

中国工商银行 转账支票 IXⅡ20201221

中国工商银行 转账支票存根 IXⅡ20201221

科目

对方科目

出票日期 2020年12月22日

收款人：九三粮油工业集团有限公司

金额：¥160000.00

用途：支付购油款

单位主管 赵立辉 会计 周瑞雪

出票日期（大写） 贰零贰零 年 壹拾贰 月 贰拾贰 日　付款行名称：中国工商银行南岗支行

收款人：九三粮油工业集团有限公司　出票人账号：012314725836907

人民币（大写） 玖万零肆佰圆整　¥9040000

用途 支付购油款

上列款项请从我账户内支付

出票人签章

本支票付款期限十天

科目(借)

对方科目(贷)

转账日期 2020 年 12 月 22 日

复核 周瑞雪　记账 李珊

哈尔滨冰花啤酒有限责任公司财务专用章

赵立辉印

附加信息：	被背书人	被背书人
	背书人签章 年 月 日	背书人签章 年 月 日

贴粘单处

根据《中华人民共和国票据法》等法律法规的规定，签发空头支票由中国人民银行处以票面金额5%但不低于1 000元的罚款。

凭证7-16（6）

付 款 报 告 书

部门：行政部　　2020 年 12 月 23 日　　**付款编号：**20201230

开支内容	结算金额	结算方式
支付福利豆油款	90 400.00	转账支票 1221
合计金额（大写）	玖万零肆佰圆整	

转账付讫

主管会计：周瑞雪　　单位负责人：孙伟　　出纳：李梅　　经办人：李美

凭证7-17（1）

房屋租赁合同

出租方（以下简称甲方）：哈尔滨远大房屋开发有限公司

承租方（以下简称乙方）：哈尔滨冰花啤酒有限责任公司

根据《中华人民共和国合同法》及相关法律法规的规定，甲、乙双方在平等、自愿的基础上，甲方将房屋出租给乙单位使用，乙方承租甲方房屋，为明确双方权利义务，经协商一致订立本合同。

第一条　甲方保证所出租的房屋符合国家对租赁房屋的有关规定。

第二条　甲方提供租赁房屋的相关情况说明：

1．甲方出租给乙方的房屋位于哈尔滨哈平路 107 号远大植物园小区的 G5 号楼的 101~113，共 13 间房屋出租给给乙方高管居住。

2．该房屋的装修、设施及设备情况见合同附件。合同附件是双方交付房屋的依据。

3．甲方应提供房产证、营业执照、总经理和经办人的身份证、房屋租赁批复相关文件。乙方提供总经理和经办人的身份证及承租房屋的批复相关文件。双方验证后并将复印件留存对方备案。

第三条　房屋租赁期限及用途：

1．该房屋的租赁期 3 年，期限自 2020 年 12 月 22 日至 2023 年 12 月 21 日止。

2．乙方承租的房屋只能用于居住，其结构只能围绕居住做简单的改动或装修，并于租赁期满时恢复原装修。

3．租赁期满时，若续租需提前两个月书面通知甲方，经甲方同意后，就有关事宜达成一致重新签订合同。

第四条　租金及支付方式。每间房屋的月租金是 4 000.00 元，年租金是 48 000.00 元，共计 13 间，月租金总额为大写人民币伍万贰仟圆整，年租金总额为陆拾贰万肆仟圆整。租金按月支付，于每月末前支付。否则将按日收取 5% 的滞纳金、没收房屋维修保证金并收回房屋。签订租赁合同日支付房屋维修保证金 10 万元。

第五条　合同生效时间。本合同自双方签章后生效，合同共两份双方各持一份，具有同等法律效。

第六条　其他。除上述合同条款外，如有未尽事宜，需双方在遵守合同法的基础上，相互协商解决，如未能解决，通过仲裁机构解决。

甲方：哈尔滨远大房屋开发有限公司	乙方：哈尔滨冰花啤酒有限责任公司
签约代表：王长林	签约代表：孙伟
签约日期：2020 年 12 月 23 日	签约日期：2020 年 12 月 23 日
签约地点：哈尔滨远大房屋开发有限公司	签约地点：哈尔滨远大房屋开发有限公司

凭证7-17（2）

黑龙江增值税专用发票

2300204620 发票联 № 00132250

2300204620
00132250

开票日期：2020年12月22日

购买方	名称：哈尔滨冰花啤酒有限责任公司 纳税人识别号：237458159378789 地址、电话：哈尔滨南岗区人和路789号 0451-55667799 开户行及账号：工商银行南岗支行 012314725836907
密码区	033+*7-*73*>2170608870>2/>09-7/3/+/86<9><>990498/72132*7+<>931329*894++897/8>+570*5->>6<589/47*019>/306>26+006<89

货物或应税劳务、服务名称	规格型号	单位	数量	单价	金额	税率	税额
房屋租赁费				49523.81	49523.81	5%	2476.19
合计					￥49523.81	5%	￥2476.19
价税合计（大写）	⊗伍万贰仟圆整				（小写）￥52000.00		

销售方	名称：哈尔滨远大房屋开发有限公司 纳税人识别号：230669482486955 地址、电话：哈尔滨市南岗区通江街29号 0451-29225881 开户行及账号：工商银行通江街支行 55851410125581236584
备注	

收款人：赵跃飞　复核：蕾硕　开票人：杨庆明　销售方：（章）

凭证7-17（3）

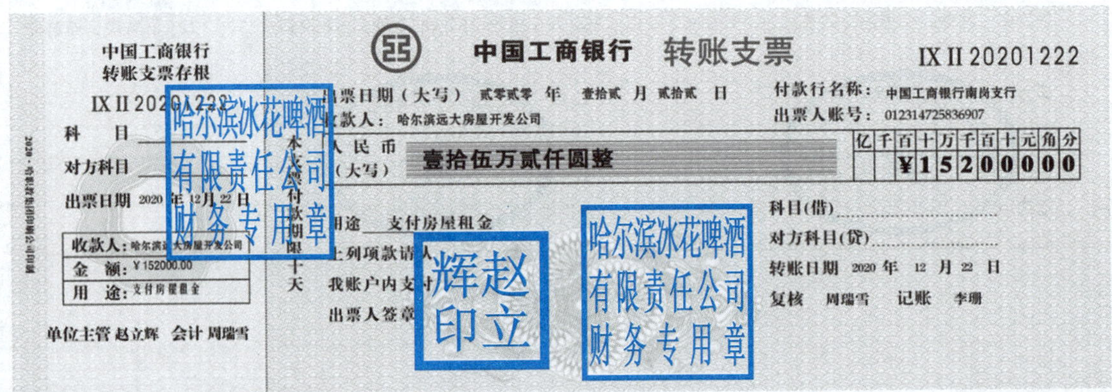

中国工商银行
转账支票存根
IX II 20201222
科目
对方科目
出票日期 2020年12月22日
收款人：哈尔滨远大房屋开发有限公司
金额：￥152000.00
用途：支付房屋租金
单位主管 赵立辉 会计 周瑞雪

中国工商银行 转账支票 IX II 20201222

出票日期（大写）贰零贰零年 壹拾贰月 贰拾贰日　付款行名称：中国工商银行南岗支行
收款人：哈尔滨远大房屋开发公司　出票人账号：012314725836907
人民币（大写）壹拾伍万贰仟圆整　￥15200000
本支票付款期限十天
用途 支付房屋租金
上列项款请从
我账户内支付
出票人签章
科目(借)
对方科目(贷)
转账日期 2020年12月22日
复核 周瑞雪 记账 李珊

附加信息：	被背书人	被背书人
	背书人签章 年 月 日	背书人签章 年 月 日

贴粘单处

根据《中华人民共和国票据法》等法律法规的规定，签发空头支票由中国人民银行处以票面金额5%但不低于1 000元的罚款。

凭证7-17（4）

付款报告书

部门：行政部　　　　2020 年 12 月 23 日　　　　付款编号：20201231

开支内容	结算金额	结算方式
支付高管 12 月房屋租金及押金	152 000.00	转账支票 1222
合计金额（大写）	壹拾伍万贰仟圆整	转账付讫

主管会计：周瑞雪　　单位负责人：孙伟　　出纳：李梅　　经办人：赵贺

凭证7-17（5）

房屋押金收条

今收到 哈尔滨冰花啤酒有限责任公司 交来 2020 年 12 月 22 日至 2023 年 12 月 21 日房屋押金（人民币，大写） 壹拾万圆整 ，特此证明。

（此收据一式两份，又甲、乙双方各执一份）

哈尔滨市远大房屋开发有限公司 财务专用章

收款人：哈尔滨远大房屋开发有限公司

2020 年 12 月 20 日

凭证7-18（1）

解除劳动合同给予职工补偿款计算表

2020年12月23日

姓　名	单　位	12月份应付职工薪酬	补偿时间	补偿金额	备　注
吴　尚	行政部	3 050.00	12个月	36 600.00	吴尚
金　浩	采购部	3 200.00	12个月	38 400.00	金浩
合　计				75 000.00	

企业主管：孙伟　　部门领导：李莉　　财务主管：孙大可　　经办人：李美生

凭证7-18（2）

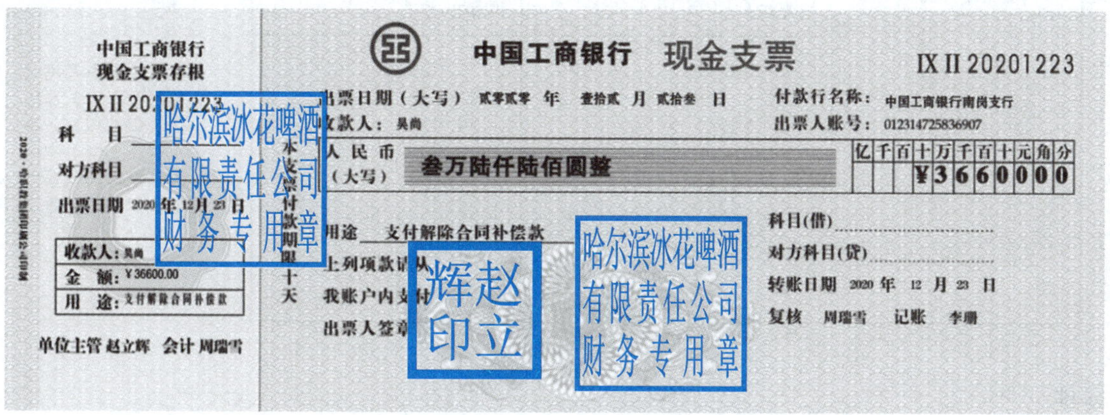

中国工商银行
现金支票存根
IX II 20201223
科　目
对方科目
出票日期 2020 年 12 月 23 日
收款人：吴尚
金　额：¥36600.00
用　途：支付解除合同补偿款
单位主管 赵立辉　会计 周瑞雪

中国工商银行　现金支票　IX II 20201223
出票日期（大写）贰零贰零 年 壹拾贰 月 贰拾叁 日　付款行名称：中国工商银行南岗支行
收款人：吴尚　出票人账号：012314725836907
人民币（大写）叁万陆仟陆佰圆整

亿	千	百	十	万	千	百	十	元	角	分
			¥	3	6	6	0	0	0	0

本支票付款期限十天
用途　支付解除合同补偿款
上列项款请从
我账户内支付
出票人签章
科目(借)
对方科目(贷)
转账日期 2020 年 12 月 23 日
复核　周瑞雪　记账　李珊

哈尔滨冰花啤酒有限责任公司财务专用章
赵立辉印
哈尔滨冰花啤酒有限责任公司财务专用章

附加信息：	被背书人	被背书人
	背书人签章 年　月　日	背书人签章 年　月　日

贴粘单处

根据《中华人民共和国票据法》等法律法规的规定，签发空头支票由中国人民银行处以票面金额5%但不低于1 000元的罚款。

莱织华印刷有限公司　2011年印制

凭证7-18（3）

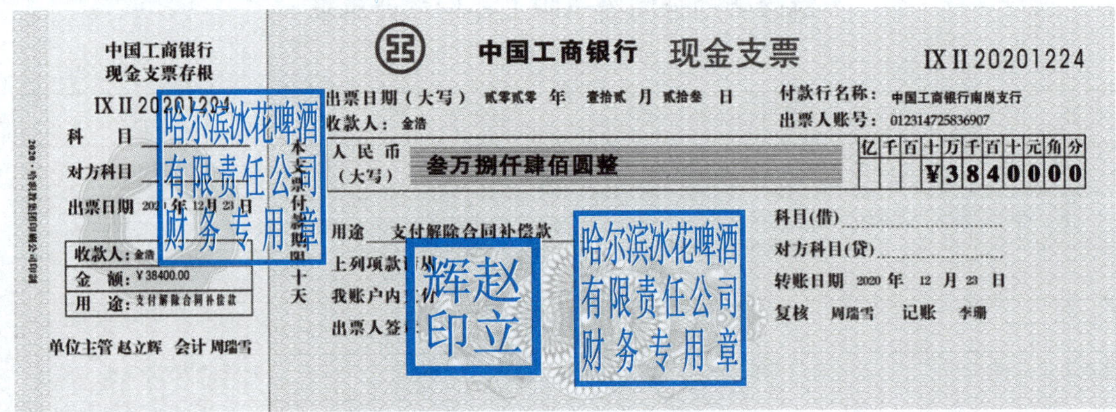

中国工商银行
现金支票存根
IX II 20201224
科　　目
对方科目
出票日期 2020 年 12 月 23 日
收款人：金浩
金　额：¥38400.00
用　途：支付解除合同补偿款
单位主管 赵立辉　会计 周瑞雪

中国工商银行　现金支票　IX II 20201224

出票日期（大写） 贰零贰零 年 壹拾贰 月 贰拾叁 日　付款行名称：中国工商银行南岗支行
收款人：金浩　出票人账号：012314725836907

本支票付款期限十天

人民币（大写）	叁万捌仟肆佰圆整

亿	千	百	十	万	千	百	十	元	角	分
			¥	3	8	4	0	0	0	0

用途 支付解除合同补偿款
上列项款请从
我账户内支付
出票人签章

科目(借)
对方科目(贷)
转账日期 2020 年 12 月 23 日
复核 周瑞雪　记账 李珊

附加信息：	被背书人	被背书人
	背书人签章 年　月　日	背书人签章 年　月　日

贴粘单处

根据《中华人民共和国票据法》等法律法规的规定，签发空头支票由中国人民银行处以票面金额5%但不低于1 000元的罚款。

来织华印刷有限公司 2011年印制

凭证7-18（4）

付款报告书

部门：行政部　　2020年12月23日　　付款编号：20201232

开支内容	结算金额	结算方式
支付解除合同职工补偿款 吴尚	36 600.00	现金支票1223
支付解除合同职工补偿款 金浩	38 400.00	现金支票1224
合计金额（大写）	柒万伍仟圆整	转账付讫

主管会计：周瑞雪　　单位负责人：孙伟　　出纳：李梅　　经办人：陈强

凭证7-19（1）

付 款 报 告 书

部门：行政部　　　　2020 年 12 月 23 日　　　　付款编号：20201233

开支内容	结算金额	结算方式	附　注
支付汽车修理费	3 955.00	转账支票 1225	SANGITAG 管理用 MAGOTAN 销售用
		转账付讫	
合计金额（大写）	叁仟玖佰伍拾伍圆整		

主管会计：周瑞雪　　单位负责人：孙伟　　出纳：李梅　　经办人：赵雪娇

凭证7-19（2）

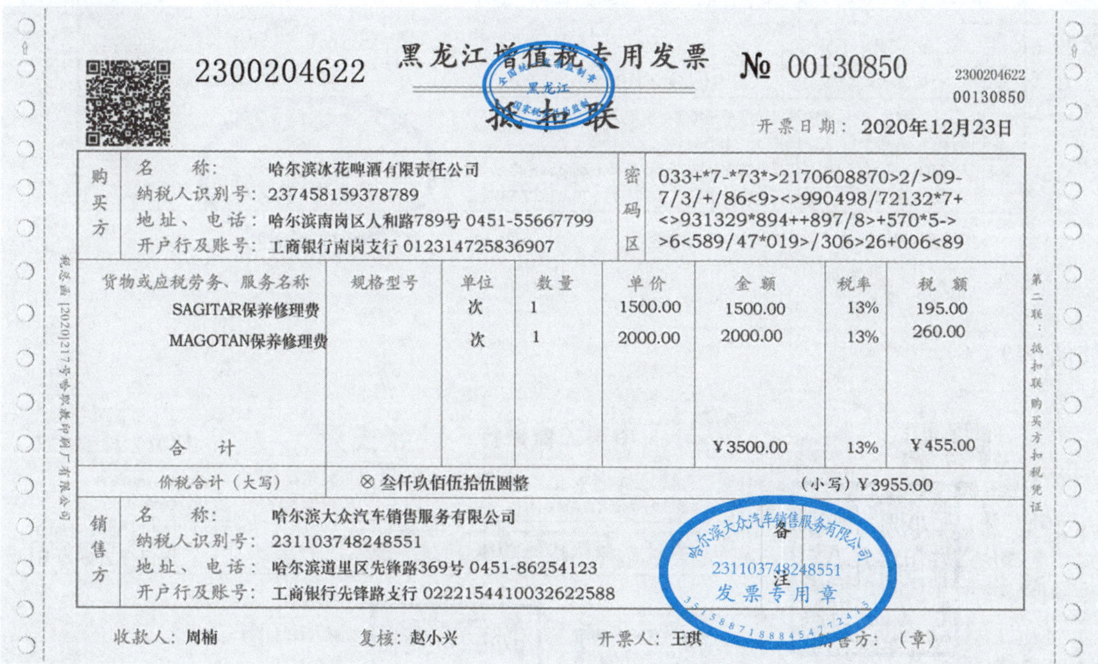

2300204622　　黑龙江增值税专用发票　　№ 00130850　　2300204622 00130850

抵 扣 联

开票日期：2020年12月23日

购买方	名　　称：哈尔滨冰花啤酒有限责任公司 纳税人识别号：237458159378789 地 址、电 话：哈尔滨南岗区人和路789号 0451-55667799 开户行及账号：工商银行南岗支行 012314725836907	密码区	033+*7-*73*>2170608870>2/>09- 7/3/+/86<9><>990498/72132*7+ <>931329*894++897/8>+570*5-> >6<589/47*019>/306>26+006<89

货物或应税劳务、服务名称	规格型号	单位	数量	单价	金额	税率	税额
SAGITAR保养修理费		次	1	1500.00	1500.00	13%	195.00
MAGOTAN保养修理费		次	1	2000.00	2000.00	13%	260.00
合　计					¥3500.00	13%	¥455.00
价税合计（大写）	⊗ 叁仟玖佰伍拾伍圆整				（小写）¥3955.00		

销售方	名　　称：哈尔滨大众汽车销售服务有限公司 纳税人识别号：231103748248551 地 址、电 话：哈尔滨道里区先锋路369号 0451-86254123 开户行及账号：工商银行先锋路支行 0222154410032622588	备注	哈尔滨大众汽车销售服务有限公司 231103748248551 发票专用章

收款人：周楠　　复核：赵小兴　　开票人：王琪　　销售方：（章）

税总函［2020］217号哈松鹿印刷厂有限公司

第二联：抵扣联 购买方扣税凭证

凭证7-19（3）

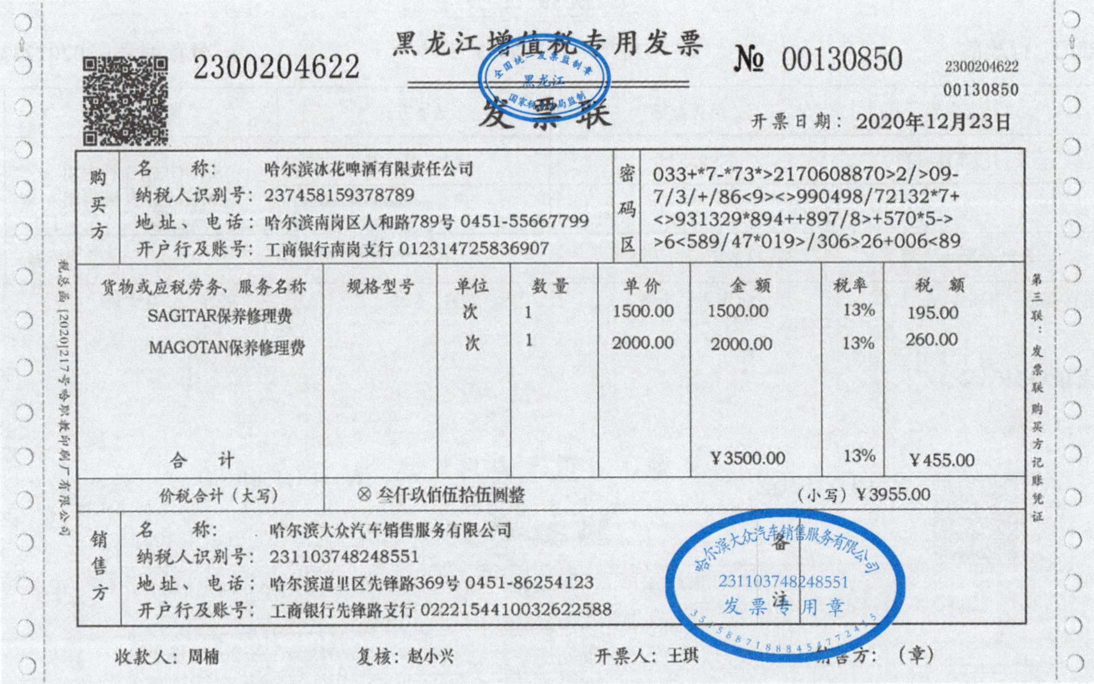

黑龙江增值税专用发票

发票联

2300204622 №00130850

2300204622
00130850

开票日期：2020年12月23日

购买方	名称：哈尔滨冰花啤酒有限责任公司 纳税人识别号：237458159378789 地址、电话：哈尔滨南岗区人和路789号 0451-55667799 开户行及账号：工商银行南岗支行 012314725836907	密码区	033+*7-*73*>2170608870>2/>09- 7/3/+/86<9><>990498/72132*7+ <>931329*894++897/8>+570*5-> >6<589/47*019>/306>26+006<89

货物或应税劳务、服务名称	规格型号	单位	数量	单价	金额	税率	税额
SAGITAR保养修理费		次	1	1500.00	1500.00	13%	195.00
MAGOTAN保养修理费		次	1	2000.00	2000.00	13%	260.00
合计					¥3500.00	13%	¥455.00
价税合计（大写）	⊗叁仟玖佰伍拾伍圆整				（小写）¥3955.00		

销售方	名称：哈尔滨大众汽车销售服务有限公司 纳税人识别号：231103748248551 地址、电话：哈尔滨道里区先锋路369号 0451-86254123 开户行及账号：工商银行先锋路支行 0222154410032622588	备注	

收款人：周楠　复核：赵小兴　开票人：王琪　销售方：（章）

税总函[2020]217号哈尔滨印刷厂有限公司

第三联：发票联 购买方记账凭证

凭证7-19（4）

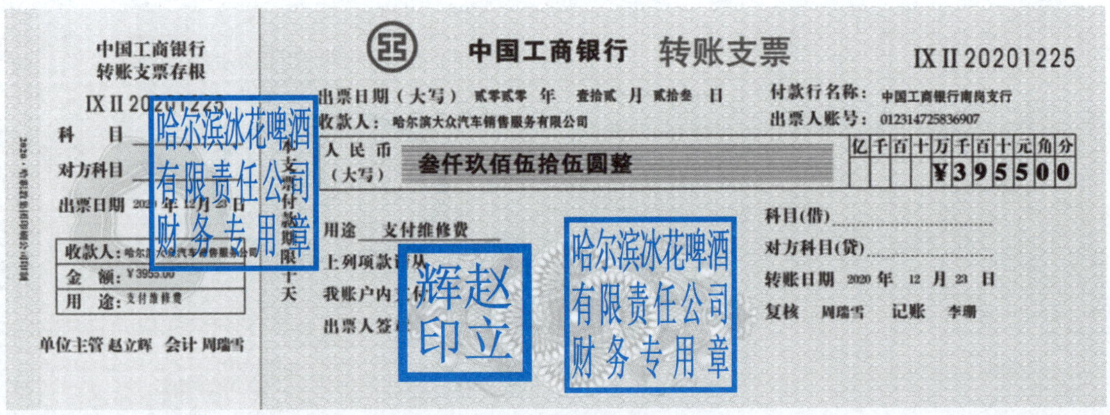

中国工商银行 转账支票存根
IX II 20201225
科目
对方科目
出票日期 2020年12月23日
收款人：哈尔滨大众汽车销售服务有限公司
金额：¥3955.00
用途：支付维修费
单位主管 赵立辉 会计 周瑞雪

中国工商银行 转账支票 IX II 20201225

出票日期（大写）贰零贰零年 壹拾贰月 贰拾叁日　付款行名称：中国工商银行南岗支行
收款人：哈尔滨大众汽车销售服务有限公司　出票人账号：012314725836907

人民币（大写）	叁仟玖佰伍拾伍圆整	亿	千	百	十	万	千	百	十	元	角	分
							¥	3	9	5	5	0	0

本支票付款期限十天
用途 支付维修费
上列项款请从
我账户内支付
出票人签章

科目(借)
对方科目(贷)
转账日期 2020年12月23日
复核 周瑞雪 记账 李珊

附加信息：	被背书人	被背书人
	背书人签章 年 月 日	背书人签章 年 月 日

莱织华印刷有限公司 2011年印制

贴粘单处

根据《中华人民共和国票据法》等法律法规的规定，签发空头支票由中国人民银行处以票面金额5%但不低于1 000元的罚款。

凭证7-20（1）

付款报告书

部门：行政部　　　　2020 年 12 月 23 日　　　　付款编号：20201234

开支内容	结算金额	结算方式
支付购油款	1 130.00	转账支票 1226
合计金额（大写）	壹仟壹佰叁拾圆整	转账付讫

主管会计：周瑞雪　　单位负责人：孙伟　　出纳：李梅　　经办人：孙华

凭证7-20（2）

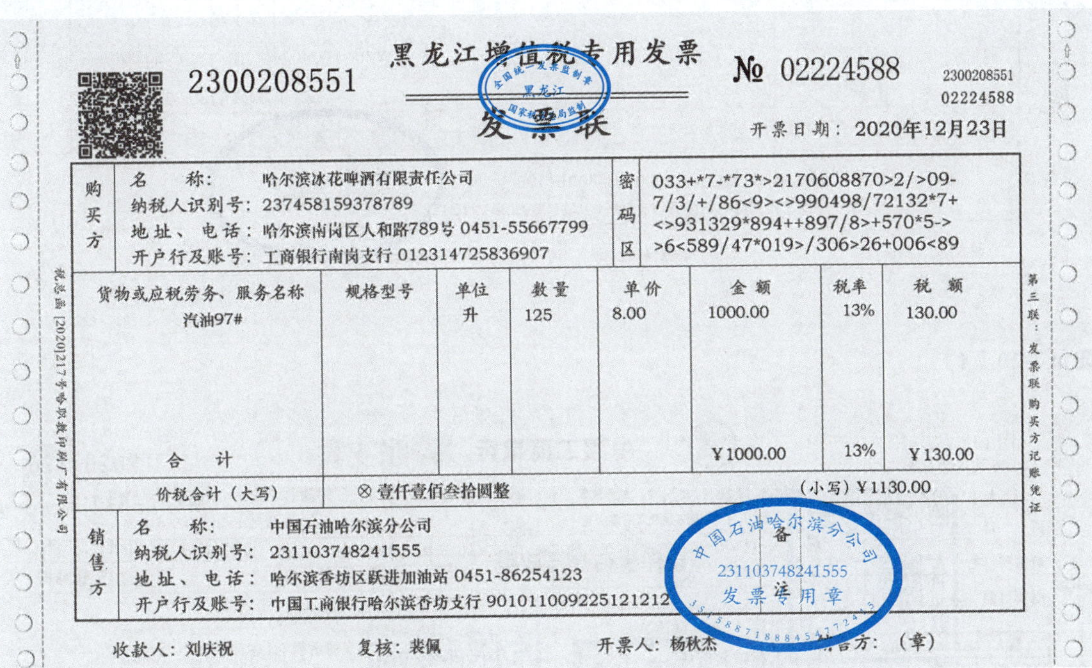

黑龙江增值税专用发票

2300208551　　№ 02224588　　2300208551 02224588

发票联

开票日期：2020年12月23日

购买方	名称：哈尔滨冰花啤酒有限责任公司 纳税人识别号：237458159378789 地址、电话：哈尔滨南岗区人和路789号 0451-55667799 开户行及账号：工商银行南岗支行 012314725836907	密码区	033+*7-*73*>2170608870>2/>09- 7/3/+/86<9><>990498/72132*7+ <>931329*894++897/8>+570*5-> >6<589/47*019>/306>26+006<89

货物或应税劳务、服务名称	规格型号	单位	数量	单价	金额	税率	税额
汽油97#		升	125	8.00	1000.00	13%	130.00
合　计					¥1000.00	13%	¥130.00
价税合计（大写）	⊗壹仟壹佰叁拾圆整				（小写）¥1130.00		

销售方	名称：中国石油哈尔滨分公司 纳税人识别号：231103748241555 地址、电话：哈尔滨香坊区跃进加油站 0451-86254123 开户行及账号：中国工商银行哈尔滨香坊支行 901011009225121212	备注	中国石油哈尔滨分公司 231103748241555 发票专用章

收款人：刘庆祝　　复核：裴佩　　开票人：杨秋杰　　销售方：（章）

税总函[2020]217号哈尔滨印刷厂有限公司

第三联：发票联　购买方记账凭证

凭证7-20（3）

2300208551　　黑龙江增值税专用发票　　№ 02224588

2300208551
02224588

抵扣联

开票日期：2020年12月23日

购买方	名　　称：哈尔滨冰花啤酒有限责任公司 纳税人识别号：237458159378789 地址、电话：哈尔滨南岗区人和路789号 0451-55667799 开户行及账号：工商银行南岗支行 012314725836907	密码区	033+*7-*73*>2170608870>2/>09- 7/3/+/86<9><>990498/72132*7+ <>931329*894++897/8>+570*5-> >6<589/47*019>/306>26+006<89

货物或应税劳务、服务名称	规格型号	单位	数量	单价	金额	税率	税额
汽油97#		升	125	8.00	1000.00	13%	130.00
合　计					¥1000.00	13%	¥130.00
价税合计（大写）	⊗壹仟壹佰叁拾圆整				（小写）¥1130.00		

销售方	名　　称：中国石油哈尔滨分公司 纳税人识别号：231103748241555 地址、电话：哈尔滨香坊区跃进加油站 0451-86254123 开户行及账号：中国工商银行哈尔滨香坊支行 90101100922512121	备注	

收款人：刘庆祝　　复核：裴佩　　开票人：杨秋杰　　销售方：（章）

税总函[2020]217号哈尔滨印刷厂有限公司

第二联：抵扣联 购买方扣税凭证

凭证7-20（4）

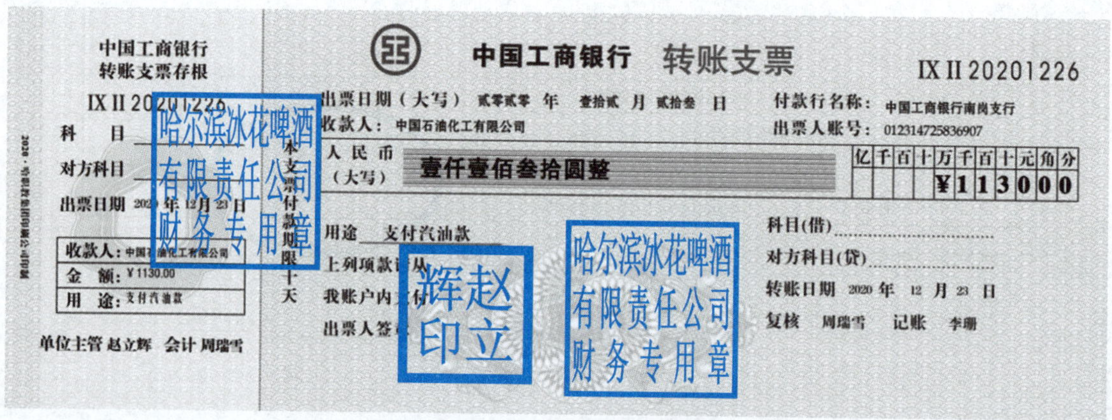
中国工商银行
转账支票存根
IX II 20201226
科　目
对方科目
出票日期 2020年12月23日
收款人：中国石油化工有限公司
金　额：¥1130.00
用　途：支付汽油款
单位主管 赵立辉　会计 周瑞雪

中国工商银行　转账支票　IX II 20201226
出票日期（大写）贰零贰零 年 壹拾贰 月 贰拾叁 日　付款行名称：中国工商银行南岗支行
收款人：中国石油化工有限公司　出票人账号：012314725836907
人民币（大写）壹仟壹佰叁拾圆整　¥113000
本支票付款期限十天
用途 支付汽油款
上列款项请从
我账户内支付
出票人签章
科目(借)
对方科目(贷)
转账日期 2020年 12月 23日
复核 周瑞雪　记账 李珊

附加信息：	被背书人	被背书人	贴粘单处
	背书人签章 年　月　日	背书人签章 年　月　日	

根据《中华人民共和国票据法》等法律法规的规定，签发空头支票由中国人民银行处以票面金额5%但不低于1 000元的罚款。

莱织华印刷有限公司　2011年印制

凭证7-21（1）

固定资产处置申批表

单位：行政部　　　　2020年12月23日

固定资产名称		电脑		规定使用年限	6年	原值	7 400.00
型号规格		联想		已提折旧年限	6年	已提折旧	7 100.00
单位	台	数量	5	预计收回残值		净值	
资产编号	0201、0202、1009、1010、1011			存放地点	经理室2台、行政部3台		
处置原因	到期报废，设备陈旧，影响办公						
处置方式	出售						
经办人签章：孙华 2020年12月23日		技术鉴定小组意见 同意 负责人签章 王一春 2020年12月23日			主管领导意见 同意 主管领导签章 孙伟 2020年12月23日		

凭证7-21（2）

固定资产入账（出账）一览表

资产编号：0204

资产名称	电脑	类　别	办公设备	固定资产附件		无
入账原因	外购	购置或安装日期	2014-12-15	竣工或交付使用日期		2014-12-18
制造厂商	哈尔滨电脑城221	使用部门	行政部	存放地点		人事办公室
型号或规格	联想	折旧方法	直线法	出账	时间	2020-12-23
					原因	将要到期报废

项　目	金　额	折　旧				折　旧			
		年份	年折旧	月折旧	累计折旧	年份	年折旧	月折旧	累计折旧
成本或买价	7 400.00	2015	1 200	100	1 200				
不抵扣税费		2016	1 200	100	2 400				
运杂费		2017	1 200	100	3 600				
安装调试费		2018	1 200	100	4 800				
固定资产原值	7 400.00	2019	1 200	100	6 000				
预计净残值	200.00	2020	1 100	100	7 100				
预计使用年限	6								
已使用年限	6								
尚可使用年限	0								
已提折旧	7 100.00								

固定资产后续支出记录

日期	变动原因	变动减少额	变动增加额	变动后价值	月折旧额	年折旧额	累计折旧

资产会计：赵大伟　　　单位负责人：赵立辉　　　批准调出人员：孙伟

凭证7-22（1）

黑龙江增值税普通发票 № 33695251

2300205221　　2300205221　33695251

此联不作报销、扣税凭证使用　　开票日期：2020年12月20日

购买方	名称：哈尔滨电脑培训学校 纳税人识别号：237458159311122 地址、电话：哈尔滨香坊大街38号 0451-85554127 开户行及账号：工商银行哈尔滨香坊支行 012314333836907	密码区	033+*7-*73*>2170608870>2/>09-7/3/+/86<9><>990498/72132*7+<>931329*894++897/8>+570*5->>6<589/47*019>/306>26+006<89

货物或应税劳务、服务名称	规格型号	单位	数量	单价	金额	税率	税额
旧电脑		台	5	600.00	3000.00	3%	90.00
合计					¥3000.00	3%	¥90.00
价税合计（大写）	⊗叁仟零玖拾圆整				（小写）¥3090.00		

销售方	名称：哈尔滨冰花啤酒有限责任公司 纳税人识别号：237458159378789 地址、电话：哈尔滨南岗区人和路789号 0451-55667799 开户行及账号：工商银行南岗支行 012314725836907	备注	哈尔滨冰花啤酒有限责任公司 237458159378789 发票专用章

收款人：李梅　　复核：赵雪娇　　开票人：赵立兰　　销售方：（章）

第一联：记账联 销售方记账凭证

税总函[2020]217号哈尔滨印刷厂有限公司

凭证7-22（2）

进账单（收账通知）　　3

2020 年 12 月 24 日

出票人	全称	哈尔滨电脑培训学校	收款人	全称	哈尔滨冰花啤酒有限责任公司
	账号	012314333836907		账号	012314725836907
	开户银行	中国工商银行哈尔滨香坊支行		开户银行	中国工商银行哈尔滨市南岗支行
金额	人民币（大写）叁仟零玖拾圆整			百 十 万 千 百 十 元 角 分	¥ 3 0 9 0 0 0
票据种类	转支	票据张数	壹张		
票据号码	12398745				
二手电脑款					
复核	记账			收款人开户行盖章	

中国工商银行 2020.12.24 南岗支行 转讫

收款人开户行交给收款人的受理回单

凭证7-23

固定资产清理净损益计算表

2020 年 12 月 24 日

固定资产名称	电脑		使用单位	经理室、行政部	
原始价值	37 000.00	累计折旧	35 500.00	账面价值	1 500.00
清理费用	—	残料入库	—	变价收入	3 090.00
应交增值税	60.00	保险赔偿	—	过失人赔偿	—
—	—	清理净收益	1 530.00	清理净损失	—

主管会计：周瑞雪　　　　　　固定资产会计：赵伟

凭证7-24

固定资产更新改造申批表

单位：包装车间　　　　　　2020 年 12 月 24 日

固定资产名称		包装生产线		规定使用年限	8 年	原值	350 000.00
型号规格		混联包装线		已年折旧年限	4 年	已提折旧	150 000.00
单位	条	数量	1	预计收回残值	50 000.00	净值	200 000.00
资产编号	0502			存放地点	包装车间		
改造原因	产能下降，购置新生产线成本高时间长						
改造方式	更换液体罐装机						
经办人签章： 朱美娜 2020 年 12 月 24 日		技术鉴定小组意见 *同意* 负责人签章 赵立春 2020 年 12 月 24 日			主管领导意见 *同意* 主管领导签章 陈强 2020 年 12 月 24 日		

凭证7-25（1）

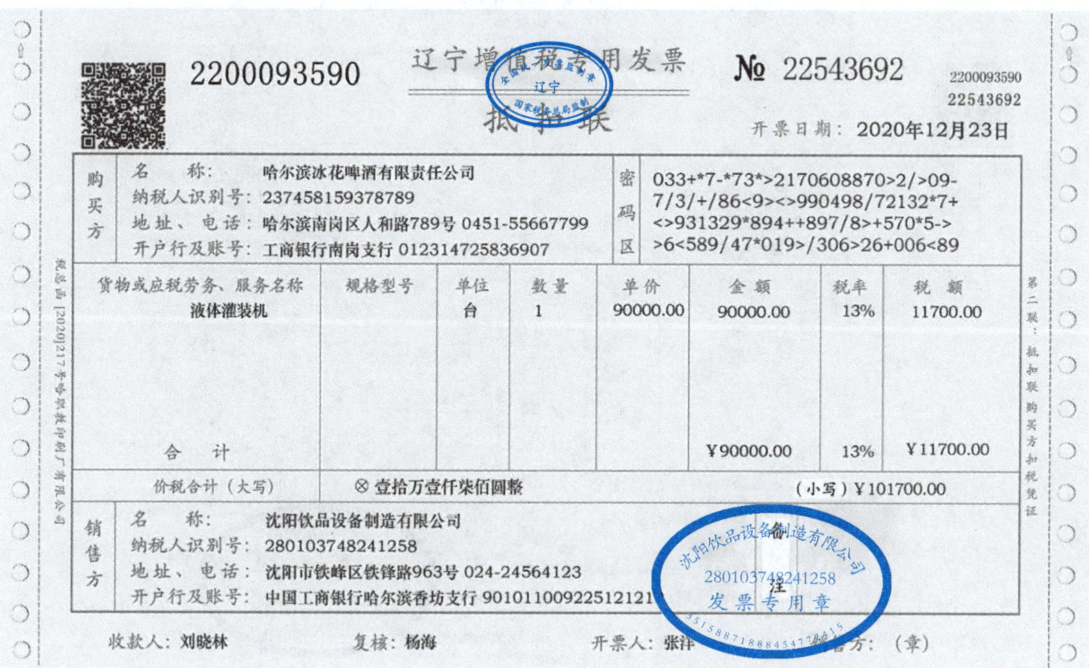

辽宁增值税专用发票

抵扣联

2200093590　　№ 22543692　　2200093590 22543692

开票日期：2020年12月23日

购买方	
名　　称：	哈尔滨冰花啤酒有限责任公司
纳税人识别号：	237458159378789
地址、电话：	哈尔滨南岗区人和路789号 0451-55667799
开户行及账号：	工商银行南岗支行 012314725836907

密码区：033+*7-*73*>2170608870>2/>09-7/3/+/86<9><>990498/72132*7+<>931329*894++897/8>+570*5->>6<589/47*019>/306>26+006<89

货物或应税劳务、服务名称	规格型号	单位	数量	单价	金额	税率	税额
液体灌装机		台	1	90000.00	90000.00	13%	11700.00
合　计					¥90000.00	13%	¥11700.00
价税合计（大写）	⊗壹拾万壹仟柒佰圆整				（小写）¥101700.00		

销售方	
名　　称：	沈阳饮品设备制造有限公司
纳税人识别号：	280103748241258
地址、电话：	沈阳市铁峰区铁锋路963号 024-24564123
开户行及账号：	中国工商银行哈尔滨香坊支行 90101100922512121

备注：

收款人：刘晓林　　复核：杨海　　开票人：张洋　　销售方：（章）

税总函[2020]217号哈职教印刷厂有限公司

第二联：抵扣联　购买方扣税凭证

凭证7-25（2）

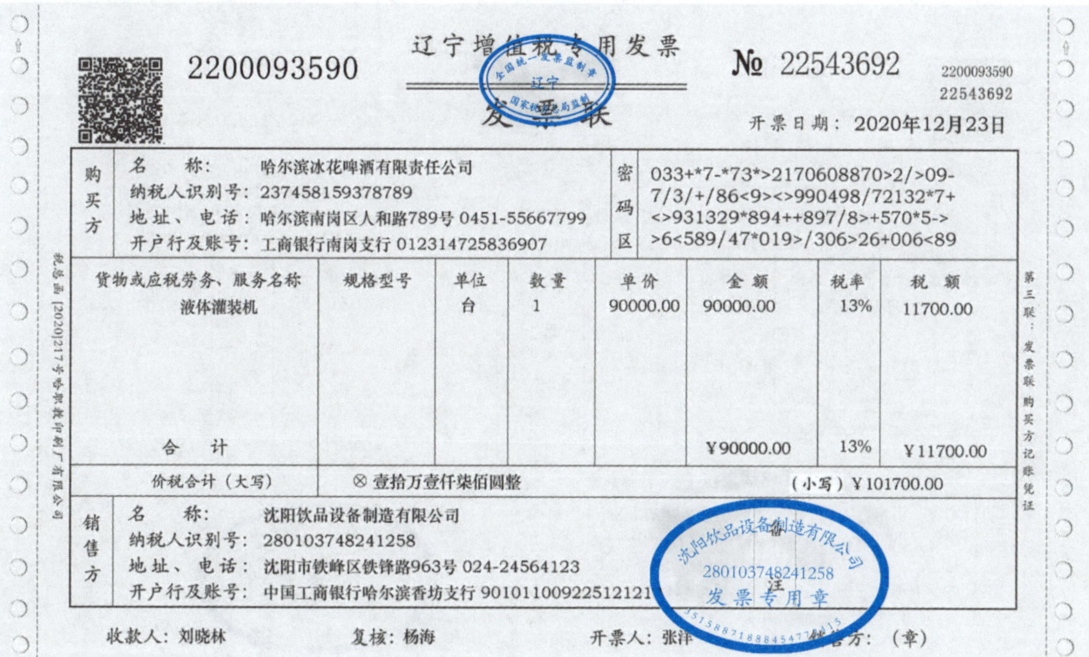

辽宁增值税专用发票

发票联

2200093590　　№ 22543692　　2200093590 22543692

开票日期：2020年12月23日

购买方	
名　　称：	哈尔滨冰花啤酒有限责任公司
纳税人识别号：	237458159378789
地址、电话：	哈尔滨南岗区人和路789号 0451-55667799
开户行及账号：	工商银行南岗支行 012314725836907

密码区：033+*7-*73*>2170608870>2/>09-7/3/+/86<9><>990498/72132*7+<>931329*894++897/8>+570*5->>6<589/47*019>/306>26+006<89

货物或应税劳务、服务名称	规格型号	单位	数量	单价	金额	税率	税额
液体灌装机		台	1	90000.00	90000.00	13%	11700.00
合　计					¥90000.00	13%	¥11700.00
价税合计（大写）	⊗壹拾万壹仟柒佰圆整				（小写）¥101700.00		

销售方	
名　　称：	沈阳饮品设备制造有限公司
纳税人识别号：	280103748241258
地址、电话：	沈阳市铁峰区铁锋路963号 024-24564123
开户行及账号：	中国工商银行哈尔滨香坊支行 90101100922512121

备注：

收款人：刘晓林　　复核：杨海　　开票人：张洋　　销售方：（章）

税总函[2020]217号哈职教印刷厂有限公司

第三联：发票联　购买方记账凭证

凭证7-25（3）

2200093590

辽宁增值税专用发票

抵扣联

№ 00241125

2200093590
00241125

开票日期：2020年12月23日

购买方	名称：哈尔滨冰花啤酒有限责任公司 纳税人识别号：237458159378789 地址、电话：哈尔滨南岗区人和路789号 0451-55667799 开户行及账号：工商银行南岗支行 012314725836907	密码区	033+*7-*73*>2170608870>2/>09- 7/3/+/86<9><>990498/72132*7+ <>931329*894++897/8>+570*5-> >6<589/47*019>/306>26+006<89

货物或应税劳务、服务名称	规格型号	单位	数量	单价	金额	税率	税额
国内运输服务				5000.00	5000.00	9%	450.00
合计					¥5000.00	9%	¥450.00
价税合计（大写）	⊗伍仟肆佰伍拾圆整				（小写）¥5450.00		

销售方	名称：沈阳仁伟大型货物运输有限公司 纳税人识别号：240456123111111X 地址、电话：沈阳市铁西区渤海路555号 024-85545878 开户行及账号：工商银行沈阳铁西支行 6338402586665888885	备注	

收款人：孙大可　复核：王莉　开票人：赵海　销售方：（章）

税总函[2020]217号哈职教印刷厂有限公司

第二联：抵扣联 购买方扣税凭证

凭证7-25（4）

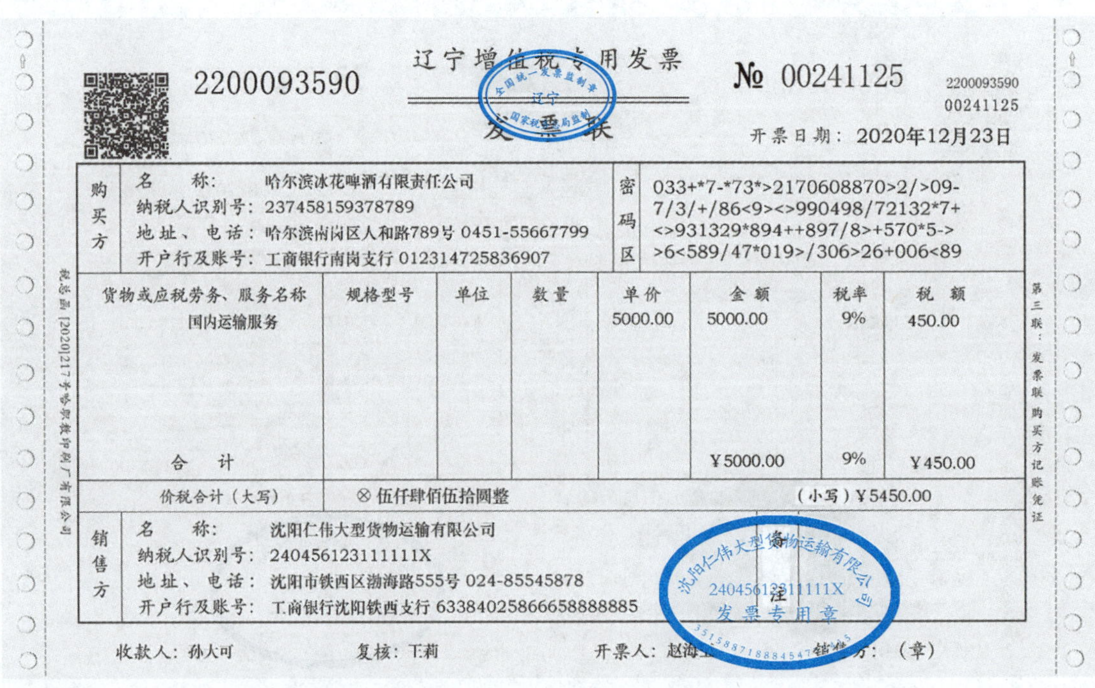

2200093590

辽宁增值税专用发票

发票联

№ 00241125

2200093590
00241125

开票日期：2020年12月23日

购买方	名称：哈尔滨冰花啤酒有限责任公司 纳税人识别号：237458159378789 地址、电话：哈尔滨南岗区人和路789号 0451-55667799 开户行及账号：工商银行南岗支行 012314725836907	密码区	033+*7-*73*>2170608870>2/>09- 7/3/+/86<9><>990498/72132*7+ <>931329*894++897/8>+570*5-> >6<589/47*019>/306>26+006<89

货物或应税劳务、服务名称	规格型号	单位	数量	单价	金额	税率	税额
国内运输服务				5000.00	5000.00	9%	450.00
合计					¥5000.00	9%	¥450.00
价税合计（大写）	⊗伍仟肆佰伍拾圆整				（小写）¥5450.00		

销售方	名称：沈阳仁伟大型货物运输有限公司 纳税人识别号：240456123111111X 地址、电话：沈阳市铁西区渤海路555号 024-85545878 开户行及账号：工商银行沈阳铁西支行 6338402586665888885	备注	

收款人：孙大可　复核：王莉　开票人：赵海　销售方：（章）

税总函[2020]217号哈职教印刷厂有限公司

第三联：发票联 购买方记账凭证

凭证7-25（5）

中国工商银行 INDUSTRIAL AND COMMERCIAL BANK OF CHINA

电汇凭证（回单）

√普通　加急　委托日期　2020年12月24日

<table>
<tr><td rowspan="4">汇款人</td><td>全　称</td><td>哈尔滨冰花啤酒有限责任公司</td><td rowspan="4">收款人</td><td>全　称</td><td colspan="11">沈阳饮品设备制造有限公司</td></tr>
<tr><td>账　号</td><td>012314725836907</td><td>账　号</td><td colspan="11">6338402586665888885</td></tr>
<tr><td>汇出地点</td><td>黑龙江 省 哈尔滨 市/县</td><td>汇出地点</td><td colspan="11">辽宁 省 沈阳 市/县</td></tr>
<tr><td>开户银行</td><td>中国工商银行哈尔滨市南岗支行</td><td>开户银行</td><td colspan="11">中国工商银行沈阳铁西支行</td></tr>
<tr><td rowspan="2">金额</td><td rowspan="2">人民币（大写）</td><td colspan="4" rowspan="2">壹拾万柒仟壹佰伍拾圆整</td><td>亿</td><td>仟</td><td>佰</td><td>十</td><td>万</td><td>仟</td><td>佰</td><td>十</td><td>元</td><td>角</td><td>分</td></tr>
<tr><td></td><td></td><td>¥</td><td>1</td><td>0</td><td>7</td><td>1</td><td>5</td><td>0</td><td>0</td><td>0</td></tr>
<tr><td colspan="3" rowspan="2">汇出行签章：</td><td colspan="2">支付密码</td><td colspan="11"></td></tr>
<tr><td colspan="13">附加信息及用途：
支付前欠货款
中国
中国工商银行 2020.12.24 南岗支行 转讫
复核：　　记账：</td></tr>
</table>

此联付款行给汇款人的回单

凭证7-25（6）

付款报告书

部门：行政部　　2020年12月24日　　付款编号：20201235

开支内容	结算金额	结算方式
支付购买液体灌装机	107 150.00	电汇
合计金额（大写）	壹拾万柒仟壹佰伍拾圆整	

转账付讫

主管会计：周瑞雪　　单位负责人：孙伟　　出纳：李梅　　经办人：赵立春

凭证7-26（1）

费用报销明细

部门：包装车间　　　　　　　　2020年12月24日

项目	金额	附件	备注
劳动报酬	3 000.00	1	生产线技术人员薪酬
			朱大能、张万强
			现金付讫
合　计	3 000.00	叁仟圆整	

审批：赵立军　　　　财务审核：周瑞雪　　　　经办人：赵大伟

凭证7-26（2）

包装生产线更新改造劳务报酬表

姓　名	单位及技术职务	劳务报（元）	收款人签章
朱大能	沈阳饮品设备制造有限公司高级工程师	1 500.00	朱大能
张万强	沈阳饮品设备制造有限公司高级工程师	1 500.00	张万强
合　计		3 000.00	

上款系：包装生产线更新改造工程技术人员劳务报酬。

制表人：赵立春　　　　审批人：周瑞雪　　　　会计主管：陈强　　　　出纳：李梅

2020年12月24日　　　　2020年12月24日　　　　2020年12月24日　　　　2020年12月24日

凭证7-27（1）

固定资产入账（出账）一览表

资产编号：0201

资产名称	包装生产线	类　别	生产设备	固定资产附件		含液体罐装机
入账原因	外购	购置或安装日期	2016-12-15	竣工或交付使用日期		2016-12-15
制造厂商	沈阳饮品设备制造有限公司	使用部门	包装车间	存放地点		包装车间
型号或规格	混联包装线	折旧方法	直线法	出账	时间	
					原因	

项　目	金　额	折　旧				折　旧			
		年份	年折旧	月折旧	累计折旧	年份	年折旧	月折旧	累计折旧
成本或买价	330 000.00	2017	37 500.00	3 125	37 500.00				
不抵扣税费		2018	37 500.00	3 125	75 000.00				
运杂费	20 000.00	2019	37 500.00	3 125	112 500.00				
安装调试费		2020	37 500.00	3 125	150 000.00				
固定资产原值	350 000.00								
预计净残值	50 000.00								
预计使用年限	8								
已使用年限	4								
尚可使用年限	4								
已提折旧	0								

固定资产后续支出记录

日期	变动原因	变动减少额	变动增加额	变动后价值	净残值	月折旧	年折旧
2020.12.25	更新改造	25 000.00	98 000.00	273 000.00	33 000.00	5 000.00	60 000.00

固定资产会计：赵大伟　　　　单位负责人：赵立春　　　　批准人员：陈强

凭证7-27（2）

入库单

仓库：1　　　　2020 年 12 月 25 日　　　　入库单编号：20201201

编号	产品名称	单位	实收数量	单位成本（元）	总成本（元）	备注
050201	旧液体罐装机	台	1	25 000.00	25 000.00	0502 更改收回
合　计					25 000.00	

验收员：李东　　收料员：李东　　采购员：赵立辉　　部门负责人：赵立春

凭证7-28（1）

付款报告书

部门：行政部　　2020年12月25日　　付款编号：20201236

开支内容	结算金额	结算方式
支付高管租房装饰材料款	113 000.00	转账支票1227
合计金额（大写）	壹拾壹万叁仟圆整	

转账付讫

主管会计：周瑞雪　单位负责人：陈强　出纳：李梅　经办人：赵贺

凭证7-28（2）

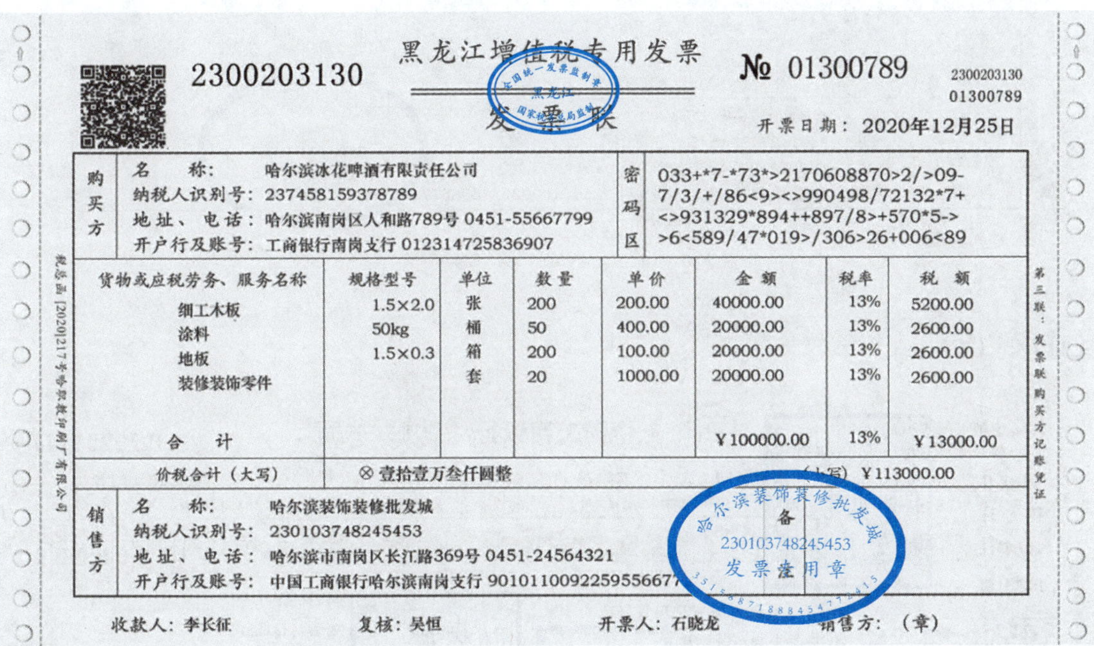

黑龙江增值税专用发票

2300203130　№ 01300789　2300203130 01300789

发票联

开票日期：2020年12月25日

购买方	名称：哈尔滨冰花啤酒有限责任公司 纳税人识别号：237458159378789 地址、电话：哈尔滨南岗区人和路789号 0451-55667799 开户行及账号：工商银行南岗支行 012314725836907	密码区	033+*7-*73*>2170608870>2/>09- 7/3/+/86<9><>990498/72132*7+ <>931329*894++897/8>+570*5-> >6<589/47*019>/306>26+006<89

货物或应税劳务、服务名称	规格型号	单位	数量	单价	金额	税率	税额
细工木板	1.5×2.0	张	200	200.00	40000.00	13%	5200.00
涂料	50kg	桶	50	400.00	20000.00	13%	2600.00
地板	1.5×0.3	箱	200	100.00	20000.00	13%	2600.00
装修装饰零件		套	20	1000.00	20000.00	13%	2600.00
合计					¥100000.00	13%	¥13000.00
价税合计（大写）	⊗壹拾壹万叁仟圆整				（小写）¥113000.00		

销售方	名称：哈尔滨装饰装修批发城 纳税人识别号：230103748245453 地址、电话：哈尔滨市南岗区长江路369号 0451-24564321 开户行及账号：中国工商银行哈尔滨南岗支行 901011009225955667	备注	

收款人：李长征　复核：吴恒　开票人：石晓龙　销售方：（章）

第三联：发票联　购买方记账凭证

税总函[2020]217号哈尔滨印刷厂有限公司

哈尔滨装饰装修批发城 230103748245453 发票专用章

凭证7-28（3）

2300203130 **黑龙江增值税专用发票** № 01300789

2300203130
01300789

抵扣联

开票日期：2020年12月25日

购买方	名称：哈尔滨冰花啤酒有限责任公司 纳税人识别号：237458159378789 地址、电话：哈尔滨南岗区人和路789号 0451-55667799 开户行及账号：工商银行南岗支行 012314725836907	密码区	033+*7-*73*>2170608870>2/>09- 7/3/+/86<9><>990498/72132*7+ <>931329*894++897/8>+570*5-> >6<589/47*019>/306>26+006<89

货物或应税劳务、服务名称	规格型号	单位	数量	单价	金额	税率	税额
细工木板	1.5×2.0	张	200	200.00	40000.00	13%	5200.00
涂料	50kg	桶	50	400.00	20000.00	13%	2600.00
地板	1.5×0.3	箱	200	100.00	20000.00	13%	2600.00
装修装饰零件		套	20	1000.00	20000.00	13%	2600.00
合计					¥100000.00	13%	¥13000.00
价税合计（大写）	⊗壹拾壹万叁仟圆整				（小写）¥113000.00		

销售方	名称：哈尔滨装饰装修批发城 纳税人识别号：230103748245453 地址、电话：哈尔滨市南岗区长江路369号 0451-24564321 开户行及账号：中国工商银行哈尔滨南岗支行 9010110092259556677	备注	哈尔滨装饰装修批发城 230103748245453 发票专用章

收款人：李长征　复核：吴恒　开票人：石晓龙　销售方：（章）

税总函[2020]217号哈尔滨印刷厂有限公司

第二联：抵扣联 购买方扣税凭证

凭证7-28（4）

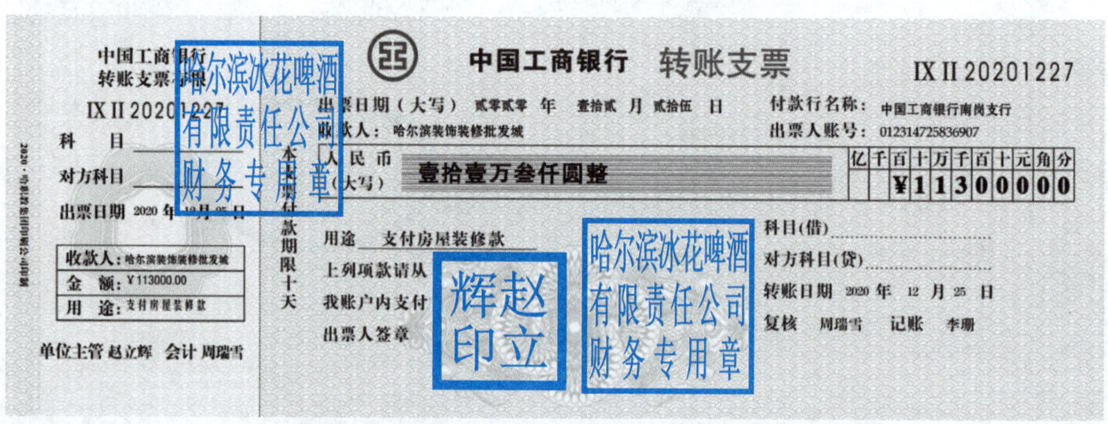

中国工商银行 转账支票存根

IX II 20201227

科目

对方科目

出票日期 2020年12月25日

收款人：哈尔滨装饰装修批发城

金额：¥113000.00

用途：支付房屋装修款

单位主管 赵立辉 会计 周瑞雪

中国工商银行 转账支票 IX II 20201227

出票日期（大写）贰零贰零年 壹拾贰月 贰拾伍日　付款行名称：中国工商银行南岗支行

收款人：哈尔滨装饰装修批发城　出票人账号：012314725836907

本支票付款期限十天

人民币（大写）	壹拾壹万叁仟圆整	亿	千	百	十	万	千	百	十	元	角	分
				¥	1	1	3	0	0	0	0	0

用途 支付房屋装修款

上列款项请从我账户内支付

出票人签章

哈尔滨冰花啤酒有限责任公司财务专用章　赵立辉印

科目(借)

对方科目(贷)

转账日期 2020年12月25日

复核 周瑞雪　记账 李珊

附加信息：	被背书人	被背书人	贴粘单处
	背书人签章 年　月　日	背书人签章 年　月　日	

根据《中华人民共和国票据法》等法律法规的规定，签发空头支票由中国人民银行处以票面金额5%但不低于1 000元的罚款。

莱织华印刷有限公司 2011年印制

凭证7-29（1）

付款报告书

部门：行政部　　2020年12月25日　　付款编号：20201237

开支内容	结算金额	结算方式
支付高管用房装修费	50 000.00	转账支票1228
		转账付讫
合计金额（大写）	伍万圆整	

主管会计：周瑞雪　　单位负责人：陈强　　出纳：李梅　　经办人：赵贺

凭证7-29（2）

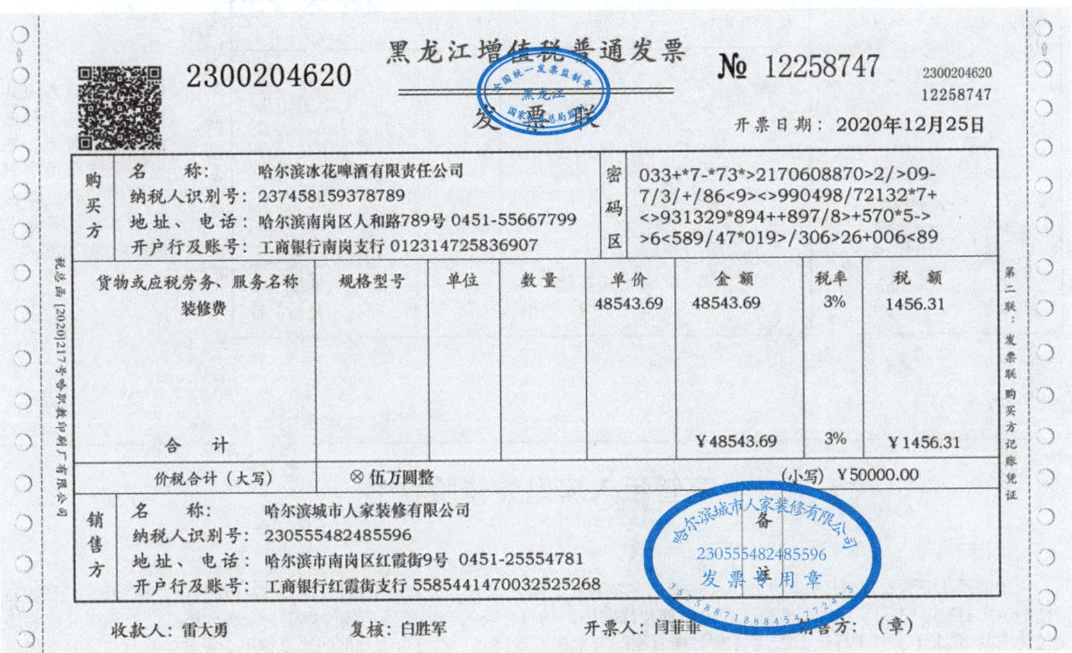

黑龙江增值税普通发票

发票联

2300204620　　№ 12258747　　2300204620　12258747

开票日期：2020年12月25日

购买方	名称：哈尔滨冰花啤酒有限责任公司 纳税人识别号：237458159378789 地址、电话：哈尔滨南岗区人和路789号 0451-55667799 开户行及账号：工商银行南岗支行 012314725836907	密码区	033+*7-*73*>2170608870>2/>09-7/3/+/86<9><>990498/72132*7+<>931329*894++897/8>+570*5->>6<589/47*019>/306>26+006<89

货物或应税劳务、服务名称	规格型号	单位	数量	单价	金额	税率	税额
装修费				48543.69	48543.69	3%	1456.31
合计					¥48543.69	3%	¥1456.31
价税合计（大写）	⊗伍万圆整					（小写）	¥50000.00

销售方	名称：哈尔滨城市人家装修有限公司 纳税人识别号：230555482485596 地址、电话：哈尔滨市南岗区红霞街9号 0451-25554781 开户行及账号：工商银行红霞街支行 5585441470032525268	备注	

收款人：雷大勇　　复核：白胜军　　开票人：闫菲菲　　销售方：（章）

第二联：发票联 购买方记账凭证

凭证7-29（3）

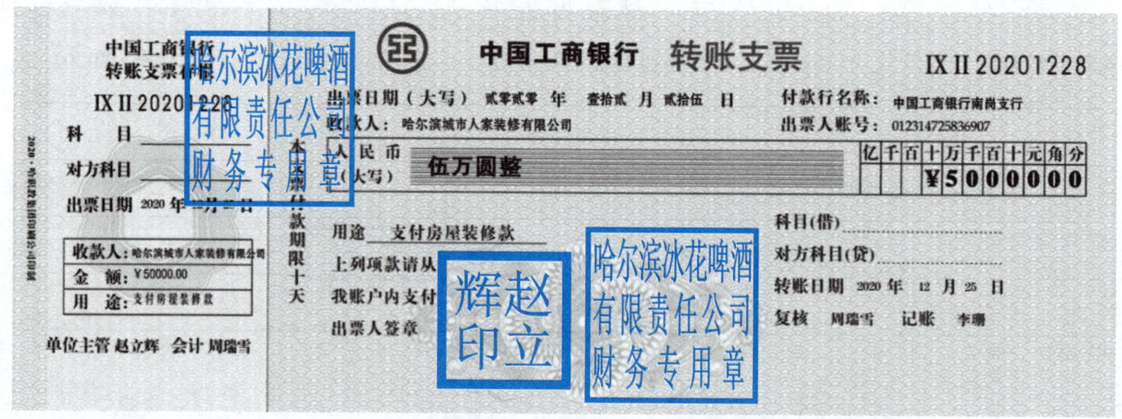

中国工商银行
转账支票存根
IX II 20201228
科　目
对方科目
出票日期 2020 年 12 月 25 日

收款人：哈尔滨城市人家装修有限公司
金　额：¥50000.00
用　途：支付房屋装修款

单位主管 赵立辉　会计 周瑞雪

中国工商银行　转账支票　IX II 20201228

出票日期（大写）贰零贰零 年 壹拾贰 月 贰拾伍 日　付款行名称：中国工商银行南岗支行
收款人：哈尔滨城市人家装修有限公司　出票人账号：01231472583690７

人民币（大写）伍万圆整　¥5000000

本支票付款期限十天

用途 支付房屋装修款
上列款项请从
我账户内支付
出票人签章

科目(借)
对方科目(贷)
转账日期 2020 年 12 月 25 日
复核 周瑞雪　记账 李珊

哈尔滨冰花啤酒有限责任公司财务专用章
赵立辉印

附加信息：	被背书人	被背书人
	背书人签章 年　月　日	背书人签章 年　月　日

贴粘单处

根据《中华人民共和国票据法》等法律法规的规定，签发空头支票由中国人民银行处以票面金额5%但不低于1 000元的罚款。

来织华印刷有限公司　2011年印制

凭证7-29（4）

高管租入房屋装修验收书

哈尔滨冰花啤酒有限责任公司（甲方）委托哈尔滨城市人家（乙方）装修位于哈尔滨哈平路107号远大植物园小区的G5号楼的101-113共13间房屋进行装修，现已全部装修完毕，均符合委托合同的各项装修规定，全部合格。已方承诺完成装修交付使用的2021年1月1日至2022年12月31日期间若出现质量问题，乙方负责全部的修复费用。甲方验收合格之日支付劳务报酬共计人民币（大写）伍万圆整。

甲方验收人：赵立春　陈　强　周瑞雪
乙方验收人：贺万强　姜有德　徐大能
验收时间：2020年12月25日

凭证7-30（1）

付款报告书

部门：质检部　　2020年12月25日　　付款编号：20201238

开支内容	结算金额	结算方式
支付质检用房屋装修设计费	20 000.00	转账支票 1229
		转账付讫
合计金额（大写）	贰万圆整	

主管会计：周瑞雪　　单位负责人：陈强　　出纳：李梅　　经办人：赵博

凭证7-30（2）

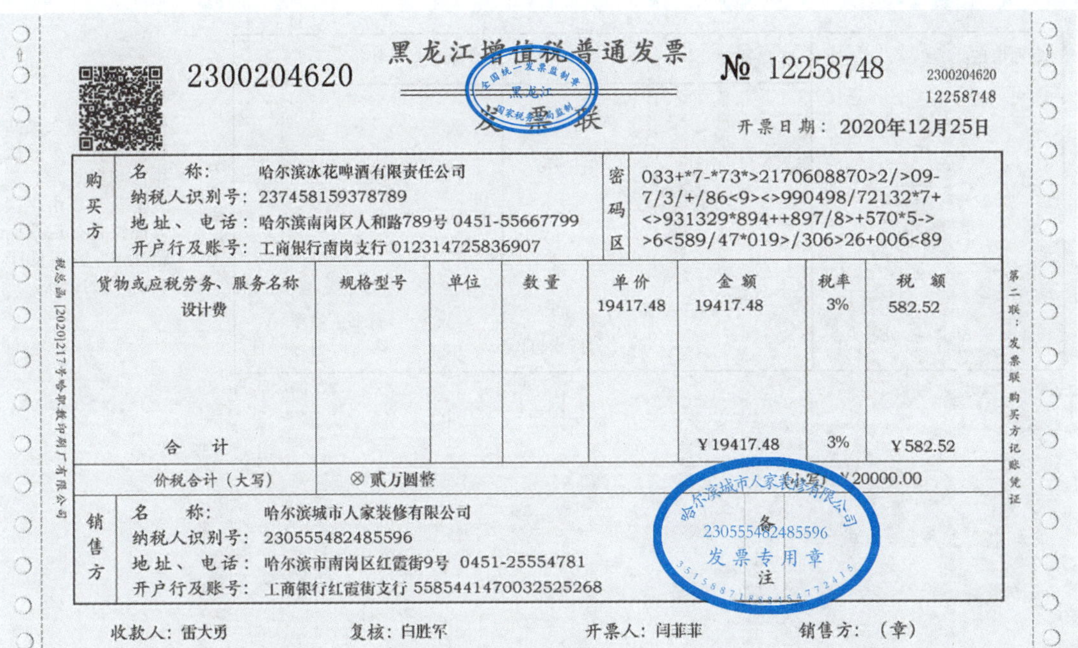

黑龙江增值税普通发票

2300204620　　№ 12258748　　2300204620 12258748

发票联

开票日期：2020年12月25日

购买方	名称：哈尔滨冰花啤酒有限责任公司 纳税人识别号：237458159378789 地址、电话：哈尔滨南岗区人和路789号 0451-55667799 开户行及账号：工商银行南岗支行 012314725836907	密码区	033+*7-*73*>2170608870>2/>09- 7/3/+/86<9><>990498/72132*7+ <>931329*894++897/8>+570*5-> >6<589/47*019>/306>26+006<89

货物或应税劳务、服务名称	规格型号	单位	数量	单价	金额	税率	税额
设计费				19417.48	19417.48	3%	582.52
合计					¥19417.48	3%	¥582.52
价税合计（大写）	⊗贰万圆整				（小写）¥20000.00		

销售方	名称：哈尔滨城市人家装修有限公司 纳税人识别号：230555482485596 地址、电话：哈尔滨市南岗区红霞街9号 0451-25554781 开户行及账号：工商银行红霞街支行 5585441470032525268	备注	

收款人：雷大勇　　复核：白胜军　　开票人：闫菲菲　　销售方：（章）

第二联：发票联 购买方记账凭证

税总函[2020]217号哈尔滨印刷厂有限公司

凭证7-30（3）

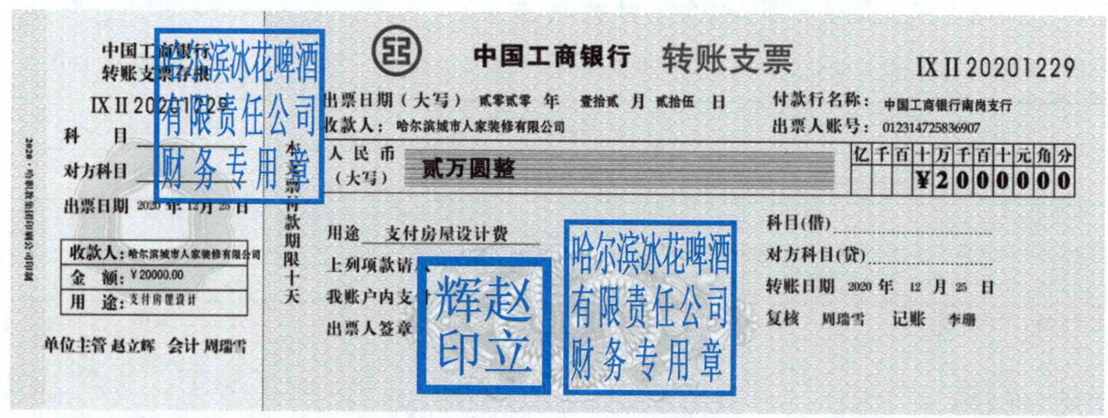
中国工商银行 转账支票存根
IX II 20201229
科 目
对方科目
出票日期 2020 年 12 月 25 日
收款人：哈尔滨城市人家装修有限公司
金 额：￥20000.00
用 途：支付房屋设计
单位主管 赵立辉 会计 周瑞雪

中国工商银行 转账支票 IX II 20201229
出票日期（大写） 贰零贰零 年 壹拾贰 月 贰拾伍 日 付款行名称：中国工商银行南岗支行
收款人：哈尔滨城市人家装修有限公司 出票人账号：012314725836907
人民币（大写） 贰万圆整 ￥2000000
本支票付款期限十天
用途 支付房屋设计费
上列款项请从
我账户内支付
出票人签章
哈尔滨冰花啤酒有限责任公司财务专用章
赵立辉印
科目(借)
对方科目(贷)
转账日期 2020 年 12 月 25 日
复核 周瑞雪 记账 李珊

附加信息：	被背书人	被背书人
	背书人签章 年 月 日	背书人签章 年 月 日

贴粘单处

根据《中华人民共和国票据法》等法律法规的规定，签发空头支票由中国人民银行处以票面金额5%但不低于1 000元的罚款。

莱织华印刷有限公司 2011 年印制

凭证7-31

固定资产折旧计算表

2020 年 12 月 25 日

单位：元

使用部门	固定资产类别	月初固定资产原值	月折旧率	本月折旧额
管理部门	房屋及建筑物			
	生产设备			
	运输设备			
	办公设备			
	合　计			
销售部门	房屋及建筑物			
	生产设备			
	运输设备			
	办公设备			
	合　计			
酿造车间	房屋及建筑物			
	生产设备			
	运输设备			
	办公设备			
	合　计			
包装车间	房屋及建筑物			
	生产设备			
	运输设备			
	办公设备			
	合　计			
机修车间	房屋及建筑物			
	生产设备			
	运输设备			
	办公设备			
	合　计			
投资性房地产	房　产			
合　计				

凭证7-32（1）

付款报告书

部门：质检部　　2020年12月25日　　付款编号：20201239

开支内容	结算金额	结算方式
支付质检部门房屋装修材料款	113 000.00	转账支票 1230
运输费	3 270.00	现金支付
合计金额（大写）	壹拾壹万陆仟贰佰柒拾圆整	

转账付讫

主管会计：周瑞雪　　单位负责人：陈强　　出纳：李梅　　经办人：赵博

凭证7-32（2）

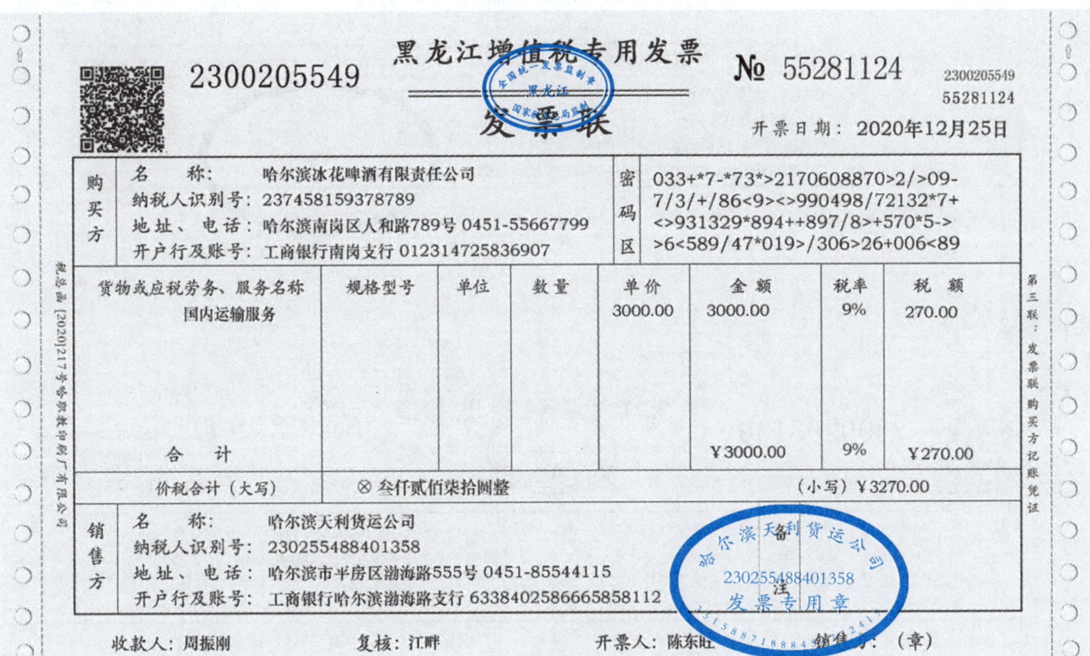

黑龙江增值税专用发票

2300205549　　№ 55281124　　2300205549　55281124

发票联

开票日期：2020年12月25日

购买方	名称：哈尔滨冰花啤酒有限责任公司 纳税人识别号：237458159378789 地址、电话：哈尔滨南岗区人和路789号 0451-55667799 开户行及账号：工商银行南岗支行 012314725836907	密码区	033+*7-*73*>2170608870>2/>09-7/3/+/86<9><>990498/72132*7+<>931329*894++897/8>+570*5->>6<589/47*019>/306>26+006<89

货物或应税劳务、服务名称	规格型号	单位	数量	单价	金额	税率	税额
国内运输服务				3000.00	3000.00	9%	270.00
合计					¥3000.00	9%	¥270.00
价税合计（大写）	⊗叁仟贰佰柒拾圆整				（小写）¥3270.00		

销售方	名称：哈尔滨天利货运公司 纳税人识别号：230255488401358 地址、电话：哈尔滨市平房区渤海路555号 0451-85544115 开户行及账号：工商银行哈尔滨渤海路支行 6338402586665858112	备注	

收款人：周振刚　　复核：江畔　　开票人：陈东旺　　销售方：（章）

税总函[2020]217号哈市教印刷厂有限公司

第三联：发票联 购买方记账凭证

凭证7-32（3）

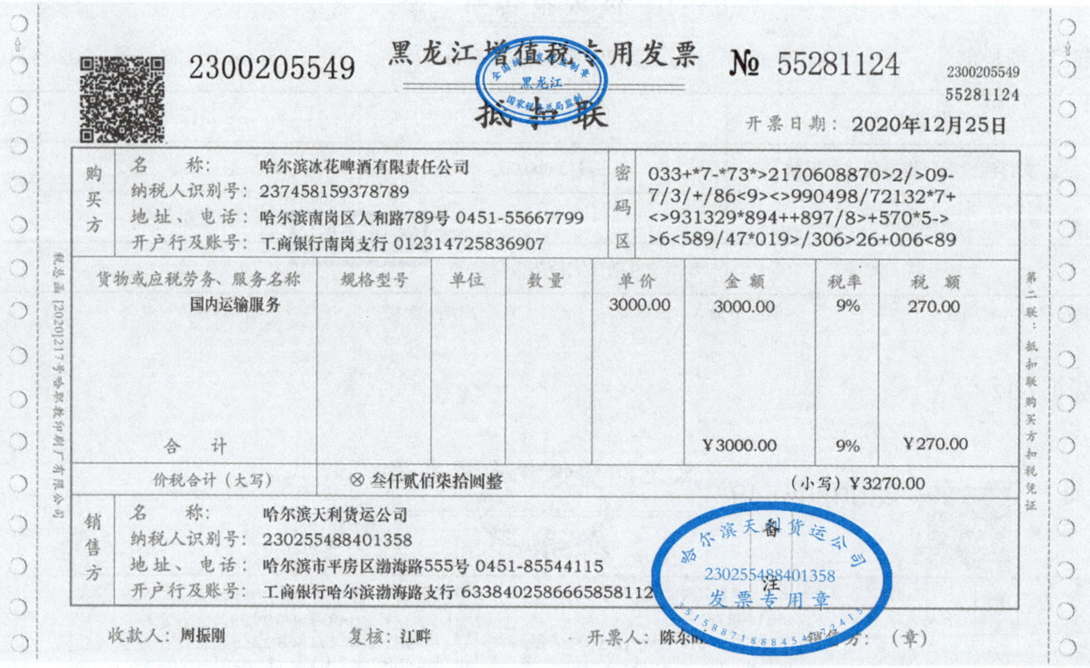

2300205549　　**黑龙江增值税专用发票**　　№ 55281124　　2300205549 55281124

抵扣联

开票日期：2020年12月25日

购买方	名　　称：哈尔滨冰花啤酒有限责任公司 纳税人识别号：237458159378789 地 址、电 话：哈尔滨南岗区人和路789号 0451-55667799 开户行及账号：工商银行南岗支行 012314725836907	密码区	033+*7-*73*>2170608870>2/>09- 7/3/+/86<9><>990498/72132*7+ <>931329*894++897/8>+570*5-> >6<589/47*019>/306>26+006<89

货物或应税劳务、服务名称	规格型号	单位	数量	单价	金额	税率	税额
国内运输服务				3000.00	3000.00	9%	270.00
合　计					¥3000.00	9%	¥270.00
价税合计（大写）	⊗叁仟贰佰柒拾圆整				（小写）¥3270.00		

销售方	名　　称：哈尔滨天利货运公司 纳税人识别号：230255488401358 地 址、电 话：哈尔滨市平房区渤海路555号 0451-85544115 开户行及账号：工商银行哈尔滨渤海路支行 633840258666585811	备注	

收款人：周振刚　　复核：江畔　　开票人：陈东　　销售方：（章）

第二联：抵扣联 购买方扣税凭证

税总函［2020］217号哈尔滨印制厂有限公司

凭证7-32（4）

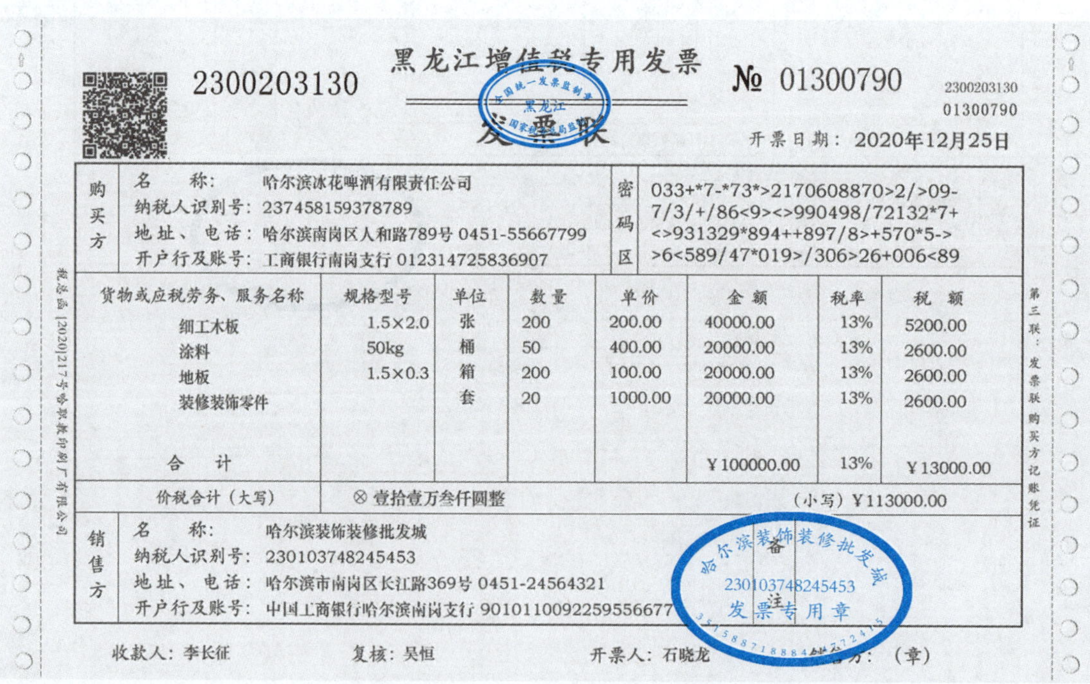

2300203130　　**黑龙江增值税专用发票**　　№ 01300790　　2300203130 01300790

发票联

开票日期：2020年12月25日

购买方	名　　称：哈尔滨冰花啤酒有限责任公司 纳税人识别号：237458159378789 地 址、电 话：哈尔滨南岗区人和路789号 0451-55667799 开户行及账号：工商银行南岗支行 012314725836907	密码区	033+*7-*73*>2170608870>2/>09- 7/3/+/86<9><>990498/72132*7+ <>931329*894++897/8>+570*5-> >6<589/47*019>/306>26+006<89

货物或应税劳务、服务名称	规格型号	单位	数量	单价	金额	税率	税额
细工木板	1.5×2.0	张	200	200.00	40000.00	13%	5200.00
涂料	50kg	桶	50	400.00	20000.00	13%	2600.00
地板	1.5×0.3	箱	200	100.00	20000.00	13%	2600.00
装修装饰零件		套	20	1000.00	20000.00	13%	2600.00
合　计					¥100000.00	13%	¥13000.00
价税合计（大写）	⊗壹拾壹万叁仟圆整				（小写）¥113000.00		

销售方	名　　称：哈尔滨装饰装修批发城 纳税人识别号：230103748245453 地 址、电 话：哈尔滨市南岗区长江路369号 0451-24564321 开户行及账号：中国工商银行哈尔滨南岗支行 901011009225955667	备注	

收款人：李长征　　复核：吴恒　　开票人：石晓龙　　销售方：（章）

第三联：发票联 购买方记账凭证

税总函［2020］217号哈尔滨印制厂有限公司

凭证7-32（5）

黑龙江增值税专用发票

2300203130　　№ 01300790　　2300203130 01300790

抵扣联

开票日期：2020年12月25日

购买方	名称：哈尔滨冰花啤酒有限责任公司 纳税人识别号：237458159378789 地址、电话：哈尔滨南岗区人和路789号 0451-55667799 开户行及账号：工商银行南岗支行 012314725836907	密码区	033+*7-*73*>2170608870>2/>09-7/3/+/86<9><>990498/72132*7+<>931329*894++897/8>+570*5->>6<589/47*019>/306>26+006<89

货物或应税劳务、服务名称	规格型号	单位	数量	单价	金额	税率	税额
细工木板	1.5×2.0	张	200	200.00	40000.00	13%	5200.00
涂料	50kg	桶	50	400.00	20000.00	13%	2600.00
地板	1.5×0.3	箱	200	100.00	20000.00	13%	2600.00
装修装饰零件		套	20	1000.00	20000.00	13%	2600.00
合计					¥100000.00	13%	¥13000.00
价税合计（大写）	⊗壹拾壹万叁仟圆整				（小写）¥113000.00		

销售方	名称：哈尔滨装饰装修批发城 纳税人识别号：230103748245453 地址、电话：哈尔滨市南岗区长江路369号 0451-24564321 开户行及账号：中国工商银行哈尔滨南岗支行 9010110092259556677	备注

收款人：李长征　　复核：吴恒　　开票人：石晓龙　　销售方：（章）

税总函[2020]217号哈尔滨印刷厂有限公司

第二联：抵扣联　购买方扣税凭证

凭证7-32（6）

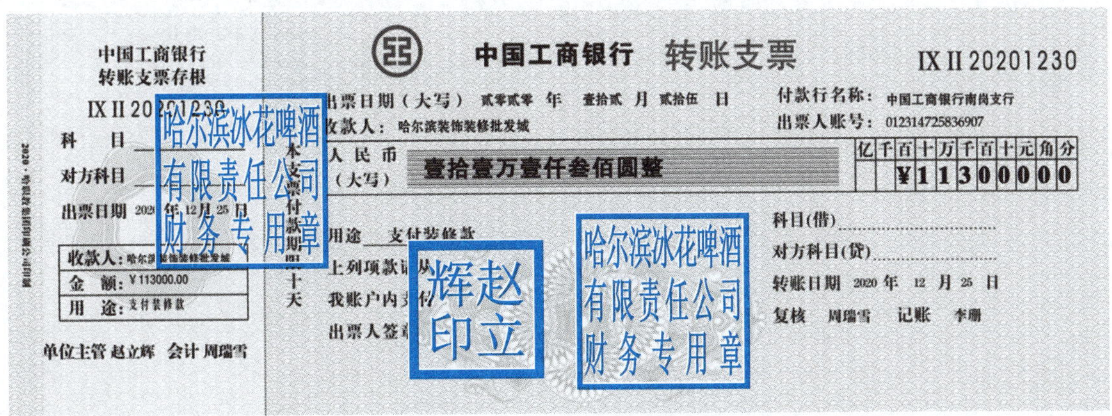

中国工商银行 转账支票存根

IX II 20201230

科目

对方科目

出票日期 2020年12月25日

收款人：哈尔滨装饰装修批发城

金额：¥113000.00

用途：支付装修款

单位主管 赵立辉　会计 周瑞雪

中国工商银行　转账支票　IX II 20201230

出票日期（大写）贰零贰零年壹拾贰月贰拾伍日　付款行名称：中国工商银行南岗支行

收款人：哈尔滨装饰装修批发城　出票人账号：012314725836907

人民币（大写）壹拾壹万叁仟叁佰圆整　¥11300000

本支票付款期限十天

用途　支付装修款

上列款项请从

我账户内支付

出票人签章

科目(借)

对方科目(贷)

转账日期 2020年12月25日

复核 周瑞雪　记账 李珊

附加信息：	被背书人	被背书人	
	背书人签章 年　月　日	背书人签章 年　月　日	贴粘单处

根据《中华人民共和国票据法》等法律法规的规定，签发空头支票由中国人民银行处以票面金额5%但不低于1 000元的罚款。

莱织华印制有限公司　2011年印制

凭证7-33（1）

付款报告书

部门：质检部　　　　2020年12月25日　　　　付款编号：20201240

开支内容	结算金额	结算方式
支付质检部房主装修人工费	70 000.00	转账支票1231
		转账付讫
合计金额（大写）	柒万圆整	

主管会计：周瑞雪　　单位负责人：陈强　　出纳：李梅　　经办人：赵博

凭证7-33（2）

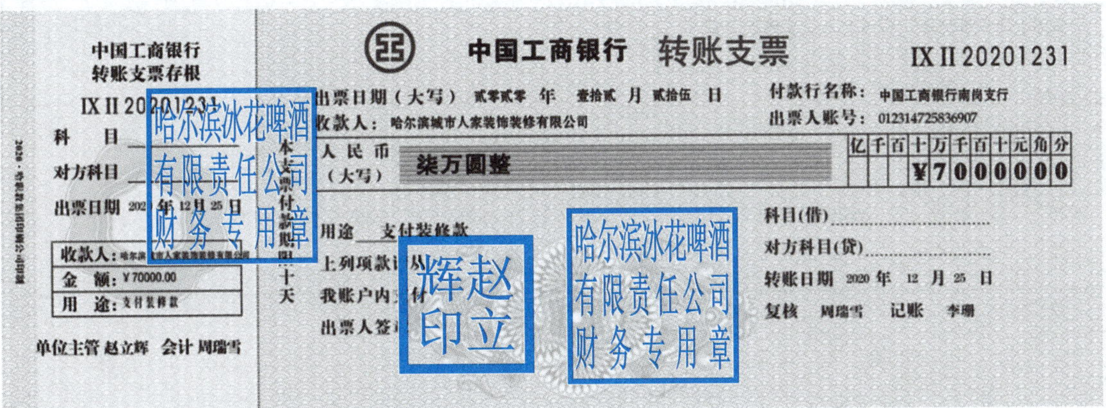

中国工商银行
转账支票存根
IX II 20201231
科　目
对方科目
出票日期 2020年12月25日
收款人：哈尔滨城市人家装饰装修有限公司
金　额：¥70000.00
用　途：支付装修款
单位主管 赵立辉　会计 周瑞雪

中国工商银行　转账支票　IX II 20201231

出票日期（大写）　贰零贰零 年　壹拾贰 月　贰拾伍 日　　付款行名称：中国工商银行南岗支行
收款人：哈尔滨城市人家装饰装修有限公司　　出票人账号：012314725836907

人民币（大写）　柒万圆整

亿	千	百	十	万	千	百	十	元	角	分
			¥	7	0	0	0	0	0	0

本支票付款期限十天
用途　支付装修款
上列款项请从
我账户内支付
出票人签章

哈尔滨冰花啤酒有限责任公司财务专用章
赵立辉印

科目(借)
对方科目(贷)
转账日期 2020年12月25日
复核 周瑞雪　记账 李珊

附加信息：	被背书人	被背书人
	背书人签章 年　月　日	背书人签章 年　月　日

贴粘单处

根据《中华人民共和国票据法》等法律法规的规定，签发空头支票由中国人民银行处以票面金额5%但不低于1 000元的罚款。

莱织华印刷有限公司　2011年印制

凭证7-33（3）

质检部房屋装修报酬支付表

姓　名	单位及技术职务	劳务报酬（元）	收款人签章
叶大能	哈尔滨城市人家装饰装修有限公司高工	25 000.00	叶大能
贺万强	哈尔滨城市人家装饰装修有限公司高工	25 000.00	贺万强
姜有德	哈尔滨城市人家装饰装修有限公司技工	20 000.00	姜有德
合　计		70 000.00	

上款系：质检部房屋工程技术人员装修人工费。

制表人：	审批人：	会计主管：	出纳：
赵博	陈强	周瑞雪	李梅
2020 年 12 月 25 日	2020 年 12 月 25 日	2020 年 12 月 25 日	2020 年 12 月 25 日

凭证7-34（1）

质检部质检用房装修验收书

本公司聘请哈尔滨城市人家装修公司进行设计，自行购买装修材料，并组织人员进行自行装修。质检部质检用房现已全部装修完毕，经组织专门人员验收，已符合设计要求，完成装修任务，全部合格。若在二年内（2021 年 1 月 1 日至 2022 年 12 月 31 日）出现装修施工质量问题，由哈尔滨城市人家装饰装修有限公司高工叶大能、贺万强、姜有德三人负责免费维修。该房屋的装修使用期限为五年，从 2021 年 1 月份起在五年的时间内进行摊销。

甲方验收人：赵 博 陈 强 周瑞雪

乙方验收人：贺万强 姜有德 徐大能

验收时间：2020 年 12 月 25 日

凭证7-34（2）

固定资产入账（出账）一览表

资产编号：0601

资产名称	房屋	类 别	质检用房	固定资产附件		无
入账原因	发包建造	购置或安装日期	2020-12-15	竣工或交付使用日期		2020-12-15
制造厂商	哈远大房地产公司	使用部门	质检部	存放地点		2 号楼
型号或规格	砖泥混合结构	折旧方法	直线法	出账	时间	
					原因	

项 目	金 额	折 旧				折 旧			
		年份	年折旧	月折旧	累计折旧	年份	年折旧	月折旧	累计折旧
成本或买价	1 000 000.00	2016	60 000.00	5 000.00	60 000.00				
不抵扣税费		2017	60 000.00	5 000.00	120 000.00				
运杂费		2018	60 000.00	5 000.00	180 000.00				
安装调试费		2019	60 000.00	5 000.00	240 000.00				
固定资产原值	1 000 000.00	2020	60 000.00	5 000.00	300 000.00				
预计净残值	100 000.00								
预计使用年限	15								
已使用年限	5								
尚可使用年限	10								
已提折旧	0								

固定资产后续支出记录							
日期	变动原因	变动减少额	变动增加额	变动后价值	月折旧额	年折旧额	净残值
2020.12	装修		193 000.00	893 000.00	7 250.00	87 000.00	23 000.00

固定资产会计：赵大伟　　单位负责人：李莉　　批准调出人员：赵伟

凭证7-35（1）

无形资产处置净损益计算表

2020 年 12 月 26 日

无形资产名称	商标权		使用单位	酿造车间	
原始价值	600 000.00	累计摊销	180 000.00	账面价值	420 000.00
保险赔偿	—	残料入库	—	变价收入	530 000.00
应交增值税	30 000.00	过失人赔偿	—	清理净损益	80 000.00

主管会计：周瑞雪　　　　无形资产会计：赵伟

凭证7-35（2）

进账单（收账通知）　3

2020 年 12 月 24 日

出票人		收款人	
全　称	阿城啤酒有限责任公司	全　称	哈尔滨冰花啤酒有限责任公司
账　号	012314325236907	账　号	012314725836907
开户银行	中国工商银行可城支行	开户银行	中国工商银行哈尔滨市南岗支行

金额	百	十	万	千	百	十	元	角	分
人民币（大写）伍拾叁万圆整	¥	5	3	0	0	0	0	0	0

票据种类	转支	票据张数	壹张
票据号码	12399909		

商标权价款

复核　　　记账

中国工商银行
2020.12.24
南岗支行
转讫

收款人开户行盖章

收款人开户行交给收款人的受理回单

凭证7-35（3）

2300205221　　黑龙江增值税专用发票　　№ 33695285　　2300205221 33695285

此联不作报销、扣税凭证使用　　开票日期：2020年12月24日

购买方	名　　称：阿城啤酒有限责任公司 纳税人识别号：237458159325541 地址、电话：哈尔滨阿城区阿什河街88号 0451-85554127 开户行及账号：工商银行哈尔滨阿城区支行 012314325236907	密码区	033+*7-*73*>2170608870>2/>09- 7/3/+/86<9><>990498/72132*7+ <>931329*894++897/8>+570*5-> >6<589/47*019>/306>26+006<89

货物或应税劳务、服务名称	规格型号	单位	数量	单价	金额	税率	税额
商标权					500000.00	6%	30000.00
合　计					¥500000.00	6%	¥30000.00
价税合计（大写）	⊗伍拾叁万圆整				（小写）¥530000.00		

销售方	名　　称：哈尔滨冰花啤酒有限责任公司 纳税人识别号：237458159378789 地址、电话：哈尔滨南岗区人和路789号 0451-55667799 开户行及账号：工商银行南岗支行 012314725836907	备注	

收款人：李梅　　复核：赵雪娇　　开票人：赵立兰　　销售方：（章）

税总函[2020]217号哈尔滨印刷厂有限公司

第一联：记账联 销售方记账凭证

凭证7-35（4）

无形资产入账（出账）一览表

资产编号：0101

资产名称	无形资产	类　别	商标权	无形资产附件	无
入账原因	申请	购置或申请日期	2017.12.01	交付使用日期	2017-12-01
厂商或部门	黑龙江知识产权局	使用部门	酿造车间	存放地点	1号楼
型号或规格	商标	摊销方法	直线法	出账 时间	2020.12.26
				出账 原因	出售

项　目	金　额	摊销				摊销			
		年份	年摊销	月摊销	累计摊销	年份	年摊销	月摊销	累计摊销
成本或买价	55 0000.00	2017	5 000.00	5 000.00	5 000.00				
税费	50 000.00	2018	60 000.00	5 000.00	65 000.00				
无形资产原值	600 000.00	2019	60 000.00	5 000.00	125 000.00				
预计净残值	0	2020	55 000.00	5 000.00	180 000.00				
预计使用年限	10								
已使用年限	0								
尚可使用年限	10								
已摊销	0								

无形资产后续资价值变动记录

日期	变动原因	变动减少额	变动增加额	变动后价值	月摊销额	年摊销额	累计摊销

固定资产会计：赵大伟　　单位负责人：李莉　　批准调出人员：赵伟

凭证7-35（5）

无形资产处置申批表

单位：行政部　　　　　　　　2020年12月26日

<table>
<tr><td>无形资产名称</td><td colspan="3">商标权</td><td>规定使用年限</td><td>10年</td><td>原值</td><td>600 000.00</td></tr>
<tr><td>规格</td><td colspan="3"></td><td>已年摊销年限</td><td>3年</td><td>已摊销</td><td>180 000.00</td></tr>
<tr><td>单位</td><td>项</td><td>数量</td><td>1</td><td>预计收回残值</td><td>0</td><td>净值</td><td></td></tr>
<tr><td>资产编号</td><td colspan="3">0101</td><td>存放地点</td><td colspan="3">行政部</td></tr>
<tr><td>处置原因</td><td colspan="7">老商标过时变现</td></tr>
<tr><td>处置方式</td><td colspan="7">出售</td></tr>
<tr><td colspan="2">经办人签章：
孙华
2020年12月26日</td><td colspan="3">技术鉴定小组意见
同意
负责人签章
王一春
2020年12月26日</td><td colspan="3">主管领导意见
同意
主管领导签章
孙伟
2020年12月26日</td></tr>
</table>

凭证7-36

无形资产摊销计算表

2020年12月25日

<table>
<tr><td rowspan="2">序号</td><td rowspan="2">资产名称</td><td rowspan="2">期初余额</td><td rowspan="2">本期增加金额</td><td rowspan="2">本期减少金额</td><td rowspan="2">使用年限</td><td colspan="3">摊销情况</td><td rowspan="2">备注</td></tr>
<tr><td>已摊销</td><td>月摊销</td><td>累计摊销</td></tr>
<tr><td>1</td><td>啤酒商标权</td><td>3 600 000.00</td><td></td><td>600 000.00</td><td>10</td><td>720 000.00</td><td>25 000.00</td><td>745 000.00</td><td>自用</td></tr>
<tr><td>2</td><td>专利权</td><td>1 500 000.00</td><td></td><td></td><td>20</td><td>800 000.00</td><td>6 250.00</td><td>806 250.00</td><td>自用</td></tr>
<tr><td></td><td></td><td></td><td></td><td></td><td></td><td></td><td></td><td></td><td></td></tr>
<tr><td></td><td></td><td></td><td></td><td></td><td></td><td></td><td></td><td></td><td></td></tr>
<tr><td colspan="2">合　计</td><td>5 100 000.00</td><td></td><td>600 000.00</td><td></td><td>1 520 000.00</td><td>31 250.00</td><td>1 551 250.00</td><td></td></tr>
</table>

会计主管：周瑞雪　　　　　　　　制单：赵伟

凭证7-37

核销应收账款坏账的请示

齐齐哈尔代理商李齐的客户阳光啤酒超市因火灾使商店关闭，应收的啤酒款 200 000 元因此无法收回成为坏账，特申请核销该应收账款。

申请人	部门负责人	单位负责人	会计主管
	同意	同意	同意
李齐	赵雪娇	孙伟	周瑞雪
2020.12.26	2020.12.26	2020.12.26	2020.12.26

凭证7-38

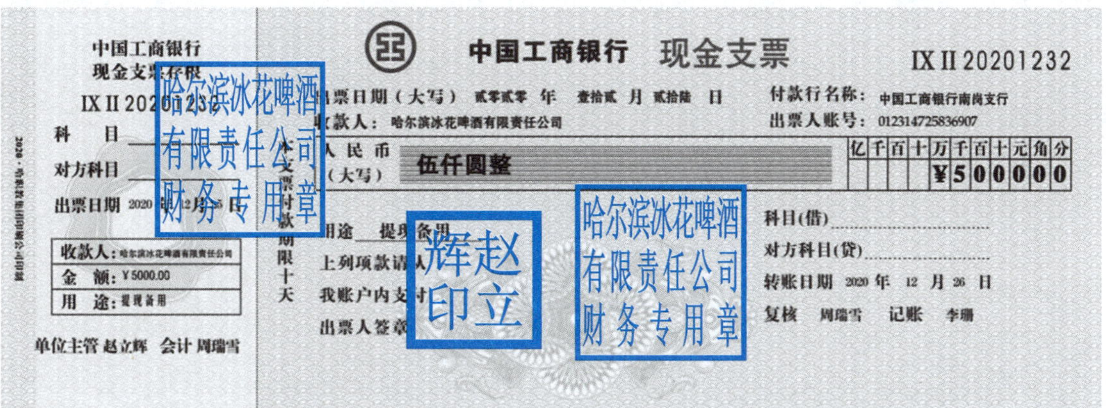

中国工商银行
现金支票存根
IX II 20201232
科　目
对方科目
出票日期 2020 年 12 月 26 日
收款人：哈尔滨冰花啤酒有限责任公司
金　额：¥5000.00
用　途：提现备用
单位主管 赵立辉　会计 周瑞雪

中国工商银行　现金支票　IX II 20201232

出票日期（大写）贰零贰零 年 壹拾贰 月 贰拾陆 日　付款行名称：中国工商银行南岗支行
收款人：哈尔滨冰花啤酒有限责任公司　出票人账号：012314725836907

本支票付款期限十天

人民币（大写）	伍仟圆整	亿	千	百	十	万	千	百	十	元	角	分
						¥	5	0	0	0	0	0

用途 提现备用
上列项款请从
我账户内支付
出票人签章

科目(借)
对方科目(贷)
转账日期 2020 年 12 月 26 日
复核 周瑞雪　记账 李珊

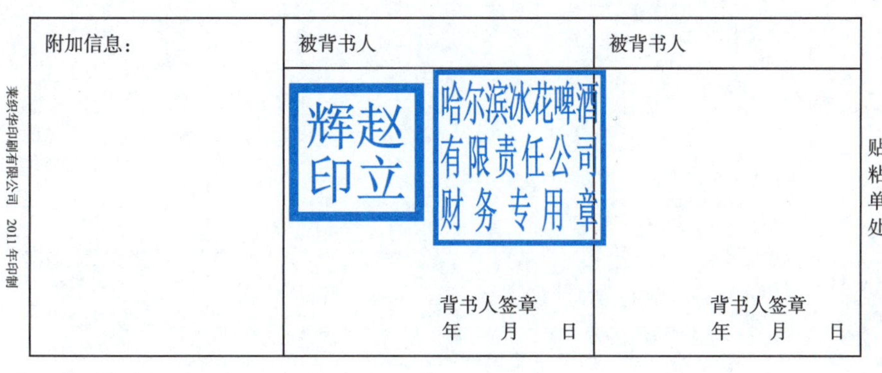

附加信息：	被背书人	被背书人
	背书人签章 年　月　日	背书人签章 年　月　日

贴粘单处

莱织华印刷有限公司　2011 年印制

根据《中华人民共和国票据法》等法律法规的规定，签发空头支票由中国人民银行处以票面金额 5% 但不低于 1 000 元的罚款。

凭证7-39

职工困难审批表

补助人性名	部门	补助原因	补助金额	收款人签收
朱娜	酿造车间	爱人生病	2 000.00	朱娜
朱美娜	包装车间	孩子上大学	1 000.00	朱美娜
李长文	质检部	老人有病	2 000.00	李长文
合计金额人民币（大写）伍仟圆整			￥5 000.00 元	
审批意见：同意 单位负责人　孙伟 2020 年 12 月 26 日				

现金付讫

凭证7-40

坏账准备计算表

2020 年 12 月 26 日

项　　目	金　　额	备　　注
期初坏账准备余额		
本期转销的坏账准备		
本期收回的坏账准备		
期末坏账准备余额		
期末应收款项余额		
坏账准备计提比例		
本期应提的坏账准备		

凭证7-41

转销无法支付应付账款的请示

我单位欠双城玻璃制品厂货款 500 000 元，因该单位已经撤销，债务无法偿还，批准确认该货款无法支付，予以核转销做营业外收入。

申请人	部门负责人	单位负责人	会计主管
	同意	同意	同意
赵大伟	张立军	孙伟	周瑞雪
2020.12.26	2020.12.26	2020.12.26	2020.12.26

凭证7-42（1）

城镇土地使用税计算表

2020年12月26日

土地类型	土地面积（平方米）	单位税额	应纳税额	备注
生产用地	20 000平方米	5.00元		
合　计				

凭证7-42（2）

房产税计算表

2020年12月26日

房屋名称	使用部门	原值	扣除率	计税基数	税率	应纳税额
房屋及建筑物	董事会		30%		1.2%	
	经理室		30%		1.2%	
	财务部		30%		1.2%	
	行政部		30%		1.2%	
	质检部		30%		1.2%	
	采购部		30%		1.2%	
	小 计		30%			
	销售部		30%		1.2%	
	酿造车间		30%		1.2%	
	包装车间		30%		1.2%	
	机修车间		30%		1.2%	
	小 计		30%		1.2%	
	出 租				12%	
	合 计					

凭证7-43（1）

税务档案号码 0456078

中华人民共和国
税收通用缴款书

（202012）哈国缴

隶属关系：区

注册类型：其他有限责任公司　　填发日期：2020 年 12 月 27 日

征收机关：国家税务总局哈尔滨市南岗区税务局

缴款单位	代码	237458159378789	预算科目	编码	101110400
	全称	哈尔滨冰花啤酒有限责任公司		名称	房产税
	开户银行	中国工商银行哈市南岗支行		级次	市 100%
	账号	012314725836907	收缴国库		国家金库哈尔滨南岗区支库
税款所属时期 2020 年 11 月 1 日至 11 月 30 日			税款限缴日期 2020 年 12 月 27 日		

品目名称	课税数量	计税金额或销售收入	税率或单位税额	已缴或扣除额	亿	千	百	十	万	千	百	十	元	角	分
					实缴金额										
房产税	原值 70%	57 400 000	1.2%					6	8	8	8	0	0	0	0
房产税	租金	91 743.12	12%						1	1	0	0	9	1	7
金额合计	（大写）陆拾玖万玖仟捌佰零玖圆壹角柒分						¥	6	9	9	8	0	9	1	7

缴款单位（人）（盖章）	税务机关（盖章）	上列款项已收妥并划转收款单位账户	备注：一般申报，正常缴纳
哈尔滨冰花啤酒有限责任公司财务专用章 经办人（章）李梅	国家税务总局哈尔滨南岗区税务局 征税专用章 填票人（章）李可	中国工商银行 2020.12.27 南岗支行 转讫 国库（银行）盖章　年　月　日	

第一联（收据）国库（经收处）收款盖章后退缴款单位（个人）作完税凭证

凭证7-43（2）

税务档案号码 0456078

中华人民共和国
税收通用缴款书

隶属关系：区

（202012）哈国缴

注册类型：其他有限责任公司　　填发日期：2020 年 12 月 27 日

征收机关：国家税务总局哈尔滨市南岗区税务局

缴款单位	代码	237458159378789	预算科目	编码	101120300
	全称	哈尔滨冰花啤酒有限责任公司		名称	城镇土地使用税
	开户银行	中国工商银行哈市南岗支行		级次	市 100%
	账号	012314725836907	收缴国库		国家金库哈尔滨南岗区支库
税款所属时期 2020 年 11 月 1 日至 11 月 30 日			税款限缴日期 2020 年 12 月 27 日		

品目名称	课税数量	计税金额或销售收入	税率或单位税额	已缴或扣除额	实缴金额 亿	千	百	十	万	千	百	十	元	角	分
土地使用税	面积	20 000	5					1	0	0	0	0	0	0	0
金额合计	（大写）壹拾万圆整						¥	1	0	0	0	0	0	0	0

缴款单位（人）（盖章）	税务机关（盖章）	上列款项已收妥并划转收款单位账户	备注：一般申报，正常缴纳
哈尔滨冰花啤酒有限责任公司财务专用章	国家税务总局哈尔滨南岗区税务局 征税专用章	中国工商银行 2020.12.27 南岗支行 转讫	
经办人（章）李梅	填票人（章）李可	国库（银行）盖章　年　月　日	

第一联（收据）国库（经收处）收款盖章后退缴款单位（个人）作完税凭证

二、根据下半月发生的交易事项，完成职工薪酬业务原始凭证和记账凭证的填制与审核（见凭证7-44～凭证7-47）

课程思政

工资单造假！重罚！会计人员诚信成本巨大！

凭证7-44（1）

工资费用计算明细表

2020年12月27日

部门名称	编号	姓名	工资项目							应付工资合计
			薪级工资	岗位工资	计件工资	计时工资	岗位津贴	绩效奖金	…	
董事会	0101	赵立辉	3 000.00	3 000.00			1 000.00	2 500.00		9 500.00
经理室	0201	孙　伟	2 800.00	2 800.00			800.00	2 000.00		8 400.00
	小　计		20 000.00	20 000.00			7 000.00	7 000.00		54 000.00
财务部	0301	孙大可	2 500.00	2 000.00			200.00	500.00		5 200.00
	小　计		12 000.00	12 000.00			2 000.00	6 500.00		32 500.00
质检车间	0401	赵　博	2 500.00	2 500.00			1 000.00	1 500.00		7 500.00
	小　计		10 000.00	10 000.00			8 000.00	8 000.00		36 000.00
采购部	0501	张立军	2 500.00	2 500.00			800.00	1 600.00		7 400.00
	小　计		20 000.00	20 000.00			8 000.00	6 000.00		54 000.0 0
行政部	1001	王一春	2 500.00	2 500.00			700.00	1 500.00		7 200.00
	小　计		18 000.00	18 000.00			6 000.00	5 000.00		47 000.00
酿造管理人员	0601	赵青春	2 400.00	2 400.00			7 000.00	1 800.00		8 600.00
	小　计		10 000.00	10 000.00			2 000.00	2 000.00		24 000.00
酿造生产工人	0608	李小良	1 000.00	1 000.00	600.00		600.00	300.00		2 900.00
	小　计		420 000.00	420 000.00	336 000.00		98 000.00	70 000.00		1 344 000.00
包装管理人员	0801	赵立春	2 300.00	2 300.00			800.00	1 800.00		7 200.00
		小　计	5 000.00	5 000.00			1 000.00	1 000.00		12 000.00
包装生产工人	0803	胡　海	1 000.00	1 000.00			600.00	400.00		3 000.00
			60 000.00	60 000.00	108 000.00		24 000.00	18 000.00		270 000.00
机修车间	0901	钱升财	2 300.00	2 300.00			800.00	2 000.00		7 600.00
		小　计	8 000.00	8 000.00	9 000.00		4 000.00	2 000.00		31 000.00
销售部	0703	孙　强	4 300.00	4 300.00			2 000.00	8 000.00		18 600.00
		小　计	10 000.00	10 000.00			3 000.00	20 000.00		43 000.00
	合　计		596 000.00	596 000.00	453 000.00		164 000.00	148 000 .00		1 957 000.00

制表人：赵大伟　　部门负责人：李莉　　单位公章：　　经办人：李美生

凭证7-44（2）

工资费用分配表

2020年12月27日

科目名称	产品名称	直接计入	分配计入			合　计
			工　时	分配率	分配金额	
管理费用						
生产成本（酿造）	纯生啤酒					
	普通啤酒					
	小　计					
生产成本（包装）	纯生啤酒					
	普通啤酒					
	小　计					
制造费用	酿造部					
制造费用	包装部					
辅助生产成本						
销售费用						
合　计						

制表人：赵大伟　　　　主管会计：周瑞雪　　　　复核：孙大可

凭证7-45

工会经费和职工教育经费计提表

2020 年 12 月 27 日

科目名称	工资总额	工会经费（2%）	教育经费（8%）	计提二费合计
管理费用				
生产成本（酿造纯生）				
生产成本（酿造普通）				
生产成本（包装纯生）				
生产成本（包装普通）				
制造费用（酿造）				
制造费用（包装）				
辅助生产成本				
销售费用				
合　　计				

制表人：赵大伟　　　　主管会计：周瑞雪　　　　复核：孙大可

凭证7-46

企业为职工提取的四险一金计算表

2020 年 12 月 27 日

科目名称	工资总额	养老保险（20%）	医疗保险（9%）	失业保险（2%）	工伤保险（1%）	住房公积金（8%）	四险一金合计
管理费用							
生产成本（酿造纯生）							
生产成本（酿造普通）							
生产成本（包装纯生）							
生产成本（包装普通）							
制造费用（酿造）							
制造费用（包装）							
辅助生产成本							
销售费用							
合　计							

制表人：赵大伟　　　　主管会计：周瑞雪　　　　复核：孙大可

凭证7-47（1）

计算个人应交的三险一金及所得税。养老保险、医疗保险、失业保险和住房公积金个人负担的比例分别为 8%、2%、1% 和 8%。应交个人所得税为 110 000 元。

职工个人专项附加扣除信息：赵立辉：赵立辉为家中独子，需赡养自己的父母（父亲赵涛，身份证号 230131195306150257，母亲汪梅，身份证号 330108195410080844）。

孙　伟：目前一家人还是租房居住，(租赁房屋地址：哈尔滨市香坊区哈平路 3428 号 10 幢五单元 503 室；租赁时间：2019 年 01 月—2020 年 12 月；出租房类型：个人)。住房租金由孙伟和妻子各扣除 50%。

赵　博：2018 年 9 月赵博开始攻读大学本科学历，预计 2021 年 10 月拿到学历证书。

孙　强：现居哈尔滨，已婚（妻子苗圩，身份证号 230101198805180282），妻子也在哈尔滨工作，育有一女（女儿林雯，身份证号 230121200912120169），女儿于 2018 年 9 月份进入哈尔滨工农兵小学读五年级；子女教育由孙强个人扣除。(假定每位职工每月的应纳税所得额相同)。

文 档

个人所得税专项附加扣除相关规定

文 档

个人所得税的计算及会计处理

职工个人所得税计算表

2020 年 12 月 27 日

部门	编号	姓名	应发工资总额	扣除非应税部分				累计预扣预缴应纳税所得额	税率	速算扣除数	累计预扣预缴个人所得税	1~11 月份已预扣预缴个人所得税	本期应预扣预缴个人所得税	实发工资
				规定扣除	三险一金	专项附加扣除	扣除合计							
略	略	赵立辉										229.35		
		孙　伟										347.82		
		孙大可												
		赵　博										222.75		
		胡　海												
		孙　强										7 662.6		
合　计													110 000	

凭证7-47（2）

职工个人负担的三险一金、所得税及实发工资计算表

2020年12月27日

部门	编号	姓名	应发工资总额	扣款明细						实发工资
				养老保险（8%）	医疗保险（2%）	失业保险（1%）	住房公积金（8%）	个人所得税	扣款合计	
财务部	略	孙大可								
质检车间	略	赵　博								
销售部		孙　强								
合　计										

三、根据下半月发生的交易事项，完成材料费用的归集与分配（见凭证 7-48～凭证 7-53）

凭证7-48（1）

付款报告书

部门：质检部　　　　2020 年 12 月 27 日　　　　编号：20201241

开支内容	结算金额	结算方式
购买加油卡（质检部门用）	37 500.00	转账支票 1233
合计金额（大写）	叁万柒仟伍佰圆整	

转账付讫

主管会计：周瑞雪　　单位负责人：王一春　　出纳：李梅　　经办人：孙华

凭证7-48（2）

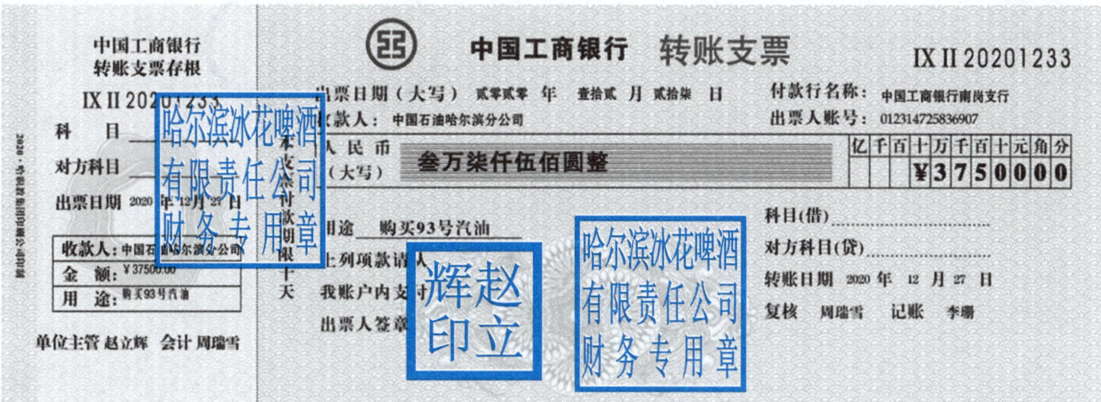

中国工商银行
转账支票存根
IX II 20201233
科　目
对方科目
出票日期 2020 年 12 月 27 日
收款人：中国石油哈尔滨分公司
金　额：¥37500.00
用　途：购买93号汽油
单位主管 赵立辉　会计 周瑞雪

中国工商银行　转账支票　IX II 20201233
出票日期（大写）贰零贰零 年 壹拾贰 月 贰拾柒 日　付款行名称：中国工商银行南岗支行
收款人：中国石油哈尔滨分公司　出票人账号：01231472583690 7
本支票付款期限十天
人民币（大写）叁万柒仟伍佰圆整

亿	千	百	十	万	千	百	十	元	角	分
			¥	3	7	5	0	0	0	0

用途　购买93号汽油　科目(借)
上列款项请从　对方科目(贷)
我账户内支付　转账日期 2020 年 12 月 27 日
出票人签章　复核 周瑞雪　记账 李珊

哈尔滨冰花啤酒有限责任公司财务专用章
赵立辉印

附加信息：	被背书人	被背书人
	背书人签章 年　月　日	背书人签章 年　月　日

贴粘单处

根据《中华人民共和国票据法》等法律法规的规定，签发空头支票由中国人民银行处以票面金额 5% 但不低于 1 000 元的罚款。

莱织华印刷有限公司 2011 年印制

凭证7-48（3）

黑龙江增值税普通发票

2300207449　　№ 02224605　　2300207449 02224605

发票联

开票日期：2020年12月27日

购买方	名称：哈尔滨冰花啤酒有限责任公司 纳税人识别号：237458159378789 地址、电话：哈尔滨南岗区人和路789号 0451-55667799 开户行及账号：工商银行南岗支行 012314725836907	密码区	033+*7-*73*>2170608870>2/>09-7/3/+/86<9><>990498/72132*7+<>931329*894++897/8>+570*5->>6<589/47*019>/306>26+006<89

货物或应税劳务、服务名称	规格型号	单位	数量	单价	金额	税率	税额
加油费				7.50	33185.84	13%	4314.16
合计					¥33185.84	13%	¥4314.16
价税合计（大写）	⊗叁万柒仟伍佰圆整				（小写）¥37500.00		

销售方	名称：中国石油哈尔滨分公司 纳税人识别号：231103748241555 地址、电话：哈尔滨香坊区跃进加油站 0451-86254123 开户行及账号：中国工商银行哈尔滨香坊支行 901011009225121212	备注	

收款人：刘庆祝　　复核：裴佩　　开票人：杨秋杰　　销售方：（章）

税总函[2020]217号哈尔滨印刷厂有限公司

第二联：发票联 购买方记账凭证

外购水费分配表

2020 年 12 月 28 日

<table>
<tr><th>应借科目</th><th>部门名称</th><th>明细科目</th><th>投产（完工）数量</th><th>定额耗用量</th><th>分配数量</th><th>单价</th><th>分配金额</th></tr>
<tr><td rowspan="7">生产成本</td><td rowspan="2">基本生产（酿造）</td><td>纯生</td><td></td><td></td><td></td><td></td><td></td></tr>
<tr><td>普通</td><td></td><td></td><td></td><td></td><td></td></tr>
<tr><td colspan="2">合　计</td><td></td><td></td><td></td><td></td><td></td></tr>
<tr><td rowspan="2">基本生产（包装）</td><td>纯生</td><td></td><td></td><td></td><td></td><td></td></tr>
<tr><td>普通</td><td></td><td></td><td></td><td></td><td></td></tr>
<tr><td colspan="2">合　计</td><td></td><td></td><td></td><td></td><td></td></tr>
<tr><td colspan="2">辅助生产成本</td><td></td><td></td><td></td><td></td><td></td></tr>
<tr><td>管理费用</td><td colspan="4">水电费</td><td></td><td></td><td></td></tr>
<tr><td colspan="5">合　计</td><td></td><td></td><td></td></tr>
</table>

制表人：赵大伟　　　　主管会计：周瑞雪　　　　复核：孙大可

凭证7-50

外购电费分配表

2020 年 12 月 28 日

<table>
<tr><th>应借科目</th><th>部门名称</th><th>明细科目</th><th>电表显示数</th><th>投产（完工数量）</th><th>分配电量</th><th>分配率</th><th>分配金额</th></tr>
<tr><td rowspan="7">生产成本</td><td rowspan="2">基本生产（酿造）</td><td>纯生</td><td></td><td></td><td></td><td></td><td></td></tr>
<tr><td>普通</td><td></td><td></td><td></td><td></td><td></td></tr>
<tr><td colspan="2">合　计</td><td></td><td></td><td></td><td></td><td></td></tr>
<tr><td rowspan="2">基本生产（包装）</td><td>纯生</td><td></td><td></td><td></td><td></td><td></td></tr>
<tr><td>普通</td><td></td><td></td><td></td><td></td><td></td></tr>
<tr><td colspan="2">合　计</td><td></td><td></td><td></td><td></td><td></td></tr>
<tr><td colspan="2">辅助生产成本</td><td></td><td></td><td></td><td></td><td></td></tr>
<tr><td>管理费用</td><td colspan="2">水电费</td><td></td><td></td><td></td><td></td><td></td></tr>
<tr><td>销售费用</td><td colspan="2">水电费</td><td></td><td></td><td></td><td></td><td></td></tr>
<tr><td rowspan="2">制造费用</td><td colspan="2">酿造车间</td><td></td><td></td><td></td><td></td><td></td></tr>
<tr><td colspan="2">包装车间</td><td></td><td></td><td></td><td></td><td></td></tr>
<tr><td colspan="3">合　计</td><td></td><td></td><td></td><td></td><td></td></tr>
</table>

制表人：赵大伟　　主管会计：周瑞雪　　复核：孙大可

凭证7-51（1）

产品出库单

购货单位：齐齐哈尔啤酒批发公司　　2020 年 12 月 29 日　　出库编号：20201208

仓库	产品名称	单位	出库数量（吨）	单位成本（元）	总成本（元）	备注
2 号库	纯生瓶装啤酒	吨	3 100			
2 号库	普通瓶装啤酒	吨	1 500			
合　计			4 600			

库管员：赵立兰　　销售员：朱海峰　　部门负责人：赵雪娇

凭证7-51（2）

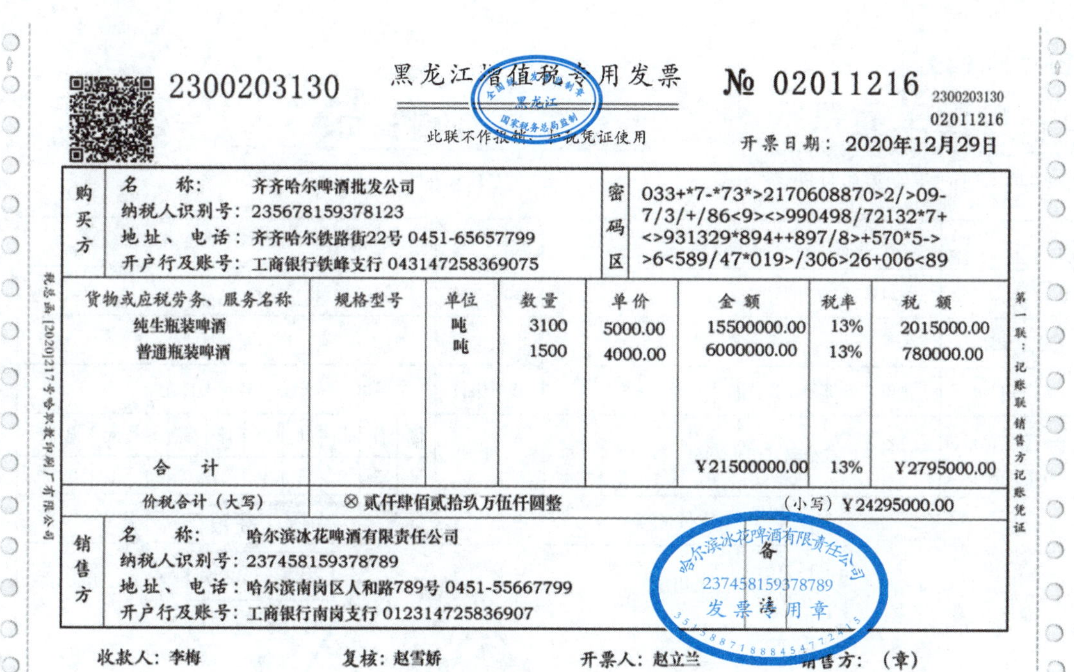

2300203130　　黑龙江增值税专用发票　　№ 02011216　　2300203130　02011216

此联不作报销、扣税凭证使用　　开票日期：2020年12月29日

购买方	名称：齐齐哈尔啤酒批发公司 纳税人识别号：235678159378123 地址、电话：齐齐哈尔铁路街22号 0451-65657799 开户行及账号：工商银行铁峰支行 043147258369075	密码区	033+*7-*73*>2170608870>2/>09- 7/3/+/86<9><>990498/72132*7+ <>931329*894++897/8>+570*5-> >6<589/47*019>/306>26+006<89

货物或应税劳务、服务名称	规格型号	单位	数量	单价	金额	税率	税额
纯生瓶装啤酒		吨	3100	5000.00	15500000.00	13%	2015000.00
普通瓶装啤酒		吨	1500	4000.00	6000000.00	13%	780000.00
合　计					¥21500000.00	13%	¥2795000.00
价税合计（大写）	⊗贰仟肆佰贰拾玖万伍仟圆整				（小写）¥24295000.00		

销售方	名称：哈尔滨冰花啤酒有限责任公司 纳税人识别号：237458159378789 地址、电话：哈尔滨南岗区人和路789号 0451-55667799 开户行及账号：工商银行南岗支行 012314725836907	备注	

收款人：李梅　　复核：赵雪娇　　开票人：赵立兰　　销售方：（章）

税总函[2020]217号哈尔滨印刷厂有限公司

第一联：记账联　销售方记账凭证

哈尔滨冰花啤酒有限责任公司　237458159378789　发票专用章

凭证7-51（3）

哈尔滨冰花啤酒有限责任公司

销 售 单（代合同）　　NO.20201207

地址：哈尔滨南岗区人和路 789 号

电话：0451-55667799

客户名称：齐齐哈尔啤酒批发公司

地址电话：齐齐哈尔铁路街 22 号　0451-65657799　　　　日期：2020 年 12 月 20 日

（印章：哈尔滨冰花啤酒有限责任公司 合同专用章）

产品名称	单位	单价	数量	金额	税率	税额	价税合计
纯生瓶装啤酒	吨	5 000.00	3 100	15 500 000.00	13%	2 015 000.00	17 515 000.00
普通瓶装啤酒	吨	4 000.00	1 500	6 000 000.00	13%	780 000.00	6 780 000.00
合计	人民币大写	贰仟肆佰贰拾玖万伍仟圆整		2 150 000.00		2 795 000.00	24 295 000.00

会计：赵雪娇　　经办人：朱海峰　　库管：赵立兰　　签收人：张朝阳

凭证7-51（4）

电 汇 凭 证（收账通知）　　2

√普通　加急　委托日期　　2020 年 12 月 29 日

汇款人	全　称	齐齐哈尔啤酒批发公司	收款人	全　称	哈尔滨冰花啤酒有限责任公司
汇款人	账　号	043147258369075	收款人	账　号	012314725836907
汇款人	汇出地点	黑龙江 省 齐齐哈尔 市/县	收款人	汇出地点	黑龙江 省 哈尔滨 市/县
汇款人	开户银行	中国工商银行齐齐哈尔市铁峰支行	收款人	开户银行	中国工商银行哈尔滨市南岗支行

金额	人民币（大写）	贰仟肆佰贰拾玖万伍仟圆整	亿	仟	佰	十	万	仟	佰	十	元	角	分
			¥	2	4	2	9	5	0	0	0	0	0

支付密码

附加信息及用途：

支付前欠货款

中国

（印章：中国工商银行 2020.12.29 南岗支行 转讫）

汇出行签章：　　复核：　　记账：

此联付款行给汇款人的回单

凭证7-52（1）

限额领料单

领料部门：酿造部　　　　　　　　　　　　　　　　领料编号：202001

领料用途：生产纯生啤酒　　　　2020年12月　　　　发料仓库：1号库

材料类别	材料编号	材料名称及规格	计量单位	领用限额	实际领用	单价	金额	备注
辅助材料	01	啤酒花	吨	62	62			
供应部门负责人：张立军			生产计划部门负责人：赵青春					
日期	领料				退料			限额结余
	请领	实发	领料人签章	发料人签章	数量	收料人签章	退料人签章	
1	2	2	李伟	吴尚				58
2	2	2	李伟	吴尚				56
31	2	2	李伟	吴尚				0
合计	62	62						

凭证7-52（2）

限额领料单

领料部门：酿造部　　　　　　　　　　　　　　　　领料编号：202002

领料用途：生产普通啤酒　　　　2020年12月　　　　发料仓库：1号库

材料类别	材料编号	材料名称及规格	计量单位	领用限额	实际领用	单价	金额	备注
辅助材料	01	啤酒花	吨	31	31			
供应部门负责人：张立军			生产计划部门负责人：赵青春					
日期	领料				退料			限额结余
	请领	实发	领料人签章	发料人签章	数量	收料人签章	退料人签章	
1	1	1	李伟	吴尚				30
2	1	1	李伟	吴尚				29
31	1	1	李伟	吴尚				0
合计	31	31						

凭证7-52（3）

限额领料单

领料部门：酿造部　　　　　　　　　　　　　　　　　　　　　　　　　　领料编号：202003

领料用途：生产普通啤酒　　　　　　2020 年 12 月　　　　　　　　　　发料仓库：1 号库

材料类别	材料编号	材料名称及规格	计量单位	领用限额	实际领用	单价	金额	备注
原料及主要材料	01	麦芽	吨	248	248			
供应部门负责人：张立军			生产计划部门负责人：赵青春					
日期	领料				退料			限额结余
	请领	实发	领料人签章	发料人签章	数量	收料人签章	退料人签章	
1	8	8	李伟	吴尚				240
2	8	8	李伟	吴尚				232
31	8	8	李伟	吴尚				0
合计	248	248						

凭证7-52（4）

限额领料单

领料部门：酿造部　　　　　　　　　　　　　　　　　　　　　　　　　　领料编号：202004

领料用途：生产纯生啤酒　　　　　　2020 年 12 月　　　　　　　　　　发料仓库：1 号库

材料类别	材料编号	材料名称及规格	计量单位	领用限额	实际领用	单价	金额	备注
原料及主要材料	01	麦芽	吨	496	496			
供应部门负责人：张立军			生产计划部门负责人：赵青春					
日期	领料				退料			限额结余
	请领	实发	领料人签章	发料人签章	数量	收料人签章	退料人签章	
1	16	16	李伟	吴尚				480
2	16	16	李伟	吴尚				464
31	16	16	李伟	吴尚				0
合计	496	496						

凭证7-52（5）

限额领料单

领料部门：酿造部　　领料编号：202005

领料用途：生产普通啤酒　　2020年12月　　发料仓库：1号库

材料类别	材料编号	材料名称及规格	计量单位	领用限额	实际领用	单价	金额	备注
原料及主要材料	02	大米	吨	217	217			
供应部门负责人：张立军				生产计划部门负责人：赵青春				
日期	领料				退料			限额结余
	请领	实发	领料人签章	发料人签章	数量	收料人签章	退料人签章	
1	7	7	李伟	吴尚				210
2	7	7	李伟	吴尚				203
31	7	7	李伟	吴尚				0
合计	217	217						

凭证7-52（6）

限额领料单

领料部门：酿造部　　领料编号：202006

领料用途：生产纯生啤酒　　2020年12月　　发料仓库：1号库

材料类别	材料编号	材料名称及规格	计量单位	领用限额	实际领用	单价	金额	备注
原料及主要材料	02	大米	吨	434	434			
供应部门负责人：张立军				生产计划部门负责人：赵青春				
日期	领料				退料			限额结余
	请领	实发	领料人签章	发料人签章	数量	收料人签章	退料人签章	
1	14	14	李伟	吴尚				420
2	14	14	李伟	吴尚				406
31	14	14	李伟	吴尚				0
合计	434	434						

凭证7-52（7）

限额领料单

领料部门：酿造部　　　　　　　　　　　　　　　　　　　　领料编号：202007

领料用途：生产纯生啤酒　　　　　　2020 年 12 月　　　　　　发料仓库：1 号库

材料类别	材料编号	材料名称及规格	计量单位	领用限额	实际领用	单价	金额	备注
辅助材料	02	啤酒酵母	吨	3.1	3.1			
供应部门负责人：张立军				生产计划部门负责人：赵青春				
日期	领料				退料			限额结余
	请领	实发	领料人签章	发料人签章	数量	收料人签章	退料人签章	
1	0.1	0.1	李伟	吴尚				3.0
2	0.1	0.1	李伟	吴尚				2.9
31	0.1	0.1	李伟	吴尚				0
合计	3.3	3.3						

凭证7-52（8）

限额领料单

领料部门：酿造部　　　　　　　　　　　　　　　　　　　　领料编号：202008

领料用途：生产普通啤酒　　　　　　2020 年 12 月　　　　　　发料仓库：1 号库

材料类别	材料编号	材料名称及规格	计量单位	领用限额	实际领用	单价	金额	备注
辅助材料	02	啤酒酵母	吨	1.55	1.55			
供应部门负责人：张立军				生产计划部门负责人：赵青春				
日期	领料				退料			限额结余
	请领	实发	领料人签章	发料人签章	数量	收料人签章	退料人签章	
1	0.05	0.05	李伟	吴尚				1.50
2	0.05	0.05	李伟	吴尚				1.45
31	0.05	0.05	李伟	吴尚				0
合计	15.5	15.5						

凭证7-52（9）

材料发出汇总及分配表

2020年12月31日

领用材料＼会计科目		生产成本（酿造部）		合计
		普通啤酒	纯生啤酒	
啤酒花	数量（吨）			
	单价			
	金额（元）			
啤酒酵母	数量（吨）			
	单价			
	金额（元）			
麦芽	数量（吨）			
	单价			
	金额（元）			
大米	数量（吨）			
	单价			
	金额（元）			
合计				

制表人：赵大伟　　主管会计：周瑞雪　　复核：孙大可

凭证7-52（10）

生产用原料及辅助材料期末加权平均单价计算表

2020年12月31日

材料名称	期初		本期增加		期末平均单价
	数量（吨）	金额（元）	数量（吨）	金额（元）	
啤酒花					
啤酒酵母					
麦芽					
大米					

制表人：赵大伟　　主管会计：周瑞雪　　复核：孙大可

凭证7-53（1）

限额领料单

领料部门：包装部　　　　领料编号：202009

领料用途：生产纯生啤酒　　　　2020 年 12 月　　　　发料仓库：1 号库

材料类别	材料编号	材料名称及规格	计量单位	领用限额	实际领用	单价	金额	备注
周转材料	01	酒瓶	个	14 000 000	14 000 000			
供应部门负责人：张立军				生产计划部门负责人：赵立春				
日期	领料				退料			限额结余
	请领	实发	领料人签章	发料人签章	数量	收料人签章	退料人签章	
1	451 612	451 612	李小伟	吴尚				13 548 388
2	451 612	451 612	李小伟	吴尚				13 096 776
31	451 612	451 640	李小伟	吴尚				0
合计	14 000 000	14 000 000						

凭证7-53（2）

限额领料单

领料部门：包装部　　　　领料编号：201210

领料用途：生产普通啤酒　　　　2020 年 12 月　　　　发料仓库：1 号库

材料类别	材料编号	材料名称及规格	计量单位	领用限额	实际领用	单价	金额	备注
周转材料	02	酒瓶	个	8 000 000	8 000 000			
供应部门负责人：张立军				生产计划部门负责人：赵立春				
日期	领料				退料			限额结余
	请领	实发	领料人签章	发料人签章	数量	收料人签章	退料人签章	
1	258 065	258 065	李小伟	吴尚				7 741 935
2	258 065	258 065	李小伟	吴尚				7 483 870
31	258 050	258 050	李小伟	吴尚				0
合计	8 000 000	8 000 000						

凭证7-53（3）

限额领料单

领料部门：包装部　　　　　　　　　　　　　　　　　　　　　　　　领料编号：201211

领料用途：生产纯生啤酒　　　　　　　2020 年 12 月　　　　　　　　发料仓库：1 号库

材料类别	材料编号	材料名称及规格	计量单位	领用限额	实际领用	单价	金额	备注
周转材料	03	瓶盖	个	14 000 000	14 000 000			
供应部门负责人：张立军				生产计划部门负责人：赵立春				
日期	领料				退料			限额结余
	请领	实发	领料人签章	发料人签章	数量	收料人签章	退料人签章	
1	451 612	451 612	李小伟	吴尚				13 548 388
2	451 612	451 612	李小伟	吴尚				13 096 776
31	451 640	451 640	李小伟	吴尚				0
合计	14 000 000	14 000 000						

凭证7-53（4）

限额领料单

领料部门：包装部　　　　　　　　　　　　　　　　　　　　　　　　领料编号：201212

领料用途：生产普通啤酒　　　　　　　2020 年 12 月　　　　　　　　发料仓库：1 号库

材料类别	材料编号	材料名称及规格	计量单位	领用限额	实际领用	单价	金额	备注
周转材料	03	瓶盖	个	8 000 000	8 000 000			
供应部门负责人：张立军				生产计划部门负责人：赵青春				
日期	领料				退料			限额结余
	请领	实发	领料人签章	发料人签章	数量	收料人签章	退料人签章	
1	258 065	258 065	李小伟	吴尚				7 741 935
2	258 065	258 065	李小伟	吴尚				7 483 870
31	258 050	258 050	李小伟	吴尚				0
合计	8 000 000	8 000 000						

凭证7-53（5）

限额领料单

领料部门：包装部　　　　　　　　　　　　　　　　　　　　领料编号：201213

领料用途：生产纯生啤酒　　　　2020年12月　　　　　　　发料仓库：1号库

材料类别	材料编号	材料名称及规格	计量单位	领用限额	实际领用	单价	金额	备注
周转材料	04	标签	张	14 000 000	14 000 000			
供应部门负责人：张立军				生产计划部门负责人：赵立春				
日期	领料				退料			限额结余
	请领	实发	领料人签章	发料人签章	数量	收料人签章	退料人签章	
1	451 612	451 612	李小伟	吴尚				13 548 388
2	451 612	451 612	李小伟	吴尚				13 096 776
31	451 640	451 640	李小伟	吴尚				0
合计	14 000 000	14 000 000						

凭证7-53（6）

限额领料单

领料部门：包装部　　　　　　　　　　　　　　　　　　　　领料编号：201214

领料用途：生产普通啤酒　　　　2020年12月　　　　　　　发料仓库：1号库

材料类别	材料编号	材料名称及规格	计量单位	领用限额	实际领用	单价	金额	备注
周转材料	05	标签	张	8 000 000	8 000 000			
供应部门负责人：张立军				生产计划部门负责人：赵青春				
日期	领料				退料			限额结余
	请领	实发	领料人签章	发料人签章	数量	收料人签章	退料人签章	
1	258 065	258 065	李小伟	吴尚				7 741 935
2	258 065	258 065	李小伟	吴尚				7 483 870
31	258 050	258 050	李小伟	吴尚				0
合计	8 000 000	8 000 000						

凭证7-53（7）

限额领料单

领料部门：包装部　　　　　　　　　　　　　　　　　　　　领料编号：201215

领料用途：生产纯生啤酒　　　　2020年12月　　　　　　　发料仓库：1号库

材料类别	材料编号	材料名称及规格	计量单位	领用限额	实际领用	单价	金额	备注
周转材料	06	胶带	卷	34 100	34 100			
供应部门负责人：张立军				生产计划部门负责人：赵立春				
日期	领料				退料			限额结余
	请领	实发	领料人签章	发料人签章	数量	收料人签章	退料人签章	
1	1 100	1 100	李小伟	吴尚				33 000
2	1 100	1 100	李小伟	吴尚				31 900
31	1 100	1 100	李小伟	吴尚				0
合计	34 100	34 100						

凭证7-53（8）

限额领料单

领料部门：包装部　　　　　　　　　　　　　　　　　　　　领料编号：201216

领料用途：生产普通啤酒　　　　2020年12月　　　　　　　发料仓库：1号库

材料类别	材料编号	材料名称及规格	计量单位	领用限额	实际领用	单价	金额	备注
周转材料	06	胶带	个	17 050	17 050			
供应部门负责人：张立军				生产计划部门负责人：赵青春				
日期	领料				退料			限额结余
	请领	实发	领料人签章	发料人签章	数量	收料人签章	退料人签章	
1	550	550	李小伟	吴尚				16 500
2	550	550	李小伟	吴尚				15 950
31	550	550	李小伟	吴尚				0
合计	17 050	17 050						

凭证7-53（9）

限额领料单

领料部门：包装部　　　　　　　　　　　　　　　　　领料编号：201217

领料用途：生产纯生啤酒　　　　2020 年 12 月　　　　发料仓库：1 号库

材料类别	材料编号	材料名称及规格	计量单位	领用限额	实际领用	单价	金额	备注
周转材料	07	纸箱	个	700 000	700 000			
供应部门负责人：张立军				生产计划部门负责人：赵立春				
日期	领料				退料			限额结余
	请领	实发	领料人签章	发料人签章	数量	收料人签章	退料人签章	
1	22 580	22 580	李小伟	吴尚				677 420
2	22 580	22 580	李小伟	吴尚				654 840
31	22 600	22 600	李小伟	吴尚				0
合计	700 000	700 000						

凭证7-53（10）

限额领料单

领料部门：包装部　　　　　　　　　　　　　　　　　领料编号：201218

领料用途：生产普通啤酒　　　　2020 年 12 月　　　　发料仓库：1 号库

材料类别	材料编号	材料名称及规格	计量单位	领用限额	实际领用	单价	金额	备注
周转材料	07	纸箱	个	400 000	400 000			
供应部门负责人：张立军				生产计划部门负责人：赵青春				
日期	领料				退料			限额结余
	请领	实发	领料人签章	发料人签章	数量	收料人签章	退料人签章	
1	12 900	12 900	李小伟	吴尚				387 100
2	12 900	12 900	李小伟	吴尚				374 200
31	13 000	13 000	李小伟	吴尚				0
合计	400 000	400 000						

凭证7-53（11）

生产用原料及辅助材料期末加权平均单价计算

2020 年 12 月 31 日

材料名称	期　初		本 期 增 加		期末平均单价
	数量(个或张)	金额（元）	数量（个或张）	金额（元）	
纯生啤酒瓶					
普通啤酒瓶					
瓶　盖					
纯生啤酒标签					
普通啤酒标签					
胶带					
纸箱包装箱					

制表人：赵大伟　　主管会计：周瑞雪　　复核：孙大可

凭证7-53（12）

材料发出汇总及分配表

2020 年 12 月 31 日

会计科目 / 领用材料		生　产　成　本(包装部)		合　计
		普通啤酒	纯生啤酒	
酒瓶	数量（个）			
	单价			
	金额（元）			
瓶盖	数量（个）			
	单价			
	金额（元）			
标签	数量（张）			
	单价			
	金额（元）			
胶带	数量（卷）			
	单价			
	金额（元）			
纸箱	数量（个）			
	单价			
	金额（元）			
合　计				

制表人：赵大伟　　主管会计：周瑞雪　　复核：孙大可

任务 8 完成综合费用的归集与分配

一、根据实训企业客观实际，完成辅助生产费用的归集和分配

（1）将上述所有涉及借或贷“辅助生产费用”的记账凭证，在审核无误的基础上，登记辅助生产费用明细账，并结计出发生额及合计数。

（2）根据辅助生产费用的发生额的合计数和企业会计政策中有关辅助生产费用的分配标准，完成辅助生产费用的分配（见凭证 8-1），并登记辅助生产费用明细账。

注意：所有记账凭证接续本月前面的业务连续编号。

凭证8-1

辅助生产费用分配表

2020 年 12 月 29 日

应借账户	机修工时	分配率	金　额
制造费用——酿造车间			
制造费用——包装车间			
管理费用			
销售费用			
合　计			

制表人：赵大伟　　主管会计：周瑞雪　　复核：孙大可

二、根据实训企业客观实际，完成制造费用的归集和分配

（1）将上述所有涉及借或贷“制造费用”的记账凭证，在审核无误的基础上，登记制造明细费用明细账，并结计出发生额及合计数。登记制造费用明细账时，注意制造费用发生的车间，不要登记错明细账。

（2）根据制造费用的发生额的合计数和企业会计政策中有关制造费用的分配标准，完成制造费用的分配（见凭证 8-2 和凭证 8-3）并登记制造费用明细账。

凭证8-2

制造费用分配表

2020 年 12 月 30 日

应借科目	酿造部			包装部			合　计
	工 时	分配率	分配金额	工 时	分配率	分配金额	
纯生啤酒							
普通啤酒							
合　计							

制表人：赵大伟　　主管会计：周瑞雪　　复核：孙大可

凭证8-3

产 品 入 库 单

2020 年 12 月 31 日　　　　入库编号：20201203

仓库	产品名称	单位	入库数量（吨）	单位成本（元）	总成本（元）	备注
2 号库	纯生瓶装啤酒	吨	2 000			
合　计			1 000			

库管员：赵立兰　　　　采购员：李小伟　　　　部门负责人：赵立春

任务 9　完成产品生产成本和销售成本的计算及账务处理

课程思政

历览前贤国与家，成由勤俭破由奢

一、完成产品生产成本的计算

企业在产品生产过程中，将所有涉及的产品生产过程中发生的借记“生产成本——基本生产成本”账户的记账凭证进行审核，无误后登记在所属的“生产成本——基本生产成本”明细账中，并结计出费用的合计，以此为依据编制成本计算单，计算产品的生产成本，并完成相关的账务处理（见凭证 9-1 和凭证 9-2）。

凭证9-1（1）

产品成本计算单

车间名称：酿造部

产品名称：纯生啤酒　　　　2020 年 12 月 31 日

摘要	直接材料	燃料和动力	直接人工	制造费用	合计
月初在产品成本					
本月发生的生产费用					
费用合计					
在产品约当量					
完工产品数量					
约当总产量					
单位成本					
完工产品成本					
在产品成本					

制表人：赵大伟　　　　主管会计：周瑞雪　　　　复核：孙大可

凭证9-1（2）

产品成本计算单

车间名称：酿造部

产品名称：普通啤酒　　　　2020 年 12 月 31 日

摘要	直接材料	燃料和动力	直接人工	制造费用	合计
月初在产品成本					
本月发生的生产费用					
费用合计					
在产品约当量					
完工产品数量					
约当总产量					
单位成本					
完工产品成本					
在产品成本					

制表人：赵大伟　　　　主管会计：周瑞雪　　　　复核：孙大可

凭证9-2（1）

产品成本计算单

车间名称：包装部

产品名称：普通啤酒　　　　2020 年 12 月 31 日

摘要	直接材料	燃料和动力	直接人工	制造费用	合计
酿造车间转入成本					
本月发生的生产费用					
费用合计					
完工产品数量					
完工产品单位成本					
完工产品总成本					

制表人：赵大伟　　　　主管会计：周瑞雪　　　　复核：孙大可

凭证9-2（2）

产品成本计算单

车间名称：包装部

产品名称：纯生啤酒　　　　2020 年 12 月 31 日

摘要	直接材料	燃料和动力	直接人工	制造费用	合计
酿造车间转入成本					
本月发生的生产费用					
费用合计					
完工产品数量					
完工产品单位成本					
完工产品总成本					

制表人：赵大伟　　　　主管会计：周瑞雪　　　　复核：孙大可

凭证9-2（3）

产成品入库汇总表

产品入库汇总编号：20201201 号　　2020 年 12 月 31 日　　仓库：2 号库

产品名称	单　　位	入库数量	单位成本（元）	总成本（元）	备　　注
纯生啤酒					前 30 天每天入库 225 吨
普通啤酒					前 30 天每天入库 129 吨

库管员：赵立兰　　经办人：李小伟　　部门负责人：赵立春

二、完成产品销售成本的计算

根据啤酒的期初库存和完工入库啤酒的数量及金额，计算出销售的啤酒的销售单价；然后汇总销售啤酒的数量和单价，计算出销售啤酒的成本，并做出会计处理，填写凭证 9-3~ 凭证 9-5。

凭证9-3（1）

产品销售成本计算汇总表

2020 年 12 月 31 日

产品名称	销售数量（吨）	单位成本（元）	总成本（元）	备　注
纯生啤酒				
普通啤酒				
合　计				

库管员：赵立兰　　　　销售员：朱海峰　　　　部门负责人：赵雪娇

凭证9-3（2）

产品销售成本期末加权平均单价计算表

2020 年 12 月 31 日

产品名称	期　初		本期增加		期末平均单价
	数量（吨）	金额（元）	数量（吨）	金额（元）	
纯生啤酒					
普通啤酒					
合　计					

库管员：赵立兰　　　　销售员：朱海峰　　　　部门负责人：赵雪娇

凭证9-4

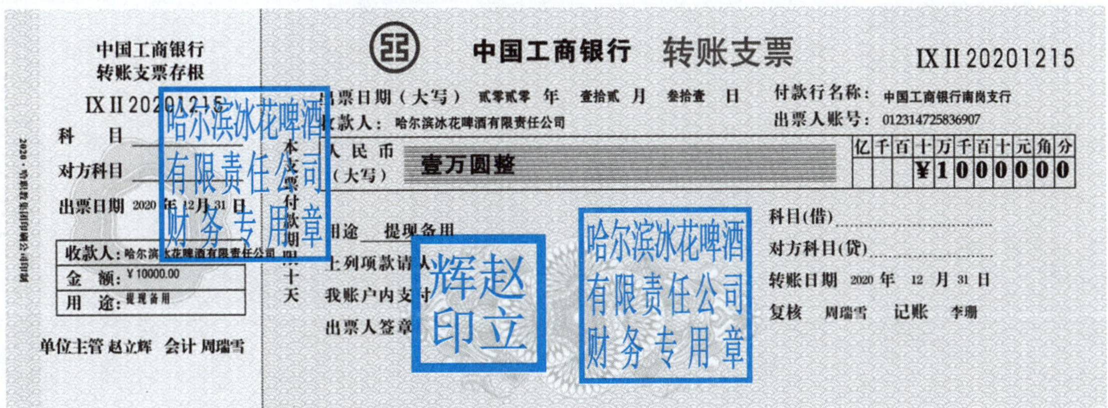

中国工商银行
转账支票存根
IX II 20201215
科　目
对方科目
出票日期 2020 年 12 月 31 日
收款人：哈尔滨冰花啤酒有限责任公司
金　额：¥10000.00
用　途：提现备用
单位主管 赵立辉　会计 周瑞雪

中国工商银行　转账支票　IX II 20201215
出票日期（大写）贰零贰零 年 壹拾贰 月 叁拾壹 日　付款行名称：中国工商银行南岗支行
收款人：哈尔滨冰花啤酒有限责任公司　出票人账号：012314725836907
人民币（大写）壹万圆整　¥1000000
本支票付款期限十天
用途 提现备用
上列款项请从
我账户内支付
出票人签章
科目(借)
对方科目(贷)
转账日期 2020 年 12 月 31 日
复核 周瑞雪　记账 李珊

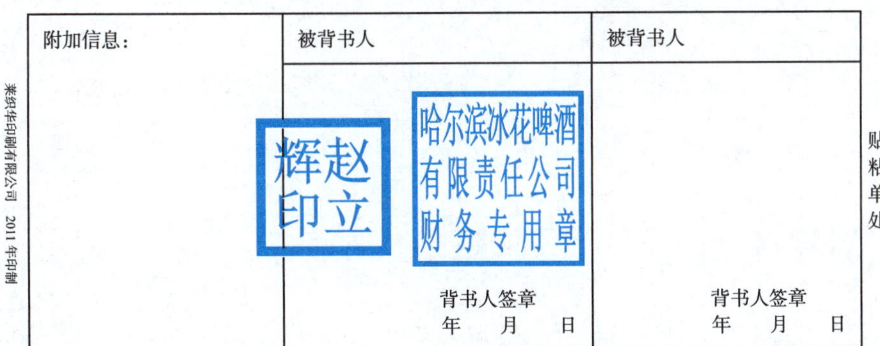

附加信息：	被背书人	被背书人
	背书人签章 年　月　日	背书人签章 年　月　日

贴粘单处

根据《中华人民共和国票据法》等法律法规的规定，签发空头支票由中国人民银行处以票面金额5%但不低于1 000元的罚款。

凭证9-5（1）

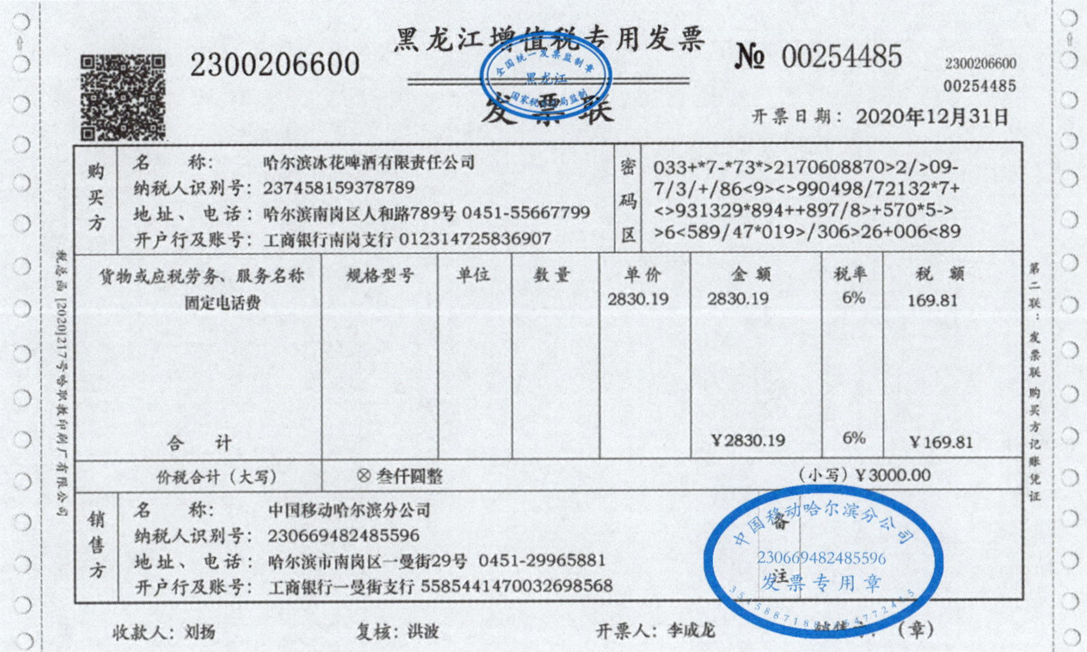

黑龙江增值税专用发票

2300206600　　发票联　　№ 00254485

2300206600
00254485

开票日期：2020年12月31日

购买方　名称：哈尔滨冰花啤酒有限责任公司
纳税人识别号：237458159378789
地址、电话：哈尔滨南岗区人和路789号 0451-55667799
开户行及账号：工商银行南岗支行 012314725836907

密码区：033+*7-*73*>2170608870>2/>09-7/3/+/86<9><>990498/72132*7+<>931329*894++897/8>+570*5->>6<589/47*019>/306>26+006<89

货物或应税劳务、服务名称	规格型号	单位	数量	单价	金额	税率	税额
固定电话费				2830.19	2830.19	6%	169.81
合计					¥2830.19	6%	¥169.81

价税合计（大写）⊗叁仟圆整　　（小写）¥3000.00

销售方　名称：中国移动哈尔滨分公司
纳税人识别号：230669482485596
地址、电话：哈尔滨市南岗区一曼街29号 0451-29965881
开户行及账号：工商银行一曼街支行 5585441470032698568

备注

收款人：刘扬　　复核：洪波　　开票人：李成龙　　销售方：（章）

第二联：发票联　购买方记账凭证

凭证9-5（2）

费用报销明细

部门：行政部　　2020 年 12 月 31 日

项　目	金　额	附　件	备　注
电话费	3 000.00	1	各科室固定电话费
			现金付讫
合　计	3 000.00	叁仟圆整	

审批：赵立军　　财务审核：周瑞雪　　经办人：赵大伟

任务10 完成月末税费的计算及账务处理

一、完成增值税的申报及账务处理

根据本月购进取得的增值税发票及销售情况，在登记完应交增值税明细账后，完成增值税申报及相关的账务处理，填写凭证10-1。

凭证10-1（1）

增值税计算简表

2020年12月31日

进项税额	销项税额	进项税额转出	应纳税额	备 注
合 计				

财务主管：孙大可 复核：周瑞雪 制单：赵大伟

文档

增值税纳税申报表（一般纳税人）填表说明

凭证10-1（2）

增值税纳税申报表（适用于增值税一般纳税人）

纳税人识别号： 纳税人名称：

所属时期： 至 填表日期： 年 月 日 金额单位：元（列至角分）

项 目		栏 次	一般项目		即征即退项目	
			本月数	本年累计数	本月数	本年累计数
销售额	（一）按适用税率计算销售额	1				
	其中：应税货物销售额	2				
	应税劳务销售额	3				
	纳税检查调整的销售额	4				
	（二）按简易办法计税销售额	5				
	其中：纳税检查调整的销售额	6				
	（三）免、抵、退办法出口销售额	7				
	（四）免税销售额	8				
	其中：免税货物销售额	9				
	免税劳务销售额	10				
税款计算	销项税额	11				
	进项税额	12				
	上期留抵税额	13				

续表

项目		栏次	一般项目		即征即退项目	
			本月数	本年累计数	本月数	本年累计数
税款计算	进项税额转出	14				
	免、抵、退应退税额	15				
	按适用税率计算的纳税检查应补缴税额	16				
	应抵扣税额合计	17=12+13-14-15+16				
	实际抵扣税额	18（如 17<11，则为 17，否则为 11）				
	应纳税额	19=11-18				
	期末留抵税额	20=17-18				
	简易计税办法计算的应纳税额	21				
	按简易计税办法计算的纳税检查应补缴税额	22				
	应纳税额减征额	23				
	应纳税额合计	24=19+21-23				
税款缴纳	期初未缴税额（多缴为负数）	25				
	实际出口开具专用缴款书退税额	26				
	本期已缴税额	27=28+29+30+31				
	① 分次预缴税额	28				
	② 出口开具专用缴款书预缴税额	29				
	③ 本期缴纳上期应纳税额	30				
	④ 本期缴纳欠缴税额	31				
	期末未缴税额（多缴为负数）	32=24+25+26-27				
	其中：欠缴税额（≥0）	33=25+26-27				
	本期应补（退）税额	34=24-28-29				
	即征即退实际退税额	35				
	期初未缴查补税额	36				
	本期入库查补税额	37				
	期末未缴查补税额	38=16+22+36-37				

二、完成消费税的申报及账务处理

根据企业发生交易或事项，完成消费税的申报及账务处理，填写凭证 10-2。

凭证10-2（1）

消费税计算简表

2020 年 12 月 31 日

销售数量	税　　率	扣减税额	应纳税额	备　　注
合　　计				

财务主管：孙大可　　　　复核：周瑞雪　　　　制单：赵大伟

文档

酒类应税消费品消费税纳税申报表填表说明

凭证10-2（2）

酒类应税消费品消费税纳税申报表

税款所属期：　　年　　月　　日至　　年　　月　　日

纳税人名称（公章）：

纳税人识别号：　　纳 | | | | | | | | | | | | | | | | | | | |

填表日期：　　年　　月　　日

金额单位：元（列至角分）

项目 / 应税消费品名称	适用税率		销售数量	销售额	应纳税额
	定额税率	比率税率			
粮食白酒	0.5 元 /500 g	20%			
薯类白酒	0.5 元 /500 g	20%			
啤酒	250 元 / 吨	—			
啤酒	220 元 / 吨	—			
黄酒	240 元 / 吨	—			
其他酒	—	10%			
合计	—	—			

本期准予抵减税额： 本期减（免）税额： 期初未缴税额：	声明 此纳税申报表是根据国家税收法律的规定填报的，我确定它是真实的、可靠的、完整的。 经办人（签章）： 财务负责人（签章）： 联系电话：
本期缴纳前期应纳税额： 本期预缴税额： 本期应补（退）税额： 期末未缴税额：	（如果你已委托代理人申报，请填写） 授权声明 为代理一切税务事宜，现授权＿＿＿＿＿＿＿＿（地址）＿＿＿＿＿＿＿＿为本纳税人的代理申报人，任何与本申报有关的往来文件，都可寄予此人。 授权人签章：

以下由税务机关填写

受理人（签章）：　　　受理日期：　　年　　月　　日　　　受理税务机关（章）：

三、完成城建税和教育费附加税的申报及账务处理

根据缴纳的增值税和消费税完成城建税和教育费附加税的申报及账务处理，填写凭证 10-3。

文档

城市维护建设税、教育费附加及地方教育附加申报表填表说明

凭证10-3（1）

城建税、教育费附加、地方教育费附加税（费）申报表

纳税人识别号：　　　　**纳税人名称：**

所属日期：　　至　　**填表日期：**　　年　　月　　日　　**金额单位：**元（列至角分）

<table>
<tr><td colspan="4" rowspan="3">本期是否适用增值税小规模纳税人减征政策
（减免性质代码______城市维护建设税：07049901，减免性质代码______教育费附加：61049901，减免性质代码______地方教育附加：99049901）</td><td rowspan="3">是
否</td><td colspan="2">减征比例____城市维护建设税（%）</td><td colspan="7"></td></tr>
<tr><td colspan="2">减征比例____教育费附加（%）</td><td colspan="7"></td></tr>
<tr><td colspan="2">减征比例____地方教育附加（%）</td><td colspan="7"></td></tr>
<tr><td colspan="4" rowspan="3">本期是否适用试点建设培育产教融合型企业抵免政策</td><td rowspan="3">是
否</td><td colspan="2">当期新增投资额</td><td colspan="7"></td></tr>
<tr><td colspan="2">上期留抵可抵免金额</td><td colspan="7"></td></tr>
<tr><td colspan="2">结转下期可抵免金额</td><td colspan="7"></td></tr>
<tr><td rowspan="3">税（费）种</td><td colspan="2">增值税</td><td rowspan="2">消费税</td><td rowspan="2">合计</td><td rowspan="2">税率（征收率）</td><td rowspan="2">本期应纳税（费）额</td><td colspan="2">本期减免税（费）额</td><td rowspan="2">本期增值税小规模纳税人减征额</td><td colspan="2">试点建设培育产教融合型企业</td><td rowspan="2">本期已缴税（费）额</td><td rowspan="2">本期应补（退）税（费）额</td></tr>
<tr><td>一般增值税</td><td>免抵税额</td><td>减免性质代码</td><td>减免额</td><td>减免性质</td><td>本期抵免金额</td></tr>
<tr><td>1</td><td>2</td><td>3</td><td>4=1+2+3</td><td>5</td><td>6=4×5</td><td>7</td><td>8</td><td>9</td><td>10</td><td>11</td><td>12</td><td>13=6-8-9-11-12</td></tr>
<tr><td>城建税</td><td></td><td></td><td></td><td></td><td>7%</td><td></td><td></td><td></td><td></td><td></td><td></td><td></td><td></td></tr>
<tr><td>教育费附加</td><td></td><td></td><td></td><td></td><td>3%</td><td></td><td></td><td></td><td></td><td></td><td></td><td></td><td></td></tr>
<tr><td>地方教育附加</td><td></td><td></td><td></td><td></td><td>2%</td><td></td><td></td><td></td><td></td><td></td><td></td><td></td><td></td></tr>
<tr><td>合　计</td><td></td><td></td><td></td><td></td><td></td><td></td><td></td><td></td><td></td><td></td><td></td><td></td><td></td></tr>
</table>

凭证10-3（2）

城建税和教育费附加计算表

2020年12月31日

税　种	计税依据			税　率	应交税费	备　注
	增值税	消费税	合　计			
城建税						具体见城建税和教育费附加纳税申报表
教育费附加						
地方教育费附加						
合　计						

财务主管：孙大可　　复核：周瑞雪　　制单：赵大伟

任务 11　完成利润形成与分配及所得税的申报

一、完成利润形成的账务处理

将下半月发生的涉及损益类账户的交易或事项，登记下半月 T 形账，并根据上半月和下半月损益类账户的发生额合计数结转本年利润，完成利润形成的账务处理，填写凭证 11-1。

凭证11-1

2020 年 12 月损益类账户发生额计算表

2020 年 12 月 31 日

项　目	借　方	贷　方
主营业务收入		
其他业务收入		
投资收益		
公允价值变动损益		
营业外收入		
主营业务成本		
其他业务成本		
营业外支出		
税金及附加		
财务费用		
管理费用		
销售费用		
信用减值损失		
资产处置收益		
所得税费用		
合　计		

文档

中华人民共和国企业所得税月（季）度预缴纳税申报表（A类）填报说明

二、完成本月所得税的申报及账务处理，填写凭证 11-2 和凭证 11-3

凭证11-2（1）

A200000　中华人民共和国企业所得税月（季）度预缴纳税申报表（A 类）

税款所属期间：　　年　　月　　日至　　年　　月　　日

纳税人识别号（统一社会信用代码）：□□□□□□□□□□□□□□□□□□

纳税人名称：　　　　金额单位：人民币元(列至角分)

预缴方式	□按照实际利润额预缴	□按照上一纳税年度应纳税所得额平均额预缴	□按照税务机关确定的其他方法预缴
企业类型	□一般企业	□跨地区经营汇总纳税企业总机构	□跨地区经营汇总纳税企业分支机构

按季度填报信息									
项　目	一季度		二季度		三季度		四季度		季度平均值
	季初	季末	季初	季末	季初	季末	季初	季末	
从业人数									
资产总额（万元）									
国家限制或禁止行业	□是　□否				小型微利企业				□是　□否

预缴税款计算		
行次	项　目	本年累计金额
1	营业收入	
2	营业成本	
3	利润总额	
4	加：特定业务计算的应纳税所得额	
5	减：不征税收入	
6	减：免税收入、减计收入、所得减免等优惠金额（填写 A201010）	
7	减：资产加速折旧、摊销（扣除）调减额（填写 A201020）	
8	减：弥补以前年度亏损	
9	实际利润额（3+4-5-6-7-8）\ 按照上一纳税年度应纳税所得额平均额确定的应纳税所得额	
10	税率 (25%)	
11	应纳所得税额（9 × 10）	

续表

<table>
<tr><td colspan="4">预缴税款计算</td></tr>
<tr><td>行次</td><td colspan="2">项　　目</td><td>本年累计金额</td></tr>
<tr><td>12</td><td colspan="2">减：减免所得税额（填写 A201030）</td><td></td></tr>
<tr><td>13</td><td colspan="2">减：实际已缴纳所得税额</td><td></td></tr>
<tr><td>14</td><td colspan="2">减：特定业务预缴（征）所得税额</td><td></td></tr>
<tr><td>L15</td><td colspan="2">减：符合条件的小型微利企业延缓缴纳所得税额（是否延缓缴纳所得税　□是　□否）</td><td></td></tr>
<tr><td>15</td><td colspan="2">本期应补（退）所得税额（11-12-13-14-L15）\ 税务机关确定的本期应纳所得税额</td><td></td></tr>
<tr><td colspan="4">汇总纳税企业总分机构税款计算</td></tr>
<tr><td>16</td><td rowspan="4">总机构填报</td><td>总机构本期分摊应补（退）所得税额（17+18+19）</td><td></td></tr>
<tr><td>17</td><td>其中：总机构分摊应补（退）所得税额（15× 总机构分摊比例 __%）</td><td></td></tr>
<tr><td>18</td><td>财政集中分配应补（退）所得税额（15× 财政集中分配比例 __%）</td><td></td></tr>
<tr><td>19</td><td>总机构具有主体生产经营职能的部门分摊所得税额（15× 全部分支机构分摊比例 __%× 总机构具有主体生产经营职能部门分摊比例 __%)</td><td></td></tr>
<tr><td>20</td><td rowspan="2">分支机构填报</td><td>分支机构本期分摊比例</td><td></td></tr>
<tr><td>21</td><td>分支机构本期分摊应补（退）所得税额</td><td></td></tr>
<tr><td colspan="4">附报信息</td></tr>
<tr><td>高新技术企业</td><td>□是　□否</td><td>科技型中小企业</td><td>□是　□否</td></tr>
<tr><td>技术入股递延纳税事项</td><td>□是　□否</td><td></td><td></td></tr>
<tr><td colspan="4">谨声明：本纳税申报表是根据国家税收法律法规及相关规定填报的，是真实的、可靠的、完整的。

纳税人（签章）：　　　　年　月　日</td></tr>
<tr><td colspan="2">经办人：
经办人身份证号：
代理机构签章：
代理机构统一社会信用代码：</td><td colspan="2">受理人：
受理税务机关（章）：
受理日期：　年　月　日</td></tr>
</table>

凭证11-2（2）

12月份所得税及净利润计算表

2020年12月31日

项　目	金　额	项　目	金　额
2020年12月利润总额		2020年12月所得税费用	
2020年12月净利润			

财务主管：孙大可　　复核：周瑞雪　　制单：赵大伟

凭证11-3（1）

净利润计算表

2020年12月31日

项　目	金　额	项　目	金　额
2020年1~11月利润总额		2020年12月净利润	
2020年1~11月所得税费用		2020年全年利润总额	
2020年1~11月净利润		2020年全年所得税费用	
2020年12月利润总额		2020年全年净利润	
2020年12月所得税费用			

财务主管：孙大可　　复核：周瑞雪　　制单：赵大伟

凭证11-3（2）

净利润分配表

2020年12月31日

项　目	金　额	备　注
2020年税后净利润		
2020年提取法定盈余公积		按净利润的10%对外分配
2020年对外分配股利		按净利润的50%对外分配
其中：远大集团		
哈药集团		
职工个人		
2020年未分配利润		
2020年12月初未分配利润		
2020年末未分配利润		

任务12 登记账簿

一、完成下半月日记账的登记工作

在完成上半月库存现金日记账和银行存款日记账登记的基础上，根据下半月发生的交易或事项，完成下半月库存现金和银行存款日记账的登记。

二、完成明细账的登记工作

在完成上述下半月辅助生产成本明细账、制造费用明细账、原材料、周转材料、库存商品等明细账登记的基础上，还需根据下半月发生的交易或事项，完成上述之外的所有明细账登记工作。如：应付账款、其他应收账、应付职工薪酬、应交税费等明细账。

三、完成总分类账的登记工作

根据下半月发生交易或事项的记账凭证，继续完成除损益类账户结转以外的所有业务T形账的登记工作，并编制下半月科目余额试算表，登记总账。

项目4　对账、结账和编制会计报表

课程思政

当代财务人的责任与担当

知识目标

1. 掌握对账和结账的要点及方法。
2. 掌握主要报表的编制方法。

能力目标

1. 能根据企业的客观实际，够准确完成月末对账和年末结账。
2. 能根据企业的客观实际，正确编制会计报表。

素质目标

1. 培养学生爱岗敬业、诚实守信的工作态度。
2. 培养学生的责任与担当意识，做好财务工作的结账、对账及报表的编制工作。
3. 培养学生专注、自省、简单朴实、自律、艰苦奋斗、坚韧、淡泊名利、危机意识、终身学习的九大精神品格。

任务13　对账与结账

一、对账

微课

对账

（一）根据企业的客观实际，完成账证的核对工作

即将各项交易或事项中涉及的原始凭证、记账凭证与账簿的记录相互核对，以保证其记录的内容、数量、金额及会计科目运用的正确性。

（二）根据企业的客观实际，完成账账的核对工作

1. 总分类账核对

可以通过编制试算平衡表进行检查，即完成表13-1，检查所有账户的期末借方余额与所有账户的期末贷方余额是否相等。

表13-1　冰花啤酒公司12月总账记录核对表

资产类账户	12月账户余额	负债和所有者权益账户	12月账户余额
流动资产账户		负债账户	
非流动资产账户		所有者权益账户	
合　计		合　计	

2. 总分类账与所属明细分类账核对

通过编制某一明细分类账所有账户的期末余额明细，加计各明细分类账户中的期末余额合计数，直接与相对应的总分类账户期末余额进行核对，看是否一致，即完成表 13-2。

表 13-2　冰花啤酒公司 12 月总分类账与明细分类账核对试算衡表

明细分类账户余额	月末借方余额	月末贷方余额
……		
明细分类账余额合计		
总分类账户余额		

（三）根据企业的客观实际，完成账实核对

根据账簿记录余额与各项财产物资和现金、银行存款及各种有价证券的实存数核对，保证账实相符。

微 课

结账

二、结账

根据会计工作实际，结合会计工作规范要求，在已登记完成的账簿上规范完成总账、明细账和日记账的结账工作。

文 档

资产负债表的编制方法

任务 14　编制会计报表

一、编制资产负债表

根据企业交易或事项的客观实际和登记完成的总分类账和明细分类账数据及资产负债表编制要求，完成表 14-1 资产负债表的填列工作。

表 14-1　资产负债表

会企 01

编制单位：________　　____年____月____日　　单位：元

资　　产	期末余额	上年年末余额	负债和所有者权益（股东权益）	期末余额	上年年末余额
流动资产：			流动负债：		
货币资金			短期借款		
交易性金融资产			交易性金融负债		
衍生金融资产			衍生金融负债		
应收票据			应付票据		
应收账款			应付账款		

续表

资　产	期末余额	上年年末余额	负债和所有者权益（股东权益）	期末余额	上年年末余额
应收款项融资			预收账款		
预付账款			合同负债		
其他应收款			应付职工薪酬		
存货			应交税费		
合同资产			其他应付款		
持有待售资产			持有待售负债		
一年内到期的非流动资产			一年内到期的非流动负债		
其他流动资产			其他流动负债		
流动资产合计			流动负债合计		
非流动资产：			非流动负债：		
债权投资			长期借款		
其他债权投资			应付债券		
长期应收款			其中：优先股 永续债		
长期股权投资			租赁负债		
其他权益工具投资			长期应付款		
其他非流动金融资产			预计负债		
投资性房地产			递延收益		
固定资产			递延所得税负债		
在建工程			其他非流动负债		
生产性生物资产			非流动负债合计		
使用权资产			负债合计		
油气资产			所有者权益（或股东权益）		
无形资产			实收资本（或股本）		
开发支出			其他权益工具		
商誉			其中：优先股		
长期待摊费用			永续债		

续表

资　产	期末余额	上年年末余额	负债和所有者权益（股东权益）	期末余额	上年年末余额
递延所得税资产			资本公积		
其他非流动资产			减：库存股		
非流动资产合计			其他综合收益		
			专项储备		
			盈余公积		
			未分配利润		
			所有者权益（或股东权益）合计		
			负债和所有者权益（或股东权益）总计		
资产总计					

二、编制利润表

根据企业交易或事项的客观实际和登记完成的损益类等相关账户总分类账和明细分类账及利润表的编制要求，完成表 14-2 利润表的填列工作。

课程思政

看华为公司的利润表你想到了什么？

文 档

利润表编制方法

表 14-2　利 润 表

会企 02

编制单位：________　　____年____月　　单位：元

项　目	本期金额	上期金额
一、营业收入		（略）
减：营业成本		
税金及附加		
销售费用		
管理费用		

续表

项　　目	本期金额	上期金额
研发费用		
财务费用		
其中：利息费用		
利息收入		
加：其他收益		
投资收益（损失以"–"填列）		
其中：对联营企业和合营企业的投资收益		
以摊余成本计量的金融资产终止确认收益（损失以"–"填列）		
净敞口套期收益（损失以"–"填列）		
公允价值变动收益（损失以"–"填列）		
信用减值损失（损失以"–"填列）		
资产减值损失（损失以"–"填列）		
资产处置收益（损失以"–"填列）		
二、营业利润（亏损以"–"号填列）		
加：营业外收入		
减：营业外支出		
三、利润总额（亏损总额以"–"号填列）		
减：所得税费用		
四、净利润（净亏损以"–"号填列）		
（一）持续经营净利润（净亏损以"–"号填列）		
（二）终止经营净利润（净亏损以"–"号填列）		
五、其他综合收益的税后净额		
（一）不能重分类进损益的其他综合收益		
1. 重新计量设定收益计划变动额		
2. 权益法下不能转损益的其他综合收益		
3. 其他权益工具投资公允价值变动		
4. 企业自身信用风险公允价值变动		

续表

项　　目	本期金额	上期金额
……		
（二）将重分类进损益的其他综合收益		
1. 权益法下可转损益的其他综合收益		
2. 其他债权投资公允价值变动		
3. 金融资产重分类计入其他综合收益的金额		
4. 其他债权投资信用减值准备		
5. 现金流量套期储备		
6. 外币财务报表折算差额		
……		
六、综合收益总额		
七、每股收益		
（一）基本每股收益		
（二）稀释每股收益		

三、编制现金流量表

根据企业交易或事项的客观实际和登记完成的相关账户总分类账和明细分类账及现金流量表的编制要求，完成表 14-3 现金流量表的填列工作。

表 14-3　现金流量表　　会企业 03 表

编制单位：________　　　　____年____月　　　　单位：元

项　　目	本期金额	上期金额
一、经营活动产生的现金流量：		
销售售商品、提供劳务收到现金		
收到的税费返还		

续表

项　　目	本期金额	上期金额
收到其他与经营活动有关的现金		
经营活动现金流入小计		
购买商品、接受劳务支付的现金		
支付给职工以及为职工支付的现金		
支付的各项税费		
支付其他与经营活动有关的现金		
经营活动现金流出小计		
经营活动产生的现金流量净额		
二、投资活动产生的现金流量		
收回投资收到的现金		
取得投资收益收到的现金		
处置固定资产、无形资产和其他长期资产收回的现金净额		
处置子公司及其他营业单位收到的现金净额		
收到其他与投资活动有关的现金		
投资活动现金流入小计		
购建固定资产、无形资产和其他长期资产支付的现金		
投资支付的现金		
取得子公司及其他营业单位支付的现金净额		
支付其他与投资活动有关的现金		
投资活动现金流出小计		
投资活动产生的现金流量净额		
三、筹资活动产生的现金流量		
吸收投资收到的现金		
取得借款收到的现金		
收到其他与筹资活动有关的现金		
筹资活动现金流入小计		
偿还债务支付的现金		
分配股利、利润或偿付利息支付的现金		

续表

项　　目	本期金额	上期金额
支付其他与筹资活动有关的现金		
筹资活动现金流出小计		
筹资活动产生的现金流量净额		
四、汇率变动对现金及现金等价物的影响		
五、现金及现金等价物净增加额		
加：期初现金及现金等价物余额		
六、期末现金及现金等价物余额		

现金流量表补充资料

项　　目	本期金额	上期金额
1. 将净利润调节为经营活动先进流量：		
净利润		
加：资产减值准备		
信用减值准备		
固定资产折旧、油气资产折耗、生产性生物资产折旧		
无形资产摊销		
长期待摊费用摊销		
处置固定资产、无形资产和其他长期资产的损失（收益以“–”号填列）		
固定资产报废损失（收益以“–”号填列）		
净敞口套期损失（收益以“–”号填列）		
公允价值变动损失（收益以“–”号填列）		
财务费用（收益以“–”号填列）		
投资损失（收益以“–”号填列）		
递延所得税资产减少（增加以“–”号填列）		
递延所得税负债增加（减少以“–”号填列）		
存货的减少（增加以“–”号填列）		
经营性应收项目的减少（增加以“–”号填列）		
经营性应付项目的增加（减少以“–”号填列）		

续表

项　　目	本期金额	上期金额
其他		
经营活动产生的现金流量净额		
2. 不涉及现金收支的重大投资和筹资活动		
债务转为资本		
一年内到期的可转换公司债券		
融资租入固定资产		
3. 现金及现金等价物净变动情况：		
现金的期末余额		
减：现金的期初余额		
加：现金等价物的期末余额		
减：现金等价物的期初余额		
现金及现金等价物净增加额		

四、编制所有者权益变动表

根据企业交易或事项的客观实际和登记完成的相关账户总分类账和明细分类账及所有者权益变动表的编制要求，完成表 14-4 所有者权益变动表的填列工作。

会企 04 表

表 14-4　所有者权益变动表

编制单位：＿＿＿＿＿＿　　＿＿＿＿＿＿年度　　单位：元

项目	本年金额												上年金额											
	实收资本（或股本）	其他权益工具			资本公积	减：库存股	其他综合收益	专项储备	盈余公积	未分配利润	所有者权益合计		实收资本（或股本）	其他权益工具			资本公积	减：库存股	其他综合收益	专项储备	盈余公积	未分配利润	所有者权益合计	
		优先股	永续股	其他										优先股	永续股	其他								
一、上年年末余额																								
加：会计政策变更																								
前期差错更正																								
其他																								
二、本年年初余额																								
本年增减变动额（减少以“-”号填列）																								
（一）综合收益总额																								

续表

项目	本年金额											上年金额										
	实收资本（或股本）	其他权益工具			资本公积	减：库存股	其他综合收益	专项储备	盈余公积	未分配利润	所有者权益合计	实收资本（或股本）	其他权益工具			资本公积	减：库存股	其他综合收益	专项储备	盈余公积	未分配利润	所有者权益合计
		优先股	永续股	其他									优先股	永续股	其他							
（二）所有者投入和减少资本																						
1. 所有者投入的普通股																						
2. 其他权益工具持有者投入资本																						
3. 股份支付计入所有者权益金额																						
4. 其他																						
（三）利润分配																						
1. 提取盈余公积																						
2. 对所有者（或股东）的分配																						
3. 其他																						

续表

项目	本年金额										上年金额									
	实收资本（或股本）	其他权益工具			资本公积	减：库存股	其他综合收益	专项储备	盈余公积	未分配利润	所有者权益合计	实收资本（或股本）	其他权益工具			资本公积	减：库存股	其他综合收益	专项储备	盈余公积	未分配利润	所有者权益合计
		优先股	永续股	其他									优先股	永续股	其他							
（四）所有者权益内部结转																						
1. 资本公积转增资本（或股本）																						
2. 盈余公积转增资本（或股本）																						
3. 盈余公积补亏																						
4. 设定受益计划变动额结转留存收益																						
5. 其他综合收益结转留存收益																						
6. 其他																						
三、本年年末余额																						

项目 5 会计凭证装订及实训总结

课程思政

团队协作，九名应聘者的故事

知识目标

1. 掌握凭证的装订方法。
2. 熟悉会计档案的管理方法。
3. 熟悉实训总结包括的内容与写作要求。

能力目标

1. 能够企业会计凭证装订要求，完成会计凭证的装订。
2. 能够根据实训的具体情况，客观完成实训总结。

素质目标

1. 培养学生的团队意识和团队精神，确保各财务小组高质量完成会计实训工作。
2. 培养学生的学法、懂法、守法意识，按法律法规要求保管好会计档案。

任务 15 装订会计凭证

一、装订方法

可采用左侧打眼装订法，也可采用左上角打孔装订法，每个小组每种装订方法各占 50%，并比较装订质量和优缺点。

二、装订要求

（1）将本月的会计凭证装订成两本，即上半月业务一本，下半月业务一本。

（2）装订顺序：上（下）半月科目汇总表、上（下）半月 T 形账、上（下）月记账凭证。

（3）规范填写记账凭证封皮，不得少项缺项。

任务 16 实训总结及上交会计工作成果资料

根据完成的实训任务，以小组为单位写一篇 3 000 字左右的会计实训总结。具体内容包括：

（1）实训的基本情况（实训时间、地点、指导教师）。

（2）实训的内容和任务要求。

（3）实训的收获。

（4）实训中发现的不足、改进措施及教学改进建议。